第二届冯梦龙中秋灯会亮灯仪式

苏州市相城区黄埭镇冯梦龙村

苏州市相城区黄埭镇
冯梦龙纪念馆

福建省寿宁市冯梦龙像

苏州市冯梦龙研究会第三届理事会第四次会议

谢剑雄《大雪后三日访黄埭冯梦龙故居》：
闻得四知冯埂上，
衍儒递嬗著庭荣。
闽心偏戍知廉政，
雁首将孤断驿程。
声远何耽狂士负，
才高更宕藻词惊。
老梅年久知寒冷，
不愧三言两袖清。

冯梦龙文学与大运河研讨会

"山歌唱响新时代"吴地山歌作品征集专家评委评奖现场

陈来生　主编

冯梦龙研究
2024

图书在版编目(CIP)数据

冯梦龙研究. 2024 / 陈来生主编. --苏州：苏州大学出版社, 2024.12. -- ISBN 978-7-5672-5010-9

Ⅰ．K825.6；I206.2

中国国家版本馆 CIP 数据核字第 2024KU9696 号

书　　名：	冯梦龙研究2024 FENGMENGLONG YANJIU 2024
主　　编：	陈来生
责任编辑：	史创新
出版发行：	苏州大学出版社(Soochow University Press)
社　　址：	苏州市十梓街1号　邮编：215006
印　　装：	苏州工业园区美柯乐制版印务有限责任公司
网　　址：	www.sudapress.com
邮　　箱：	sdcbs@suda.edu.cn
邮购热线：	0512-67480030
销售热线：	0512-67481020
开　　本：	700 mm×1 000 mm　1/16　印张：14　插页：2　字数：237千
版　　次：	2024年12月第1版
印　　次：	2024年12月第1次印刷
书　　号：	ISBN 978-7-5672-5010-9
定　　价：	40.00元

凡购本社图书发现印装错误，请与本社联系调换。服务热线：0512-67481020

《冯梦龙研究 2024》编委会

主　　　任　管傲新　顾建宏
副　主　任　夏赵云　周晓军
主　　　编　陈来生
编委会成员　（按姓氏笔画排序）
　　　　　　王　晨　王少辉　邓维华
　　　　　　冯冰瑶　尚向科　周晓兰
　　　　　　周倩燕　高　宇　龚丽莉
　　　　　　黄学涵　章　砚　程　钢

目 录

冯梦龙与江南文化

江南文化与冯梦龙的互动研究　屈玲妮　　　　　　　　　/ 3
从冯梦龙作品的江南意象看苏州城市形象与当代城市品牌
　　建设　顾建宏　　　　　　　　　　　　　　　　　/ 19

冯梦龙文化的现代应用

冯梦龙民本思想对苏州社会治理现代化的启示　邓维华　　/ 35
传承冯梦龙法治思想，推进苏州法治城市建设　邱月娟　　/ 50
冯梦龙笔下清官形象对当代反腐倡廉的启示　谢剑雄　　　/ 62
弘扬冯梦龙教育理念，推进苏州教育创新　潘　娜　　　　/ 74
冯梦龙文化在当代苏州的传承与文旅开发　陶建平　　　　/ 86

冯梦龙作品解读

"三言"中的名言警句及其现代应用　章　砚　　　　　　/ 101
冯梦龙作品的现代改编与跨文化传播　张梦晗　　　　　　/ 113
冯梦龙小说中的社会伦理与道德观念研究　乐建新　　　　/ 125
有海水的地方就有冯梦龙的作品
　　——冯梦龙民间文学的社会传播与文化影响　江恬恬　/ 137
冯梦龙笔下女性世界的形象解读与社会地位探析　刘冬梅　/ 150

冯梦龙与春申君黄歇

历史人物与文学形象的对话
　　——冯梦龙与春申君　王少辉　　　　　　　　　　／165

我心目中的冯梦龙

胸有星辰大海，方成博学杂家
　　——冯梦龙的"杂学杂书"研究　陈来生　　　　　／181

文学星河中的璀璨明珠　沈建山　　　　　　　　　　／196

附录：传承老山歌，唱响新山歌

幸福新三言——致全国文明村冯梦龙村　许铭华　　　／201
农家喜洋洋　华　也　　　　　　　　　　　　　　　／202
父亲走过的稻田　吴晓风　　　　　　　　　　　　　／203
花开一路　严惠萍　　　　　　　　　　　　　　　　／204
乡妹子　许明生　　　　　　　　　　　　　　　　　／205
我在江南细耕半亩田　于晓明　　　　　　　　　　　／206
美在乡村　白　尼　　　　　　　　　　　　　　　　／207
梦在这里盛开——为冯梦龙村创作　黄楚林　　　　　／208
梦在心间　汪振华　　　　　　　　　　　　　　　　／209
请来相城乡村游　姚水生　　　　　　　　　　　　　／210
乡村美丽　兰　心　　　　　　　　　　　　　　　　／211
开满鲜花的小路　马　良　　　　　　　　　　　　　／212
美丽乡村　马玉章　　　　　　　　　　　　　　　　／213
为官一任——致冯梦龙　王金元　　　　　　　　　　／214
勤廉好官冯梦龙　支坤兴　　　　　　　　　　　　　／215
挂枝儿　房晟昊　　　　　　　　　　　　　　　　　／216

编后记　　　　　　　　　　　　　　　　　　　　／217

冯梦龙与江南文化

江南文化与冯梦龙的互动研究

屈玲妮

摘　要：本文旨在深入探究冯梦龙与江南文化之间的紧密联系，以及这种联系如何对冯梦龙的文学创作起到熏陶与互动作用，进而为当代文化发展提供启示。本文聚焦于冯梦龙与江南文化在历史时空中的互动关系，通过深入分析冯梦龙的作品，展示其中所蕴含的江南地域特色，如苏州园林的雅致、吴越文化的细腻以及市井生活的繁盛等，解读江南文化的独特魅力，探讨江南文化如何影响了冯梦龙的思想与创作理念，冯梦龙的人文关怀、平民立场以及对社会现实的敏锐洞察如何深受江南人文环境的影响，进而引发对人情世故进行深度剖析、对社会现象加以犀利批判。本文还将冯梦龙与江南文化的交融发展置于当代社会的语境下，揭示其对现代社会的启示。

关键词：冯梦龙；江南文化；文化交融；当代启示

在中国文学史和文化史上，冯梦龙的卓越贡献备受瞩目。他的"三言"系列作为古代白话短篇小说的瑰宝，不仅在当时广为流传，也对后世文学发展产生了深远影响；他的《智囊》《山歌》《东周列国志》……无一不具有特殊的文化意义。江南，自古以来就是中国文化的繁荣之地，其独特的地理环境、经济基础和人文精神孕育出一种富有韵味的地域文化。冯梦龙作为苏州人，他的生活、思考和创作无不深受这一文化背景的滋养与熏陶。当代社会，快速的经济发展与文化保护之间的矛盾日益凸显。冯梦龙与江南文化的融合和发展提供了一个独特的视角，它提示我们如何在推进现代化进程的同时尊重和传承地域文化，如何在讲述"中国故事"时兼顾历史与现实，兼顾传统与创新，当今社会如何平衡经济发展与文化保护，如何塑造具有地方特色的现代文明。

一、冯梦龙与江南文化概述

冯梦龙的作品，不仅在当时引发了广泛的阅读热潮，而且其深远影响直至今日仍在海内外学术界和文学爱好者中产生着共鸣。然而，冯梦龙文学创作的丰富内涵和深远影响并非孤立的文化现象，而是深深植根于明代中后期的江南社会环境之中。冯梦龙一生大部分时间生活在苏州，江南经济的繁荣，为文学的发展提供了经济基础；环境的多样、官场的腐败、社会的不公以及士人阶层的挣扎，都为他的文学创作提供了丰富的素材；苏州优美的环境、深厚的文化底蕴赋予了他独特的艺术灵感和人文熏陶；苏州的市井生活、民间故事、传统习俗，乃至评弹韵律，都深深渗入到他的作品之中，使他的文学创作充满了浓郁的江南文化特色。

（一）江南文化的特点

江南文化以其独特的韵味和深远的影响，在我国历史文化长河中独树一帜。江南往往代表着美丽富庶的水乡风情和繁荣发达的文化教育，诸如吴侬软语，小桥流水，水墨建筑，工艺书画，丝绸玉器，甜糯的糕团，精美的菜肴，淡淡的酒酿，浓浓的才情。因此"江南"往往代表了中国人对美好生活的无限向往与希望。江南历史文化体现在方方面面，除了建筑、交通等，颇具特色的是被列为苏州四大文化支柱的丝绸、园林、工艺和饮食文化。因而江南的代表城市就是自古即有"人间都会最繁华，除是京师吴下有"美誉的苏州。不论是在文脉上还是在文化维度上，苏州都有着经典的江南味道。

作为有着2500多年建城史的东方水城，苏州的历史遗存、文化艺术、旅游资源、人文环境，都体现着江南文化的灵魂底色和精神基因，有着江南文化的独特魅力。江南文化有其独特的文化基因和强大的发展动力。早在明清时期，苏州就是时尚的创造者、文化消费的引领者。作为江南文化的经典代表和中心城市，作为"最江南"的鱼米之乡，苏州从建城到城名，从文化特色到日常生活，几乎无处不流淌着水韵江南的文化基因：鱼稻文化、船桥文化、蚕桑文化、服饰文化、饮食文化，以及雅俗共赏的昆曲评弹、精巧的工艺美术、水陆并行的姑苏民居、无水不园的苏州园林……无不体现着水韵江南的苏州味道，有着自己鲜明的景观意象。

江南文化的特点，可从自然环境、经济基础、社会风气和人文精神四个维度进行深入剖析。

江南的自然环境以秀美、湿润和富饶著称，大运河贯穿其中，带来了水运的便利，使得江南地区的交通网络发达，为经济繁荣奠定了基础。冯梦龙的文学作品中，大运河不仅是故事发生的舞台，更承载着经济活动的繁荣和人文情感的流动，是江南文化流动性与包容性的象征。

江南的经济基础以农业和手工业为主，尤其是丝绸、茶叶和瓷器等产业的发达，造就了富裕的市民阶层。这种经济繁荣催生了市民文化的兴起，为冯梦龙的通俗文学提供了广阔的受众和丰富的素材，他的作品中充满了对市井生活的细致描绘和对商业伦理的微妙探讨。

江南的社会风气崇尚教育，文人士大夫阶层活跃，文学、艺术、哲学等人文活动繁荣。冯梦龙的作品深受这种文化氛围的影响，他的"三言"系列以通俗易懂的语言，讲述了各种道德寓言和生活故事，体现出对儒家伦理道德的弘扬，以及对普通人生活智慧的赞美。

江南的人文精神强调个体的尊严、情感的细腻和对自然的敬畏。苏州文化的雅致、吴越风物的韵味，与冯梦龙作品中的情感表达和对人性的洞察相呼应，使其作品形成了一种收放有致的艺术风格。浸润于这样的文化环境中，冯梦龙也汲取了江南文化的养分，同时其作品也反哺了江南文化，使之更加生动而富有魅力。他的平民立场和人文关怀，体现了江南文化对个体价值的尊重和对社会公正的追求。冯梦龙的作品中，无论是对爱情的描绘，还是对社会现象的讽刺，都流露出对人性的深刻理解和对普通人的温情关怀。

研究江南文化对冯梦龙创作的熏陶与塑造，实际上是揭示一种地域文化对个人创作以及社会观念的塑造力量，探究冯梦龙与江南文化的交融和互动。这对理解和传承优秀地域文化，以及在现代社会中寻找文化个性与发展策略具有重要的现实意义。

（二）冯梦龙的生平与江南文化的关系

冯梦龙的文学创作，尤其是对人性的深刻理解和对社会的正气张扬，对于当今社会兼顾经济发展与人文关怀，传承和弘扬地域文化，具有深远的借鉴意义。

冯梦龙的生平与江南文化的紧密联系，可以从他个人的成长、教育、仕途以及文学创作等多个方面进行深入分析。出生于苏州府长洲县的冯梦龙，自幼便浸润在吴越文化的温润之中，江南文化成为他文学创作的深厚土壤，大运河畔鲜活的市井生活、独特的园林艺术、精致的手工艺和繁荣的商贸场景成为他日后作品中不可或缺的元素。他的生活经历和思想观念在很大程度上影响了他的文学风格，使其作品充满了江南地域特色。

《喻世明言》（也称《古今小说》）、《警世通言》《醒世恒言》（简称"三言"）共收录白话短篇小说120篇，其中涉及江南的达93篇，占比77.5%，超过三分之二。作者在叙述故事时，会情不自禁地带有江南的气息，流露出江南人的地域自豪感。如《警世通言·俞仲举题诗遇上皇》本事在《西湖游览志馀》卷二《帝王都会》中只有"高宗既居德寿，时到灵隐冷泉亭闲坐"①寥寥数语，到《警世通言》中不但增添了杭州贡院前桥、众安桥、涌金门等地名，还大肆描写丰乐楼的豪华与排场，从招牌到门口服务生的打扮，从使用的器皿到果品菜肴，从服务到题诗，都详加叙述，宣扬了杭州的餐饮文化，增加了杭州的江南文化底蕴。《喻世明言·李公子救蛇获称心》本事在《吴郡志》卷四十六《异闻》中只有一句"泛舟过吴江"②，到了《喻世明言》则增添为："渡江至润州，迤逦到常州，过苏州，至吴江"，"李元舟中看见吴江风景，不减潇湘图画，心中大喜，令稍公泊舟近长桥之侧。元登岸上桥，来垂虹亭上，凭栏而坐，望太湖晚景"③，补充之后的文字充满了对太湖晚景的欣赏和赞美。

冯梦龙的思想观念深受江南自然环境和人文氛围的熏陶。苏州优美的自然风光、深厚的文化积淀和独特的城市韵味，对冯梦龙的创作产生了深远的影响。苏州士人文化讲究诗书礼乐，崇尚文雅，这使得冯梦龙的作品，无论是戏曲还是小说，都具有浓郁的文人气质，充满了吴地的细腻与温婉，融入了深厚的文学素养和哲学思考，充满了对人性的深刻洞察和对社会的犀利评判，体现了对于道义的坚守和对于社会进步的期待。例如，《喻世明言》中的《蒋兴哥重会珍珠衫》就巧妙地融合了现实故事与道德思考，体现了冯梦龙对于社会伦理的深入探讨。

同时，苏州的商业繁荣和市井风情也赋予了冯梦龙作品以世俗的

---

① 田汝成：《西湖游览志馀》，陈志明编校，东方出版社2012年版，第14页。
② 范成大：《吴郡志》，陆振岳点校，江苏古籍出版社1999年版，第603页。
③ 魏同贤：《冯梦龙全集》第1册《古今小说》，凤凰出版社2007年版，第503页。

趣味和生动的笔触，使得"三言"中的市井人物和生活场景栩栩如生，宛如画卷。苏州的市井生活和民俗风情是冯梦龙创作的活水源头。他深入民间，观察生活，将苏州市井的热闹喧嚣、人情冷暖、世态炎凉融入"三言"中的故事。他作品中的人物形象鲜明，性格饱满，生活气息浓厚，这与苏州的生活方式和人文特点密切相关。"三言"等作品不仅以通俗易懂的语言和生动的故事吸引读者，适应了当时市民阶层的阅读需求，更通过对运河沿岸的民俗风情和市井生活的大量描绘，展现了江南文化的世俗趣味和人文关怀。冯梦龙擅长捕捉日常生活中的点滴，将其转化为引人入胜的故事，使得"三言"中的故事既有娱乐性又充满哲理，反映了明代社会的风貌和民众的道德观念，在社会上产生了广泛的影响。

冯梦龙的仕途生涯同样反映了他与江南文化的紧密关系。在福建寿宁任知县期间，他推行以文治国的理念，以儒家道德教化为本，这与江南文化中尊崇儒家伦理的传统不谋而合。他"政简刑清，首尚文学"，以文化人的思想，正是对江南社会风气的继承和发扬。

冯梦龙与江南文化的交融和发展，不仅体现在他的个人成长和文学作品中，也体现在他对江南文化的传承与推广上。昆曲和苏州评弹等地方戏曲婉转的韵律和生动的表演，为冯梦龙的戏曲创作提供了灵感。他将这些艺术形式的特点融入戏曲剧本，使得剧本更具舞台表现力，也使他的戏曲作品更具地方特色和艺术感染力。如《玉簪记》等，深受苏州戏曲传统的影响，融入了评弹和昆曲的韵律之美。这些作品中，诗词意境与戏曲情节相辅相成，既保留了戏曲的传统韵味，又赋予了作品独特的文学价值，充分体现了苏州的人文底蕴。冯梦龙的戏曲语言往往充满了苏州方言和俚语的韵味，使得剧本更接地气，易于观众理解和产生共鸣。

（三）冯梦龙小说中商人形象的"江南特色"

冯梦龙的"三言"中，出现了之前任何朝代的文学作品都不曾有过的现象，那就是写到商人和以商人为主人公的作品有50多篇，占作品总数的40%以上；而且这些商人突破了以往奸诈、无利不起早的反面形象，具有重情重义的品质。如《吕大郎还金完骨肉》中的吕玉，《施润泽滩阙遇友》中的施润泽，《刘小官雌雄兄弟》中的刘小官兄弟，《徐老仆义愤成家》中的徐老仆，他们诚实经营，精打细算，辛勤奔波，终获好报。

封建社会向来实行"重农抑商"的政策，商人被归类于"四民之末"。即使富甲一方，在社会上多做善事，他们也很难得到相应的重视。在明代中后期之前的作品中，商人大多是反面形象，或者只作为配角出现。譬如四大名著之一《水浒传》的作者施耐庵与冯梦龙同为明朝人，可《水浒传》里的商人形象几乎都偏向反面，甚至能用"无恶不作"来形容。到明朝中后期，资本主义不断萌芽，商业贸易日渐繁荣，商品经济迅速发展，商人的地位明显提高，人们对商人的观感也有了越来越大的改变。苏州可以说是当时人口最多、最雅致，也是最繁荣的城市，因而几乎所有的苏式、苏样、苏意都成为时尚标准。正如明万历年间王士性在《广志绎》中所说："姑苏人聪慧好古……苏人以为雅者，则四方随而雅之；俗者，则随而俗之。"① 在深厚文化底蕴、雄厚经济基础和众多巧匠共同支撑下的丝绸纺织、玉石雕刻、出版印刷、造园艺术等几乎可以说是独霸市场！

顺应这一潮流，商业发达地区屡试不中的学子投身商海的现象开始频频出现。同样顺应这一潮流，在思想界，王阳明提出了"古者四民异业而同道，其尽心焉"② 的观点，以他为代表的晚明思想家对传统义利观进行了批判。生活在晚明时期江南市镇经济相当发达的苏州，并深受王阳明影响的冯梦龙在"三言"中塑造完全不同于传统观念的商人形象，也就顺理成章了。在商品经济冲击下，传统道德对社会生活的约束力远不如从前。人们追求解放、自由、平等、富裕，这是没错的，但如果一切向钱看，甚至为了暴富不择手段，就可能导致社会秩序严重失衡，使封建统治产生危机。作为传统知识分子出身的冯梦龙，希望传统道德与传统价值体系继续约束社会，规范日常生活，所以他试图以作品中正面的商人形象，在一定程度上教化社会。在塑造商人形象时，他植入了传统儒家道德与精神品质，笔下的商人不仅恪守商业道德，甚至其品行让许多文人学子都望尘莫及。包括冯梦龙在内的晚明至清初的很多小说家塑造出一批重诚信、讲仁义、乐善好施的正面商人形象，正是与这一时期江南商业经济的繁荣相对应的。

---

① 王士性：《王士性集·广志绎》，朱汝略点校，浙江古籍出版社 2013 年版，第 254 页。
② 王守仁：《王阳明全集》，上海古籍出版社 1992 年版，第 941 页。

二、冯梦龙作品中的江南文化体现

(一)"三言"中的江南社会生活

冯梦龙的文学主张和艺术风格深深植根于他对社会现实的深刻理解和对人性的独到洞察。"三言"作为冯梦龙的代表作,其中的故事情节和人物描绘,无不渗透着江南社会生活的独特韵味。作品中的市井风俗、人物性格、生活细节,无一不体现出江南文化的深厚底蕴。而这得益于冯梦龙对江南文化的深刻理解和敏锐捕捉。

冯梦龙生活在一个经济繁荣、文化活跃的时期,市民阶层的兴起和壮大为他的文学构思提供了丰富的土壤。在"三言"中,冯梦龙描绘了大量江南地区的生活场景,如苏州的繁华商贸、镇江的江河水运、杭州的丝绸之都、南京的皇城气象等,这些都反映了江南地区经济的繁荣和文化的交融。他的作品,人物形象鲜明,性格各异,塑造了丰富的江南市民阶层形象。他们或是努力经营的商人,或是才情出众的文人,或是勤劳智慧的工匠,这些角色的塑造,无不体现出作者对江南社会现实的细致观察和深刻理解。作品中的人物对话和内心独白,充满了生活气息和地域特色,使得故事更具说服力和感染力。"三言"中,市民阶层的生活状态和精神追求占据了主导地位。总之,冯梦龙作品中有大量对商贾、手工业者、文人乃至市井小民的细致刻画,这些人物的生活和故事展现了江南社会的世俗趣味和对个人价值的尊重,对诚实劳动、人际关系、家庭伦理等社会价值观的重视。

在"三言"中,冯梦龙对市井生活的描绘尤为生动,无论是商贾之间的交易,还是市井小民的日常生活,都展现出江南社会的活力和世俗趣味。冯梦龙对商业活动的描绘,如买卖交易、金融借贷、工商管理等,反映出明代江南地区活跃的商业文化,以及冯梦龙对经济现象的敏锐洞察,映照出明代江南市井的日常生活和人物百态。冯梦龙笔下的江南,既是故事的发生地,也是人物性格展现的背景。《蒋兴哥重会珍珠衫》中,商人蒋兴哥"久闻得'上说天堂,下说苏杭',好个大马头所在,有心要去走一遍",而"那枫桥是柴米牙行聚处,少不得投个主家脱货"。[①] 至于阊门南濠山塘大码头,更是商人会馆云集。

---

① 魏同贤:《冯梦龙全集》第1册《古今小说》,凤凰出版社2007年版,第22页。

冯梦龙的平民立场源自江南社会的开放和包容。在明代，江南地区经济发达，文化繁荣，市民阶层崛起，这种社会环境培育了一种平民文化，即强调普通人的尊严和价值。冯梦龙的文学作品，无论是描绘商贾的奋斗还是刻画文人的挣扎，都体现了对平民的赞美。这种平民视角的叙事方式是江南人文精神的具体体现，体现了冯梦龙对社会公平的追求。

冯梦龙的作品还展现了江南社会的伦理道德观念。他通过塑造多样化的角色和描绘复杂的社会现象，传达了明显的道德教化意图。江南文化历来注重伦理道德，冯梦龙的作品中随处可见孝、悌、忠、信、礼、义、和、廉等儒家伦理的烙印。这些价值观在他的故事中起着指导行为、评判是非的作用，反映出他对传统道德的尊重、传承和坚守，体现了江南文化中浓郁的人文关怀。

在"三言"中，冯梦龙以通俗易懂的语言、形象鲜明的人物、引人入胜的情节，讲述了一系列隐喻社会道德的故事，传达了对社会公正和道德规范的赞颂。例如，他常常塑造孝子、贤妻、良母的形象，以赞扬和鼓励传统美德在社会中的实践。他强调家庭和谐与亲情的重要性，如在《木绵庵郑虎臣报冤》中，通过郑虎臣对父亲的孝顺及为父亲报仇的故事，展示了对孝道的重视。冯梦龙在作品中也表现了对社会不公的揭露和对平民的同情。他深刻洞察社会现象，针砭时弊，既表达对勤劳、诚实的平民精神的赞扬，也反映对社会伦理失范的忧虑。在《卖油郎独占花魁》中，通过卖油郎秦重对花魁娘子的尊重和对其命运的同情，展现了他对底层人民生活的关注，以及对社会阶级差异的批判。在《杜十娘怒沉百宝箱》中，他通过杜十娘对李甲的无私付出和最后的悲惨结局，对忠贞爱情和道德背叛进行了深刻的探讨，对社会中的人际关系提出了道德警示。

冯梦龙的道德教化并非简单地宣扬正统观念，而是富含智慧，他善于通过故事的冲突和转折，引导读者思考道德的复杂性和多元性。例如，在《蒋兴哥重会珍珠衫》中，王三巧在丈夫蒋兴哥外出经商之时，结识了小商人陈商。面对三巧的出轨，蒋兴哥没有一味地埋怨、责骂，而是站在三巧的立场反思自己：正是由于自己常年不在家，留三巧独守空门，不能给予家庭的温暖，才使得她偷情；这种丑事，责任不完全在三巧。所以蒋兴哥不但处理分手之事时顾及三巧面子，甚至还将十六箱财宝尽数给她作为再嫁的嫁妆。忠诚的蒋兴哥被妻子背叛，但他最终选择了宽恕，这既体现了冯梦龙道德观的包容性，也反映了晚明江南社会对家庭关系的全新思考。通过这些故事，冯梦龙鼓励读者在面对现实生活中的道德困境时，能够进行独立思考，作出符合个人良知的判断。

(二) 冯梦龙作品中富含江南韵味的苏州元素

冯梦龙的作品中，富含江南韵味的苏州元素无处不在，它们以独特的方式为读者展现了一个活灵活现的江南世界。《钱秀才错占凤凰俦》入话就详细介绍了太湖水乡地貌："这太湖在吴郡西南三十余里之外……东南诸水皆归……东通长洲松江，南通乌程霅溪，西通义兴荆溪，北通晋陵滆湖，东通嘉兴韭溪，水凡五道，故谓之五湖。那五湖之水，总是震泽分流，所以谓之太湖。就太湖中，亦有五湖名色，曰：菱湖、游湖、莫湖、贡湖、胥湖。五湖之外，又有三小湖……吴人只称做太湖。"①

"三言"中，苏州不仅是故事发生的背景，更是人物塑造和情节发展的重要场合。如《施润泽滩阙遇友》写嘉靖年间盛泽镇"开张绸机"的施复，在卖绸回来的路上，拾到六两多银子，起先满心欢喜，但当想到可能给失主带来的严重后果时，毅然把银子退回了失主。失主朱恩也是个以蚕桑为业的小手工业者，对施复感激万分。后来施复养蚕缺桑叶，去洞庭山买，无意遇上了朱恩。朱恩不但盛情款待，以桑叶接济他，还使他免于覆舟的危险。小说选择苏州这一明朝中后期工商业繁荣、市民阶层壮大的城市作为特定的社会环境展开故事。

冯梦龙也没有忽视苏州作为水乡的特色。他通过对河流、桥梁、船只等水乡元素的细致刻画，将读者带入了一个充满江南水乡情调的苏州。在他的作品中，水不仅是苏州人民生活的依托，更是连接人与人之间情感的纽带。这种对水乡特色的描绘，不仅展现了苏州独特的地理环境，也反映了苏州人民依水而居、与水共生的生活方式。水道纵横、河网密布的地理环境，形成了江南"依山筑屋，傍河而居，依水成街，因河成镇"的水乡格局，也造就了出行就是水路、交通依靠船运的出行方式。《宋小官团圆破毡笠》就详细描绘了一户船户人家的悲欢。正德年间，苏州府昆山县有个宋敦，他的至交好友刘有才就是船户，"积祖驾一只大船，揽载客货，往各省交卸。趁得好些水脚

---

① 魏同贤：《冯梦龙全集》第3册《醒世恒言》，凤凰出版社2007年版，第124页。

银两，一个十全的家业，团团都做在船上"①。刘有才家不止一代人以驾船过活，而是世代都如此。而且江南水乡很多人都以此为业。从文中宋敦"到娄门时，航船已开，乃自唤一只小船，当日回家"②的描述可见，当时从苏州昆山到阊门既有定时出发的船，也有随时出发的小船，即已经有固定线路了。刘有才不只走苏州附近的水路，也走大运河。

  冯梦龙还对苏州的民俗风情进行了深入的挖掘和呈现。他通过描绘苏州人民的日常生活、节庆活动以及婚丧嫁娶等习俗，向读者展示了苏州独特的社会风貌和人文精神。这些民俗风情的描绘不仅丰富了作品的内容，也让读者更加深入地了解了苏州的地域文化和历史传统。在《唐解元一笑姻缘》中，借唐伯虎和秋香的故事，生动描绘了苏州的花会、节庆等民俗活动，以及当时苏州商业的繁荣。这些风俗描写细腻入微，令读者仿佛置身其中，感受着苏州的节日热闹与市井风情，增强了故事的生动性和真实感。赏花的习俗在《灌园叟晚逢仙女》中写得特别细致，江南平江府东门外的老者秋先，从小酷好栽花种果，人们都叫他花痴。日积月累，他建成了一个大花园。竹篱门外，正对着朝天湖，俗名荷花荡。莲花盛开之日，满湖锦云烂漫，香气袭人，荡桨采菱，歌声泠泠。那赏莲游人、画船箫管鳞集，至黄昏回棹，灯火万点。再如，《李玉英狱中讼冤》写求子取名的习俗："那焦氏巴不能生下个儿子。谁知做亲二年，尚没身孕。心中着急，往各处寺观庵堂，烧香许愿。那菩萨果是有些灵验，烧了香，许过愿，真个就身怀六甲。到得十月满足，生下一个儿子，乳名亚奴。你道为何叫这般名字？元来民间有个俗套，恐怕小儿家养不大，常把贱物为名，取其易长的意思。因此每每有牛儿、狗儿之名。那焦氏也恐难养，又不好叫恁般名色，故只唤做亚奴，以为比奴仆尚次一等，即如牛儿、狗儿之意。"③故事虽然不是发生在苏州，却与苏州习俗相同④。

  冯梦龙的作品中还融入了苏州的方言和俚语，使得人物对话更具地方特色，也使得作品更具生活气息。《众名姬春风吊柳七》写宋代柳永到杭州为官，一路行船，到姑苏时看儿童棹船戏水采莲，耳听吴

---

① 魏同贤：《冯梦龙全集》第2册《警世通言》，凤凰出版社2007年版，第301页。
② 魏同贤：《冯梦龙全集》第2册《警世通言》，凤凰出版社2007年版，第305页。
③ 魏同贤：《冯梦龙全集》第3册《醒世恒言》，凤凰出版社2007年版，第582页。
④ 参见陈来生《风俗流变：传统与风俗》，长春出版社2004年版。

歌，随即和诗填词一曲："十里荷花九里红，中间一朵白松松。白莲则好摸藕吃，红莲则好结莲蓬。　结莲蓬，结莲蓬，莲蓬生得忒玲珑。肚里一团清趣，外头包裹重重。有人吃着滋味，一时劈破难容。只图口甜，那得知我心里苦，开花结子一场空。"① 无论写的是水路航程还是酒楼风景，都极具江南水乡风韵。生动的口语表达，让读者在阅读时仿佛能听到苏州的吴侬软语，使人物形象更加鲜活，增强了文学作品的感染力。

冯梦龙的作品还通过历史和传说，对苏州的历史文化进行了再创造。他在《东周列国志》中引用了许多与苏州相关的历史人物和事件，如春申君黄歇，通过与历史人物的对话，对历史进行重构，展现苏州深厚的历史底蕴。历史与现实的交织，使得冯梦龙的作品不仅具有文学价值，也具有历史价值。

冯梦龙作品中丰富的苏州元素，各种市井、民俗、方言、风物，无不体现出他对苏州的深厚感情和对地方文化的珍视，成为苏州地域文化的载体和见证。通过冯梦龙的笔触，读者不仅能够欣赏到艺术的美感，更能感受到江南文化的独特魅力。他的作品也激发了人们对苏州文化的热爱和向往，为苏州的文化旅游事业作出了重要贡献。在当今社会，随着全球化进程的加速和地方文化特色的逐渐消失，冯梦龙作品中的苏州元素更显珍贵，它们成为连接过去与现在、传承与创新的重要桥梁。

（三） 江南文化对冯梦龙文学风格的影响

江南文化对冯梦龙的创作产生了深远影响，使其作品充满了浓郁的江南韵味。冯梦龙的文学风格深受江南文化熏陶，这种影响不仅体现在他的故事题材和人物塑造上，更深入到他的叙事技巧和艺术表现中。江南文化的细腻、雅致和江南的人文精神，赋予其作品独特的韵味，使其作品独具魅力。

冯梦龙的作品中，江南文化以多种方式得以展现，无论是自然风光、市井生活、诗词歌赋，还是智谋故事和道德观念，都体现了冯梦龙对江南文化的深入理解和独特诠释。他的文学创作，能让读者在字里行间感受到江南的韵味，体验到江南文化的丰富与深邃。他的作品以白话文为主，同时融入了大量的诗词歌赋，使得作品既通俗又不失

---

① 魏同贤：《冯梦龙全集》第 1 册《古今小说》，凤凰出版社 2007 年版，第 197 页。

高雅。这种兼顾通俗与雅致的风格，是冯梦龙对江南文学传统的独特贡献，也是他的作品能够超越时空，至今仍受读者喜爱的原因之一。

江南文化滋润、影响着冯梦龙的创作。苏州的水乡之美、园林之雅、戏曲之韵，以及吴地的民俗风情，都深刻地影响着他的文学创作，使其作品不仅富有生活气息，更蕴含着深厚的文化底蕴。在"三言"中，冯梦龙以苏州的生活场景为背景，展现了市井人物的喜怒哀乐，以及他们面对生活困苦时的坚韧与智慧。他笔下的人物个性鲜明，情感丰富，特别是女性角色，既有吴越文化的婉约柔美，又有市井生活的坚韧独立。这种对人物复杂心理和情感世界的细腻刻画，正是江南文化中对人性深度挖掘的体现，如怒沉百宝箱的杜十娘，其悲剧命运背后是对人性善良与世俗冷酷的深刻反思。

冯梦龙的叙事技巧受到了江南戏曲和民间故事的深刻影响。他的"三言"系列作品，往往以简洁明快的叙事语言，讲述曲折有趣的故事，这种风格与江南地区流行的戏曲艺术有着密切的联系。大运河沿岸的市井生活，孕育了丰富多样的口头文学，冯梦龙巧妙地将它们融入自己的作品，使故事具有民间文学的通俗性和生动性。

冯梦龙的文学风格还展现了他对江南社会现实的敏锐洞察。他的作品，往往通过环境描写来烘托人物性格，展现故事情节。他对市井生活的描绘，不仅是对物质生活的记录，更是对社会风俗、人情世故的深刻剖析。他以平民视角审视社会，揭露社会不公现象，体现了对普通民众生活的关注和对社会公正的追求。这种对现实生活的直接反映，体现了江南文化中的人本思想，是冯梦龙文学风格的重要组成部分。

江南文化对冯梦龙文学风格的影响，还体现在他的讽刺手法上。他善用隐喻笔法，以幽默诙谐的方式揭露社会现象，这种讽刺艺术与江南地区民间智慧相呼应，使他的作品具有独特的社会批判力度。在很多作品中，他用轻松的笔调讽刺了封建礼教的虚伪，对社会的不公进行了尖锐的揭露，可谓嬉笑怒骂，皆成文章。

三、冯梦龙与江南文化对当代社会的启示

冯梦龙的时代价值和文化贡献是多维度的，对于当今社会的文化传承、道德建设和旅游发展也具有现实意义。他的文学成就、道德教化、智谋策略以及对江南文化的贡献，让他成为一个跨越时空的文化

符号。冯梦龙与江南文化的关系，既是个人与地域文化交融的代表，也是文学与地域文化互动的典范。

（一）冯梦龙与江南文化的"历史对话"和现代启示

江南经典何处寻？苏州古今一脉传。今天的苏州，能以占全国0.09%的土地、1%的人口，贡献全国2%的经济总量，正如习近平总书记2023年在苏州考察时所说，"苏州在传统与现代的结合上做得很好，不仅有历史文化传承，而且有高科技创新和高质量发展，代表未来的发展方向"。苏州传承江南文化精华，使"人间天堂"繁华胜昔。

冯梦龙与江南文化的交融和发展，为我们揭示了地域文化对个体思想和艺术创作的深远影响。冯梦龙的生平和作品浸润在江南的水乡风光、繁荣的商业文化和深厚的人文精神中。在当今社会，冯梦龙与江南文化的互动为我们提供了一种理解和传承历史文化的模式。山水花木、亭榭回廊，糕点美食、锦绣丝绸，小桥流水、最美园林，风貌保护、非遗传承，是冯梦龙笔下江南的根、本、魂；食四时之鲜，居园林之秀，听昆曲之雅，用苏工之美，是我们传承江南的意、蕴、脉。这是文化传统，也是时代潮流。

江南文化的包容性、精致性和人文关怀，不仅体现在冯梦龙的文学作品中，也体现在对冯梦龙故乡的保护和利用上。通过冯梦龙村的建设，冯梦龙的文学影响力与其出生地的文化传统得以无缝对接，不仅促进了对地方文化的传承，而且为文化旅游注入了新的活力。这不仅是一次对历史遗产的保护，也是对地域文化多样性的尊重和发扬，对于当今社会如何平衡经济发展与文化保护，如何在快速变迁中传承和弘扬地域文化具有重要启示，为其他地区的文化保护和利用提供了借鉴。

冯梦龙的作品显示，文学不仅应艺术化地再现生活，还应传达道德教化，关注社会公正，提倡诚实劳动，这些价值观对于构建和谐社会、提升公民道德具有现实指导意义。同时，冯梦龙的女性观反映了他对性别平等的初步认识，这在当时具有进步性，对当代社会性别平等权的推动也有积极的启示作用。冯梦龙的文学创作，尤其是对人性的深刻理解和对社会批判的鞭辟入里，为当代社会如何兼顾经济发展与人文关怀，提供了宝贵的思考与启示。

（二）江南风貌保护与冯梦龙生态思想传承

苏州自古以来就以其优美的自然环境和独特的园林艺术而闻名于

世。冯梦龙生活的明朝时期，苏州的生态环境与现在虽有所不同，但其基本特征——水网密布、湖泊众多、湿地广布、园林错落——依然存在。

要品悟江南，就要解读"蘇"州，了解"蘇"的起源，挖掘"蘇"的文化，感受"蘇州"与"鱼米"的奥秘，寻找江南水乡、鱼米之乡的魅力。"蘇"字由草字头、鱼、禾组成，含"鱼米之乡"之意，更是受水的惠泽至多。水是苏州的灵魂，苏州的市标就是以水城门和流水组成的圆形图案。民国《吴县志》卷七十八"杂记"曰："或又谓，吴中'鱼''禾'所自出，'蘇'字兼之，故曰蘇。"吴文化具有鱼米水乡特色，"民食鱼稻"，这是苏州人历史悠久的饮食习俗；"青莲衫子藕荷裳"，浑身上下透着水乡气息；水中鱼、莲组合在一起，寓意"连年有余"，这是苏州常常能见的吉祥图案。苏州的糯米水磨粉，不是干磨而是水磨的，特别糯；因水而生的地方传统水生蔬菜"水八仙"，有慈姑、荸荠、莲藕、水芹、茭白、红菱、芡实和太湖莼菜。这就是江南味道。

水系的保护和利用，以及对自然环境的热爱和敬畏，构成了冯梦龙生态思想的重要组成部分。冯梦龙笔下的江南"鱼米之乡"，是上天对苏州的恩赐，是盛产鱼和稻米的富饶地方，是生态良好、环境优美的"天堂"。历史证明，稻作农业为主、渔猎蚕桑为辅的文明，是适合江南湿地生态系统的。稻田水层虽然是一种人工湿地生态系统，但与芦苇浅水层的自然湿地生态系统十分相似。水稻与旱作物生产最大的区别是稻田表面必须覆盖有7—10厘米深的淹水层，因此，大风刮起时也不会有尘土飞扬。苏州的稻田，不仅其本身因为有水层覆盖而不会扬尘，同时还因滋润了周围的土壤和空气而使灰尘大大减少。所以，种植水稻并不是落后的表现，很多发达国家都不厌弃水稻。韩国有水稻节，还有一条著名的以栽种水稻作为景观的街道。美国从华盛顿到巴尔的摩这一区域有些像中国的长三角，水稻种植面积相当大。

然而，随着时间的推移和经济的发展，苏州的繁荣吸引了大量人口，城市的扩张和农业的发展导致了对土地的过度开发，水系遭到一定程度的破坏，自然湿地逐渐减少，苏州的生态环境也遭到了破坏。随着工业化和城市化的快速推进，苏州的自然环境更是面临前所未有的挑战。工业废水和生活污水的排放，空气质量的下降，湿地的减少和生物多样性的降低，都对苏州的生态平衡构成了威胁。苏州也逐渐意识到环境保护的重要性，开始采取一系列措施来恢复和保护生态环境，如水体治理措施、绿化工程、生态保护区的设立等。

在全球环境问题愈发严重的背景下，生态文明建设已经成为国际性课题。苏州这座以江南美景和历史文化闻名的城市，其生态文明建设不仅关乎城市的绿色可持续发展，更可以为推进全球生态文明建设贡献中国力量。冯梦龙的作品不仅体现了深厚的文化底蕴，更蕴含着丰富的生态思想。冯梦龙的作品充满了对江南水乡美景的细腻描绘，展现出人与自然的和谐相处。他的作品通过各种生动而丰富的描写，传达出对生态多样性的注重。这些描绘不仅体现了冯梦龙的审美取向，也反映了他对自然环境的深深敬畏。

无论是在古代还是在现代，尊重自然、保护环境、实现人与自然的和谐共生，都是社会发展的重要基石。目前关于冯梦龙生态智慧的研究还是空白，所以对冯梦龙的生态思想进行研究，具有特殊的价值和意义。在注重文化特性提炼和地域个性张扬的背景下，在城乡建设中要高度关注生态建设，最大程度地体现苏州江南文化的内涵及艺术表现力，彰显地域文化特色，展现苏州江南文化的魅力和鱼米之乡的活力。

参考文献

［1］熊月之、左鹏军、蒋述卓等：《江南文化与岭南文化：交融·创新·发展》，《城市观察》2024年第1期。

［2］韩光浩、姜锋：《诗写科技 情入江南——在人工智能时代传承与弘扬江南文化》，《城市党报研究》2024年第5期。

［3］蔡志昶：《快速城镇化背景下的江南历史文化古镇保护与发展——以常熟市古里古镇为例》，《建筑与文化》2010年第4期。

［4］朱铁军：《江南古桥及文化的地域性功能研究》，《安徽农业大学学报（社会科学版）》2012年第2期。

［5］周才方：《六朝文化世族的形成及其对江南文化的影响》，《金陵科技学院学报（社会科学版）》2005年第3期。

［6］肖虹：《冯梦龙小说中的商人形象》，《文化学刊》2019年第12期。

［7］邢文：《论明代商业文化对小说的影响》，西北大学硕士学位论文，2010年。

［8］吕靖波：《明代游幕文人的生存状态与文学成就》，《南通大学学报（社会科学版）》2018年第3期。

[9] 陈娱、朱光亚、刘歆立：《日常生活道德观念在青年中的冲突及其调适》，《广东青年研究》2022 年第 3 期。

[10] 朱晓国、马国胜：《优秀传统文化在乡村振兴中的资源价值及其应用成效——以苏州冯梦龙村为例》，《智慧农业导刊》2022 年第 23 期。

（屈玲妮，苏州市相城区人大工作研究会会长）

从冯梦龙作品的江南意象
看苏州城市形象与当代城市品牌建设

顾建宏

摘　要： 在全球化和信息化背景下，城市面临着如何在保持自身特色的同时提升国际影响力和竞争力的挑战，城市品牌建设成为提升城市综合竞争力的重要途径。冯梦龙这位晚明杰出的文学家，以细腻的笔触传达了苏州的历史韵味、人文景观和风俗习惯，展示出江南文化深厚的历史底蕴和鲜明的地方特色，反映了苏州民众的生活方式和价值观念，为当代城市形象与品牌建设提供了丰富的素材和灵感。本文深入探讨了冯梦龙作品中所描写的苏州城市形象和江南意象，揭示其所蕴含的城市文化价值及其对当代城市品牌建设的启示，以期更好地发掘和传播自身文化，将历史智慧与现代城市发展的需求相结合，为当代城市品牌建设提供新颖且具有实践意义的思考，实现城市品牌与地方文化的深度融合。

关键词： 冯梦龙作品；苏州城市形象；品牌建设；传承创新

在当今全球化进程中，城市形象和品牌建设已成为提升城市竞争力、吸引投资和游客、增强市民认同感的一种关键策略。城市品牌并非简单的地理标识，而是历史、文化、经济等多方面因素塑造的综合形象。在这一背景下，挖掘文学作品中的城市形象，探索历史文化遗产在现代城市品牌建设中的应用，成为构建独特城市品牌的重要途径。本文以冯梦龙作品中的相关描写为研究对象，深入探讨其中所展现的苏州城市形象和江南意象，以及其所体现的人文关怀和理想追求对当代城市品牌建设的启示作用。在发展经济的同时，城市品牌建设应注重保护和传承城市的文化遗产，将传统与现代融合，塑造具有江南韵味的城市意象和城市品牌，树立既现代又充满文化底蕴的城市形象。

一、研究背景和意义

冯梦龙的作品中富含苏州的自然环境、生活细节和风土人情，形象生动地展现出苏州这座城市深厚的历史底蕴和独特的江南韵味，不仅为后世提供了研究明代社会风貌的宝贵资料，也为现代城市品牌建设提供了丰富的素材。冯梦龙笔下的苏州，是一个融合了经济繁荣、文化昌盛、艺术精致等多种元素的典范，这与当代城市品牌建设追求的高品质、高文化内涵以及高国际影响力不谋而合。我们可以通过冯梦龙作品中的江南意象，更好地理解苏州城市形象的形成和特点，并将其与现代城市的定位和发展相结合，创建既有历史韵味又符合时代需求的城市品牌。

（一）冯梦龙与苏州

冯梦龙是中国明代后期杰出的文学家、戏剧家和思想家。他的生平与苏州这座城市紧密相连。可以说，苏州的水土和人文孕育了他的才华，而他则以笔墨塑造了苏州在后人心目中的形象。苏州的繁华与优雅、人文与风土，都深深地烙印在他的文学作品之中。正因为冯梦龙的生平和文学作品与苏州紧密联系，他的作品也相应成为研究当时苏州城市形象的重要资料。

冯梦龙出生于苏州，苏州的美食、园林、丝绸，以及吴歌、昆曲等艺术形式，是他从小耳濡目染、深受影响的。他的家族在当地有一定的名望，这为他提供了良好的教育环境和广泛的社会接触机会。然而，冯梦龙却科考不顺，于是他转而醉心于文学创作，通过诗文杂著来表达对社会的关怀和对理想世界的追求。冯梦龙的文学成就主要体现在他的"三言"系列上，《喻世明言》《警世通言》《醒世恒言》等话本小说和拟话本小说汇集了大量的古今故事，其中大多取材于苏州的风土人情，人物鲜活生动，情节跌宕起伏，充分展示了苏州的生活气息和文化魅力。在他笔下，苏州不仅是地理意义上的江南水乡，更是人文精神的象征，是他理想社会的缩影。

冯梦龙的文学作品中，苏州城市特色被展现得淋漓尽致，他以细腻的笔触和深入的洞察，刻画了丰富多彩、韵味无穷的江南水乡。在他的"三言"系列中，从市井小巷的喧嚣，到园林深处的静谧，再到丝绸之都的繁华，无不体现出苏州的经济繁荣和独特魅力。冯梦龙笔下的苏州，丝绸、刺绣等手工业发达，市场交易活跃，展现了晚明时期苏州作为江南经济中心的繁荣景象。他的作品中经常出现的"锦衣玉食""金玉满堂"等画面，展示了苏州大运河的繁荣、丝纺业的兴盛和市民的富裕生活，解读了什么是"鱼米之乡"的典范。

冯梦龙的文学还反映了苏州人的生活方式和价值观。他的作品中，不论是市井小民还是士绅文人，都展现出对和谐、美好的追求，如《宋小官团圆破毡笠》讲述了主人公宋小官如何在困境中保持乐观，最终实现人生价值的故事，体现了苏州人对生活的积极态度和对理想社会的向往。这些价值观对于当代城市品牌建设具有深远影响，强调了城市不仅要追求经济发展，更要创造和谐、宜居的环境，培育积极向上的人文精神。

研究和再现冯梦龙作品中的人文景观、风俗习惯和城市精神，有助于苏州打造出既具有传统韵味又符合现代审美，既有历史深度又有地方特色的品牌形象，实现历史与现实、传统与现代的完美融合，构建出独具特色的城市形象。这不仅能吸引游客，更能让市民重拾对城市文化的自豪感，从而提升城市品牌的认同度和影响力。

（二）研究背景与意义

在全球化与信息化的时代背景下，城市品牌建设显得愈发重要，它不仅关乎城市的国际形象，更是提升城市竞争力、推动经济文化发展的关键所在。冯梦龙用他的笔墨为我们描绘了生动而鲜活的苏州，不仅是对当时社会风土人情的反映，更是对苏州城市形象的一种独特诠释。深入探讨冯梦龙文学中的苏州形象和江南意象，对于我们理解历史文化名城的文化底蕴，以及如何将这些文化元素融入当代城市品牌建设，具有十分重要的现实意义。

苏州自古便有"人间天堂"之美誉，其自然风光、美食佳肴、丝绸文化等都是城市品牌的重要组成部分。在冯梦龙的作品中，这些元素被巧妙地编织进故事情节，使得苏州的城市形象更加立体和鲜活。冯梦龙的作品中还大量涉及了苏州的社会生活和人物形象。通过对这些资料的挖掘和整理，我们可以更加准确地把握苏州的历史脉络和文化特色，从而为城市品牌建设注入更多的历史内涵和文化特色。

当然，城市品牌建设并非一蹴而就的过程，它需要长期的积累和持续的努力。研究冯梦龙文学中的苏州城市形象，可以为苏州城市品牌的打造提供更多的理论支持和实践指导，从而提升苏州的综合竞争力和国际影响力。

二、冯梦龙作品中的苏州城市形象

冯梦龙笔下的苏州城市形象，包括自然风光、建筑风格、社会文化、市民生活等多个方面，极具"可识别性"和"可印象性"。

（一）苏州的自然景观与人文风情

1. 苏州的自然景观描绘

冯梦龙在其文学作品中，以独特的笔触细腻地描绘了充满江南水乡情调的自然景观。冯梦龙笔下的苏州是一个水乡泽国，河网密布，桥梁众多，充满了江南水乡的韵味。这种独特的自然风光，不仅为冯梦龙的作品提供了背景，也是苏州城市形象的重要组成部分。当代苏州在城市品牌建设中，也充分利用了江南水乡的特征，将之作为城市的一大亮点进行宣传和推广。

冯梦龙生动描绘了苏州的河湖风光。如《唐解元一笑姻缘》中，唐解元从苏州随着大船而行，次日到了无锡，见画舫摇进城里；与秋香好梦成真后又雇了一只小船，带着秋香连夜往苏州而去。他描绘了运河两岸的繁荣景象、波光粼粼的湖光山色，以及湖畔的渔舟唱晚、水鸟翔集等美丽画面。这些描绘不仅展现了苏州水乡泽国的独特风貌，更让读者感受到了江南的宁静与和谐。

冯梦龙对苏州自然景观的细腻描绘体现了他对自然的热爱与敬畏之情。他通过文字将自然之美传递给读者，引导人们去关注和珍惜身边的自然环境。这种对自然的关注和保护意识，在当今社会依然具有重要的现实意义。随着城市化进程的加快，我们应该更加注重生态环境的保护，让城市与自然和谐共生，共同创建一个宜居、宜游的美丽苏州。

2. 苏州的人文风情再现

冯梦龙作品中的人文风情同样丰富多彩，与自然景观相互交融，共同构成了苏州这座城市独特的文化氛围和城市意象。他通过细腻的笔触，描绘了苏州人的日常生活、风俗习惯以及人情世故。苏州这座千年古城，历来以其小巷、园林、丝绸、昆曲等文化符号而闻名，冯梦龙的文学作品无疑为这些符号增添了浓厚的艺术色彩和人文气息。冯梦龙描绘了苏州社会的多元面貌，无论是繁华的街市，还是幽静的小巷，都充满了浓郁的生活气息和人文色彩。冯梦龙通过对苏州市井生活的细致描绘，让读者感受到了这座城市独特的韵味和活力。例如，

《卖油郎独占花魁》通过市井小人物的爱情故事,展现了苏州普通民众的日常生活和市井繁华。这些日常生活的细节,使得苏州城市形象更具生活气息和人性温度。

在冯梦龙的作品中,苏州的民俗风情也得到了充分的展现。在《众名姬春风吊柳七》《王娇鸾百年长恨》等作品中,冯梦龙描绘了节日庆典的欢乐场景,如春节的鞭炮声声、元宵的灯火辉煌、端午的龙舟竞渡等,这些生动的画面不仅展现了苏州民俗的丰富多彩,也反映了苏州人民对生活的热爱和对美好未来的追求。这些细致入微的描绘不仅让读者对苏州有了更加深刻的了解,也进一步增强了他们对这座城市的认同感和归属感。

冯梦龙笔下的苏州具有和谐、优雅、富饶和充满文化底蕴的特质,既有自然的美好,又有人文的温度,为现代城市品牌建设提供了生动的素材。当代苏州可以借鉴冯梦龙的手法,通过保护和推广城市的历史景观,传承非物质文化遗产,举办相关文化艺术活动,来提升城市的品牌形象,使之既体现出历史的沉淀,又充满现代活力。同时,在追求经济发展的同时,也不应忽视对市民内心世界的观照和对文化价值的传承,提升城市的知名度和美誉度。

(二)苏州的市民生活与人物形象

1. 冯梦龙笔下的苏州市民生活描写

冯梦龙在其文学作品中,以独特的艺术手法,将苏州的城市性格与市民的日常生活紧密交织。苏州的城市性格既体现在宏大的历史叙事中,也体现在细致入微的市民生活描绘上。苏州以繁荣的经济为基础,滋养了丰富的文化生活,展现了苏州文化的包容性和多元性。如《蒋兴哥重会珍珠衫》描绘了商贾阶层的日常生活,而《杜十娘怒沉百宝箱》则描绘了文人墨客的世界,共同构成了苏州社会的多元面貌,体现了城市性格的包容与开放。

《卖油郎独占花魁》中的主人公秦重,虽然出身平凡,却凭借自己的努力和才智赢得了爱情与成功,这体现了市民阶层的进取精神和社会流动性。同时,作品中对市民生活细节的描绘,如茶馆中的闲聊、市集的喧嚣,都展示了市民日常的快乐和满足,塑造了苏州城市性格中平民化的一面,极具生活气息和亲和力。

冯梦龙文学作品中的苏州,还体现了作者对和谐与诗意的追求。冯梦龙充满了对自然的敬畏和对生活的热爱,其作品中对太湖风光及对运河边生活的描绘，都展现了人与自然的和谐共处，显示出苏州是一座融自然与人文、繁华与宁静为一体的城市。这种和谐的城市性格，对于当代城市品牌建设具有重要的启示，强调了在城市化进程中既要有对历史的回顾，也要有对现实的洞察，既要有历史的深度，又要有现实的维度，保持城市生活质量和生态环境的平衡。

冯梦龙通过细致入微的人物刻画和生活场景描写，体现出一种优雅、和谐、繁荣、进取的城市特质。这些特质不仅反映了晚明时期苏州社会的风貌，也为当代城市品牌建设提供了宝贵的历史借鉴。通过挖掘和借鉴冯梦龙作品中的城市特质，苏州可以塑造出既具有历史底蕴又符合现代审美需求的城市形象，提升城市品牌的魅力和吸引力。

2. 冯梦龙笔下的苏州人物形象塑造

冯梦龙还通过塑造各种人物形象来反映苏州社会阶层的多样性和文化的包容性。他笔下的人物形象丰满而立体，商人、文人、工匠等，各自承载着不同的文化信息和价值观念。商人精明能干、诚信经营，体现了苏州商业文化的发达和商人阶层的崛起；文人则才华横溢、风雅脱俗，通过诗词歌赋来抒发情感，传承文化，展现了苏州文化的深厚底蕴；工匠们则心灵手巧、技艺精湛，展现了"苏工""苏作"的精巧，他们用自己的双手创造了精美的工艺品，为苏州的文化繁荣作出了重要贡献。冯梦龙深入剖析人物内心世界，体现了他们对美好生活的向往，以及面对困境时的坚韧与智慧。这些人物形象不仅增强了作品的艺术感染力，也为苏州的城市形象注入了新的活力。

在冯梦龙的作品中，我们还可以看到他对苏州女性形象的塑造。这些女性形象各异，大多不仅美丽动人，而且具有坚定的意志。她们不仅在家庭中扮演着重要的角色，还在社会中展现了自己的才华和魅力。这些女性形象的塑造，不仅丰富了冯梦龙文学作品的人物画廊，也为苏州的城市形象增添了别样的风采。

冯梦龙文学作品中的苏州人物形象塑造，为我们提供了一个了解和感受苏州文化的独特视角，为当代城市品牌建设提供了有益的启示。这些人物形象所传递出的诚信、友善、勤劳等价值观念，正是当代城市品牌建设所需要的精神内核。他们以自己的言行举止传递着苏州文化的精髓和价值观念，为城市品牌注入了更多的文化内涵和人文精神。在当代苏州城市品牌传播中，可以通过挖掘和塑造具有代表性的苏州人物形象来增强城市的辨识度和吸引力。

（三）冯梦龙作品中的苏州城市意象

在冯梦龙的文学创作中，苏州城市意象是一个融合了自然景观、人文风情、历史记忆和理想追求的综合体现。冯梦龙笔下的苏州，不仅是一座城，一幅幅绚丽多彩的画卷，更被赋予了诗意的象征意义。运河、桥梁、园林和湖光山色，不仅是故事发生的背景，更是人物内心世界的投射。例如，运河的流淌象征着时间的流逝和命运的变迁，园林的精致则寄寓着文人士大夫的审美理想和精神追求，丝绸的细腻与华贵代表了苏州的富裕与繁荣，昆曲的婉转与高雅则传达了城市的艺术气息。冯梦龙将苏州的美与人物的情感紧密结合，使得苏州的自然景观呈现出一种既具象又抽象的特征。在冯梦龙作品中，苏州的小桥、流水、人家以及丝绸、茶艺、昆曲等非物质文化遗产，被赋予了特有的城市意象。这些元素形成了浓厚的文化氛围，为苏州城市意象增添了丰厚的内涵。

冯梦龙作品中的苏州城市意象还融入了他对社会现实的深刻洞察和对理想生活的向往。冯梦龙的作品中，无论是商贾的奋斗还是文人的风雅，都反映出冯梦龙对人性的深度剖析和对理想社会的憧憬。冯梦龙的文学世界中，苏州的城市意象是动态的，它随故事的发展和人物命运的变迁而变化，反映出城市与人的共生关系。这种意象的动态性，不仅赋予了苏州城市形象以生命，也为当代城市品牌建设提供了启示，即城市品牌应当是一个活生生的形象，能够随着城市的发展和市民生活的变迁而不断演变，是一种文化的载体和情感的寄托。

意象，是一种人们感觉中的印象，是人们对其经历过的环境所建立的心理图像。环境印象的建立，是观察者通过对环境的认知而建立起来的"公众印象"，是人们对同一环境产生的"共同的心理图像"。20世纪60年代初，美国著名城市规划与设计专家凯文·林奇出版了《城市意象》一书，首创了从感觉形式出发研究城市景观特征的方法，认为城市景观的作用之一就是可以看见，可以记得和使人愉快。他提出了城市的"可识别性"和"可印象性"概念，认为一个城市对其市民来说，应该有其独特的感觉形象，通常可称之为"意象"。他认为一个城市意象的物质形态的内容可以归纳为"道路、边界、区域、节点和标志物"五种元素。而苏州极富"可识别性"和"可印象性"的"意象"就来自以水、街巷、民居建筑、桥为主的景观及景观中的文化信息。

对于现代城市品牌建设而言，冯梦龙的文学世界提供了一种独特的视角，苏州古城的历史、经济、文化、园林、建筑、名胜，可以塑造出既具有历史底蕴又富有现代感的城市形象，实现历史与现代、现实与理想之间的对话，为城市品牌的塑造注入丰富的文化内涵和强烈的情感共鸣。

三、冯梦龙文学对当代城市品牌建设的启示

作为苏州的文化名片之一，冯梦龙文学不仅凸显了苏州深厚的历史底蕴，更为这座城市增添了一份独特的文化韵味。冯梦龙的作品以其深刻的社会洞察、细腻的人物刻画和独特的艺术风格，让人们能够更深入地了解苏州的历史、文化和民俗风情，从而加强对这座城市的认知和认同感。一个具有独特文化魅力的城市品牌，不仅能够吸引更多的游客和投资者，还能提升城市的国际知名度和影响力。冯梦龙文学丰富的文化内涵为苏州城市品牌的塑造提供了有力的支撑，能够向外界展示苏州独特的文化魅力和历史底蕴，进而提升城市品牌的吸引力和竞争力。

（一）冯梦龙思想与当代城市文化策略

冯梦龙思想以人文关怀、社会批判和理想主义为核心，这些元素在"三言"等文学作品中体现得淋漓尽致，对于当代城市文化策略的制定具有重要的启示作用。他的作品不仅关注日常生活，更深入探讨了人性、道德与社会现实的关系，这些对于构建当代具有人文精神的城市文化体系至关重要。

冯梦龙文学作品中的苏州城市形象具有多维度的特点，包括自然景观、社会文化和人物形象等多个方面。这些形象元素不仅展现了苏州的独特魅力和历史文化底蕴，还为当代苏州城市品牌建设提供了宝贵的资源和灵感。冯梦龙的作品对当代城市品牌建设的启示主要体现在五个方面：第一，冯梦龙的思想中所蕴含的人文关怀、社会批判和理想主义，为城市文化策略提供了深厚的人文基础；第二，冯梦龙作品中对自然的尊重和与自然和谐共处的观念，强调了环保意识在城市文化策略中的重要性；第三，冯梦龙作品中展现出的对多元文化的包容性，鼓励人们重视城市形象推广和尊重多元文化；第四，冯梦龙的作品通过深入探讨人性和社会现实，为塑造积极向上、有目标感的城市品牌提供了范例；第五，也是最重要的，冯梦龙一生接触了极为丰

富的江南文化，描绘了大量的社会经济文化情态，对山川风物和民间万象有着广泛的记载和精彩的论述，为江南文化研究和现代城市品牌建设提供了难得的借鉴。

在冯梦龙的文学世界里，苏州城市形象被赋予了深刻的道德寓意和人文精神，这与当代城市文化策略中强调的公共道德与社会责任相契合。例如，冯梦龙在"三言"中通过描绘市井人物的日常生活，推崇诚实守信、勤劳善良的道德品质，这些故事成为传递社会价值观的重要载体。在现代城市文化策略中，冯梦龙的这种方式可以被借鉴，通过艺术活动、公共教育项目或者城市公共空间的设计，弘扬主流价值观，提升城市居民的道德素养。

冯梦龙的作品中，对理想社会的追求也给现代城市文化策略带来了启示。他所描绘的理想社会，往往是充满人文关怀的。如《卖油郎独占花魁》的故事，通过小人物的奋斗历程，展现了人们对美好生活的向往和梦想成真的可能性。这对当代城市规划和营销策略也具有指导意义，因为它强调了城市应是一个包容、平等、充满机遇的地方，这有助于塑造积极向上、有目标感的城市品牌。

冯梦龙的作品还体现了对自然的尊重和与自然和谐共生的观念，如通过描绘园林的美和自然景观的和谐，倡导人与自然和谐共处。这是当代城市文化策略中环保意识和可持续发展的重要组成部分。现代城市建设可以汲取冯梦龙的这一思想，通过绿色建筑、城市绿化、环保教育等策略，打造生态友好、可持续发展的城市形象。

（二）苏州城市品牌与文化遗产的融合互动

如何保持城市品牌的独特性和吸引力，是苏州城市品牌建设面临的首要难题。在全球化浪潮下，各城市间的竞争愈发激烈，而品牌的独特性正是城市在竞争中脱颖而出的关键。苏州作为历史文化名城，文化遗产对于城市品牌建设有着极其重要的作用。冯梦龙文化正是苏州打造独特城市品牌的重要资源之一。为此，苏州必须深入挖掘这一历史文化底蕴，强化"江南水乡"的地域特色，提升城市品牌的国际影响力和竞争力。

苏州的文化遗产资源种类繁多，包括古老的园林、古朴的街巷、精美的工艺品以及丰富的民俗传统等。包括冯梦龙文化在内的这些文化遗产，不仅见证了苏州的历史变迁，更承载了苏州人民的智慧和创造力。在城市品牌建设中，苏州要充分利用这些文化遗产资源，通过加强对文化遗产的保护和修复，确保其完整性和可持续性，在追求城市发展的同时，平衡城市发展与文化遗产保护的关系；同时积极推动文化与旅游产业的融合发展，将文化遗产转化为旅游资源，吸引大量游客前来观赏和体验苏州的古典园林、传统美食和民间艺术，感受苏州的文化底蕴和独特魅力。

通过深入挖掘冯梦龙文学中的苏州元素，苏州城市品牌建设可以更加精准地把握城市的文化脉络和精神内核，从而塑造出更具吸引力和竞争力的城市品牌形象。作为一种相互促进、共同发展的互动过程，冯梦龙文学作品中的苏州形象为当代苏州城市文化的发展提供了灵感，而当代苏州城市文化的繁荣又反过来为冯梦龙文学的传承和弘扬提供了新的土壤。

冯梦龙作品中展现了对多元文化的包容，通过描绘不同社会阶层的生活，展示了苏州作为一个文化交融之地的特质。这些元素超越了地理与时间的限制，共同绘制出一幅富有历史韵味和人文温度的城市画卷，形成了独特的城市意象。通过借鉴冯梦龙作品中的人文精神、道德教育、理想追求和文化包容性，可以制定出既具有历史底蕴又符合现代需求的文化策略，使得城市品牌建设不再局限于物质层面，而是更加注重精神内涵和生活方式的塑造，提升城市的文化品质，塑造独特的城市品牌，通过历史与现代的交融，为城市的可持续发展注入活力。

当代苏州在城市品牌建设过程中，明确地提出了"东方水城、人间天堂"的品牌定位。这一定位既体现了苏州独特的地理环境和自然景观，又彰显了其深厚的文化底蕴和人间乐土的形象。为了实现这一品牌定位的有效传播，就要加强城市品牌的战略规划和管理，明确自身的品牌定位和发展目标，并及时评估和调整品牌战略以适应市场变化，通过举办国际旅游节、文化艺术节等各类大型活动来加大品牌曝光度，充分利用电视、广播、报纸、杂志等传统媒体和互联网、社交媒体等新兴媒体进行品牌传播；还要注意将文化遗产与现代科技相结合，通过数字化技术、虚拟现实等手段，让文化遗产以更加生动、形象的方式呈现在人们面前，展现城市的文化多样性和包容性，增强城市的文化软实力。

（三）苏州当今的城市品牌定位与传播

冯梦龙以其独特的艺术手法、深刻的社会洞察和人文关怀，为构建既有历史底蕴又符合现代审美的城市形象提供了全新的视角和丰富的资源。我们要深入挖掘冯梦龙文学作品中的城市文化价值，并行之有效地将这些价值转化为现代城市品牌建设的策略和实践。必须看到的是，当代苏州城市文化在继承冯梦龙文学遗产的同时，也在不断发展和创新。随着时代的变迁，苏州的城市面貌和文化内涵都发生了巨大的变化。随着城市文化的不断演进，冯梦龙文学作品中的苏州形象也应与时俱进，不断丰富和拓展。所以，我们要创新城市品牌传播策略，不断推动城市品牌的创新和升级，在保持传统文化特色的基础上，积极探索新的城市元素和形象表达方式，如与时尚、艺术等领域跨界合作，提升城市服务的品质和效率，推动文化与旅游、科技等产业的融合发展等，加强与国际城市的交流合作，实现苏州城市品牌的与时俱进，更好地展示苏州的城市魅力。

1. 文学节庆活动的举办

冯梦龙文学节是苏州城市品牌推广的一种创新方式，它将文学与城市文化活动相结合，通过举办戏剧表演、故事讲述、艺术展览等多元化的活动，重现"三言"系列中的经典故事。组织昆曲节，邀请国内外昆曲艺术家表演冯梦龙作品中的剧目，通过传统艺术的表演，加深大众对苏州与昆曲之间深厚联系的理解，增强城市品牌的吸引力和认同感。这些活动不仅吸引了游客，还为本地居民提供了一个了解和欣赏本土文学的机会，传承了历史文化遗产，同时也提升了苏州的城市形象。

2. 文学主题旅游线路的设计

借由冯梦龙作品中的地理线索，可以设计出一系列的文学主题旅游线路，让游客在参观景点时犹如置身于故事之中，体验冯梦龙笔下的苏州。例如，游客可以参观《喻世明言》中描述的园林，如拙政园、留园，感受园中蕴含的历史故事和文化意蕴；或游览苏州的丝绸街，体验丝绸的制作过程，回味《警世通言》中的丝绸贸易场景。这样的旅游体验不仅丰富了旅游内容，也推广了苏州的城市品牌。

3. 历史景点与故事的融合营销

冯梦龙作品中的故事与现实中的历史景点紧密相连，通过将故事融入景点的营销策略，可以吸引游客对苏州产生探索的兴趣。例如，还原《卖油郎独占花魁》故事中的茶馆、市集等场景，游客可以在这些地方品尝传统茶点，欣赏地方手工艺，感受故事中的生活气息。这种沉浸式体验能够使游客更深刻地理解冯梦龙作品中的苏州，并对城市产生更深的情感连接。

4．文学与现代艺术的跨界合作

冯梦龙文学中的元素可以与其他艺术形式结合，以创新的方式呈现给当代观众。例如，通过电影、动漫或者 VR（虚拟现实）技术，重新诠释"三言"中的故事，创造出符合现代审美的艺术作品。这些作品在国内外的展示，可以进一步推广苏州城市品牌，吸引年轻一代的关注，同时保持历史文化的传承与创新。

5．冯梦龙元素的日常应用

可在城市日常生活的各个细节中融入冯梦龙元素，如利用公共艺术装置展示"三言"中的场景、在城市导览图上标注"三言"中故事的发生地、在餐饮业中推出以冯梦龙作品命名的特色菜肴。这些日常生活中的小细节，将文学作品与城市生活紧密联系，让市民和游客随时随地都能感受到冯梦龙作品对苏州的影响，从而加深对城市品牌的认知。

冯梦龙作品在城市品牌推广中的应用是多元且富有创新的，它不仅通过活动、旅游线路、营销策略、艺术跨界和日常应用，使苏州城市品牌更具有吸引力，还通过文学的力量，让历史与现代、传统与创新相融合，塑造出一个既有深厚文化底蕴又充满活力的城市形象。

参考文献

[1] 谷奕瞳：《空间叙事学视域下"三言"里的明代运河空间》，《汉江师范学院学报》2023 年第 4 期。

[2] 申明秀：《论冯梦龙〈三言〉的雅俗整合——江南世情小说雅俗系列研究之九》，《沈阳大学学报（自然科学版）》2011 年第 4 期。

[3] 王引萍：《略论明代文学中的女性审美形象》，《西北第二民族学院学报（哲学社会科学版）》1995 年第 3 期。

[4] 张玲：《"三言"中的苏州城市文化》，《今古文创》2021 年第 45 期。

[5] 吴晗：《论冯梦龙小说中的女性形象——以〈情史〉和"三言"为中心》，《山东女子学院学报》2024 年第 1 期。

[6] 伊崇喆、杨绪容：《冯梦龙改评明传奇的理论创新与独特的教化观念》，《艺术探索》2023 年第 5 期。

[7] 刘勇强：《冯梦龙的经典意识与"三言"的艺术品格》，《人民论坛》2023

年第 16 期。

[8] 王一雯：《文言小说集评点对话本小说改写的影响探究——以冯梦龙作品为中心》，《淮北师范大学学报（哲学社会科学版）》2023 年第 3 期。

[9] 冯保善：《冯梦龙寿宁知县任期辨正》，《江苏第二师范学院学报》2023 年第 3 期。

[10] 范伯群、刘小源：《冯梦龙们—鸳鸯蝴蝶派—网络类型小说——中国古今"市民大众文学链"》，《中山大学学报（社会科学版）》2013 年第 6 期。

（顾建宏，苏州市冯梦龙研究会会长）

冯梦龙文化的现代应用

冯梦龙民本思想对苏州社会治理现代化的启示

邓维华

摘　要：冯梦龙的民本思想，深刻体现了以民为本、公正公平的社会治理理念，对当代社会治理具有重要启示。本文深入剖析了冯梦龙民本思想的精髓，包括以民为本的原则、公正公平的社会治理理念以及法治与德治并重的思想，并将其与当代苏州社会治理实践相结合。研究表明，苏州传承了冯梦龙民本思想，通过加强党的建设来推动社会治理创新，坚持以人民为中心的发展思想，积极探索切合实际的社会治理新路径；在社区服务和公共政策制定中，积极践行民本理念，注重矛盾纠纷的预防与化解、社区服务体系的创新建设以及政策制定的民主化过程，有效提升了居民的获得感和满意度；在社会治理现代化进程中，冯梦龙民本思想不仅为当代社会治理提供了文化底蕴和理论支撑，还促进了社会治理模式的创新与发展，对于构建和谐社会、提升治理效能具有重要意义。

关键词：冯梦龙民本思想；苏州社会治理；公共政策制定；社会治理现代化

中国传统文化中的民本思想在现代社会中有着重要的应用价值。冯梦龙的民本思想，不仅体现了古代文人对于社会公正和民众福祉的深刻关注，在当时产生了积极的影响，而且对后世社会产生了深远影响，也为现代社会治理提供了宝贵的思想资源和路径启发。在当今社会，苏州这座融合了传统与现代文化精华的城市，正将冯梦龙的民本理念融入社会治理、社区服务和公共政策的实践中，以实现社会治理的现代化。

一、历史与现代的对话

（一）苏州古今相承的民本思想

冯梦龙的思想体系中，民本思想占据了重要地位，这一思想的形成不仅源于他对社会现实的深刻洞察，也体现了他对人民福祉的深切关怀。冯梦龙强调以民为本，将民众的利益放在首位，认为社会的稳定与繁荣应以民众的安居乐业为基础。他关注民生，提倡公正公平的社会治理，主张通过改革来减轻人民负担，提高人民生活水平。

冯梦龙的民本思想在其作品中得到了充分体现。他通过文学作品揭露了社会不公和官僚腐败，呼吁统治者重视民生，实行仁政。他的这种思想，在当时社会引起了很大的反响，也为后世留下了宝贵的思想财富。冯梦龙的"三言"作品犹如一面镜子，映射出明代社会的百态人生，同时也以其深邃的民本思想，为我们提供了理解民本思想及其在现代社会应用的一扇窗口。他的《寿宁待志》和寿宁执政生涯，是其民本思想的生动实践。他的思想和实践至今仍然滋养着当代苏州的社会治理现代化进程。

苏州是冯梦龙的故乡。如今，我们重新审视冯梦龙的民本思想，不仅是为了更好地理解他的文学作品，更是为了汲取其中的智慧，为当代社会治理提供有益的借鉴。苏州作为一座历史文化名城，近年来在社会治理方面取得了显著成效。这得益于苏州始终坚持以人为本的治理理念，关注民生需求，积极推动公共服务均等化，努力提升市民的生活质量。这与冯梦龙所倡导的以民为本、关注民生的思想不谋而合。在当代苏州社会治理中，冯梦龙的民本思想仍具有重要的指导意义。

冯梦龙的民本思想还体现在他对公正公平的追求上。他认为，公正公平的社会环境是人民安居乐业的重要保障。在当代苏州社会治理中，我们也看到了这种思想的实践。苏州市政府致力于打造公平公正的社会环境，通过完善法律法规、加大执法力度等措施，保障市民的合法权益，促进社会公平正义。

冯梦龙还提倡通过改革来减轻人民负担。在当代苏州，这一思想也得到了很好的贯彻。苏州市政府不断优化政策环境，降低企业和个人的税负，提高公共服务水平，让市民切实享受到改革带来的红利。

冯梦龙的民本思想源于他对人民生活的深刻洞察和对社会现实的

深切关怀。他的作品中，无论是对市井生活的真实描绘，还是对底层人民疾苦的关注，都体现了以民为本、关注民生的核心理念。他的文学创作，尤其是"三言"中的故事，以其生动的叙述和深刻的分析，揭示了当时社会的矛盾和问题，同时也提出了一种理想的社会秩序，即人民幸福、社会和谐。

在冯梦龙的文学世界里，苏州不仅是故事发生的背景，也是他为民请命、关注民生的舞台。他的为官经历，尤其是他在寿宁的廉政事迹，更是将民本理念付诸实践，展现出"以勤补缺，以慈辅严，以廉代匮"的为官之道。他的经历和作品，犹如一座桥梁，连接着历史与现代，让我们得以在冯梦龙的智慧中寻找社会治理的启示。

在现代社会，面对日益复杂的社会问题和快速发展的城市化进程，冯梦龙的民本思想为我们提供了宝贵的借鉴。在社区服务中，我们可以借鉴他的作品，理解人民的需求，提供更贴近民生的服务。在公共政策制定中，我们可以汲取他的智慧，确保政策的制定能够真正惠及民众，解决实际问题。在社会治理创新中，冯梦龙的思考方法和实践精神，激励我们不断探索新的解决方案，体现政府在社会治理方面的创新精神和人文关怀，以实现社会的公平与公正。

深入挖掘冯梦龙民本思想的内涵和价值，可以为当代社会治理提供更多的智慧和启示。同时我们也应看到，社会治理是一个复杂而系统的工程，需要多方面的努力和配合。在未来的社会治理实践中，我们应继续秉承冯梦龙的民本思想，不断创新治理模式和方法，以满足人民日益增长的美好生活需要为出发点和落脚点，推动社会的和谐稳定发展。

（二）当代苏州社会治理的现状与挑战

随着经济的快速发展和城市的不断扩大，苏州的人口结构、社会需求和公共安全问题都日趋复杂，这些变化给社会治理带来了新的难题，要寻找更为有效的社会治理方式来满足人民群众日益增长的物质文化需求，同时保持社会稳定和谐。

在人口结构方面，苏州的移民人口众多，不同地域、文化背景的人们汇聚于此，这无疑增加了社会治理的多样性和复杂性。如何确保这些新苏州人能够融入城市，享受到均等的公共服务，是当前社会治理的重要课题。同时，随着人口老龄化趋势的加剧，养老、医疗等社会保障问题也日益凸显，这需要政府在社会治理中给予更多的关注和投入。

在社会需求方面，随着人民生活水平的提高，人们对美好生活的需求也日益增长。这不仅体现在对物质生活的需求上，更体现在对精神文化生活的追求上。因此，苏州在社会治理过程中，必须更加注重满足人民群众多样化的需求，提供更为丰富、高质量的文化产品和服务。同时，教育、就业等民生问题也是社会治理的重点领域，需要政府不断加大投入，优化资源配置，确保社会公平与和谐。

在公共安全方面，随着城市化进程的加快，苏州也面临着越来越多的安全隐患。交通安全、消防安全、食品药品安全等问题都需要政府给予高度的重视。此外，网络安全和信息安全也是当前社会治理的新兴领域，如何保护个人隐私、维护网络空间的清朗，是苏州社会治理面临的又一新挑战。

当代苏州社会治理的现状与挑战是多方面的，需要政府从多个角度出发，制定全面、科学的治理策略。在这个过程中，我们可以借鉴历史上的民本思想，如冯梦龙所强调的以民为本、关注民生的理念，将其作为指导社会治理的重要原则，通过深入了解民众的需求和期望，积极回应民众的关切和问题，不断提升社会治理的效能和水平。从现实意义角度来看，冯梦龙的民本思想，特别是其强调的以民为本、关注民生的理念，为苏州社会治理提供了新的思路和方法。通过借鉴冯梦龙的民本思想，苏州可以更加注重民意收集与反馈机制的建设，提高政府决策的透明度和公众参与度，从而更好地满足民众的需求和期望，促进社会的和谐稳定发展。

研究冯梦龙民本思想在当代苏州社会治理中的应用还具有重要的理论价值。中国特色社会治理理论体系的建构是一个不断发展和完善的过程，需要不断汲取各种优秀的思想资源和实践经验。我们要从历史的深处汲取智慧，为现代社会治理寻找新的灵感和方向，共同构建一个更加和谐、公正、以人民为中心的社会。冯梦龙的民本思想作为中国传统文化中的重要组成部分，其深厚的民本情怀和公正公平的社会治理理念，对于丰富和完善中国特色社会主义社会治理体系具有重要的意义。

二、冯梦龙民本思想的渊源与内涵

(一) 冯梦龙民本思想的来源

冯梦龙的民本思想并非空中楼阁，它深深植根于明代社会的土壤之中，既是历史的产物，又是冯梦龙个人经历与文学创作的结晶。在儒家传统中，孔子的"仁政"、孟子的"民贵君轻"等观念为冯梦龙的民本思想提供了理论基础。在明代社会的现实背景下，商业的繁荣、市民阶层的兴起，以及社会矛盾的凸显，使冯梦龙关注民生、重视人民福祉的主张更具现实意义。

冯梦龙民本思想的核心内涵，体现为他对人民生活的深入理解和对社会现状的深刻关怀。他的"三言"作品中，无论是《警世通言》中《卖油郎独占花魁》的爱情故事，还是《喻世明言》中《滕大尹鬼断家私》的讽刺小品，都描绘了普通民众的生活状态，反映了他们的真实意愿和疾苦。《醒世恒言》中的《一文钱小隙造奇冤》充分说明悭吝自私的价值观和贪得无厌的金钱观都是"恶情"的表现。冯梦龙通过这些生动的故事，对社会的不公和不良的价值观进行了有力的批判。

冯梦龙的民本思想，强调为官者应当以民众的福祉为己任，执政理念中蕴含着"以勤补缺，以慈辅严，以廉代匮"的原则。他的为官经历，尤其是在寿宁时的廉政实践，体现了一种亲民、爱民的执政态度，通过务实的措施和公正的执法，努力改善民生，实现社会公正。这些实践表明，冯梦龙不仅在理论上倡导民本，更在实践中积极推行，用实际行动践行了他的民本理念。

冯梦龙的民本思想还体现在他对文化教育的重视上，如他整理吴歌，推广地方戏曲，这些活动旨在丰富人民的精神生活，提高民众的文化素养。他认为，教育是提升民众素质、促进社会进步的重要途径，这一观点与现代社会治理中强调的公共教育理念不谋而合。他不但要用文学创作来唤醒世人，"天不自醉人醉之，则天不自醒人醒之。以醒天之权与人，而以醒人之权与言。言恒而人恒，人恒而天亦得其恒，万世太平之福，其可量乎！"① 在担任寿宁知县后，他不但靠行政强制力推行善政，而且提倡"兴学立教"，"立月课"，颁《四书指月》亲

---

① 魏同贤：《冯梦龙全集》第3册《醒世恒言》，凤凰出版社2007年版，序。

为讲解，以期通过教育重塑人内心的道德伦理，移风易俗。

冯梦龙还倡导官员应具备良好的道德品质，以身作则，廉洁奉公，这在很大程度上是对"四知拒腐""一勺告状"等廉政故事的实践。这些故事通过生动的叙述，展现出冯梦龙对于清正廉洁的坚守，以及对社会风气净化的期待。苏州相城区冯梦龙村的"四知堂"，以此为廉政底蕴，成为廉政教育基地。

冯梦龙的民本思想内核是对人民生活的深刻洞察，对社会公正的追求，以及对为官者道德责任的强调。这些思想不仅在冯梦龙的文学作品中得到体现，也在他的为官实践中得以落实。在当代苏州社会治理的现代化进程中，冯梦龙的民本智慧和执政理念，无疑提供了宝贵的启示，引导我们在服务人民、制定政策时，始终以民生为本，追求社会的和谐与公正。

（二）法治与德治并重的思想

冯梦龙深知，社会秩序的维护与治理的成功，在于法治与德治并举。他坚信，唯有严格的法律制度，方能确保社会的有序与安定；而道德的教化，则可引导人心向善，树立正确的价值观和行为规范。德治与法治相辅相成，二者缺一不可。只有法治而无德治，社会将失去温情与人性的光辉；只有德治而无法治，社会则将陷入无序与混乱。

在冯梦龙看来，法治是社会治理的基石。法律不仅为民众行为划定了明确的界线，也为统治者提供了公正、公平的裁决依据。冯梦龙倡导通过严格的法律制度来维护社会秩序，确保社会的和谐与稳定。同时冯梦龙也意识到，法律并非是万能的。在复杂多变的社会环境中，单纯的法律制裁往往难以触及人们内心的道德观念。因此，他提出了德治的理念，强调道德教化在社会治理中的重要作用。德治，即通过教育、引导和感化等方式，提升民众的道德水平，使他们自觉遵循社会规范，从而实现社会的和谐与稳定。

在冯梦龙的民本思想中，法治与德治的并重体现了其深邃的社会洞察力和人文关怀。一个健康、和谐的社会，既需要法律的约束与规范，也需要道德的滋养与引导。二者相互补充、相互促进，共同构成了冯梦龙社会治理理念的两大支柱。这种理念即便在今天看来，依然极具应用价值。在现代社会治理中，我们不仅需要完善的法律制度来维护社会秩序和公平正义，更需要通过道德教育和文化传承来提升公民的道德素质和社会责任感，这样才能构建一个更加和谐、稳定且充满活力的社会。

冯梦龙的这一思想不仅深刻揭示了社会治理的内在规律和要求,也为我们今天的社会治理实践提供了有益的借鉴和启示,为我们提供了一种全新的视角来审视和处理社会问题。在面对复杂多变的社会现象时,我们不应仅仅依赖于法律的制裁和惩罚功能来解决问题,而应更加注重发挥道德教化的作用,从根本上改善社会环境、提升社会风气,进而实现社会的长期稳定与和谐发展。

(三) 以民为本思想的启示

在当代苏州,随着经济的快速发展和城市化进程的加速,社会治理面临着诸多新的挑战。如何在新形势下坚持以民为本的原则,切实解决民众关心的问题,是摆在政府和社会面前的重要任务。我们要借鉴冯梦龙的民本思想,真正做到以民众利益为重,实现社会的和谐稳定和持续发展。

1. 提供文化底蕴和理论支撑

冯梦龙的民本思想为当代社会治理现代化提供了深厚的文化底蕴和理论支撑。他的思想体系不仅强调以民为本、关注民生的核心价值,还倡导公正公平的社会治理理念和法治与德治并重的思想,这些都与现代社会治理的目标和追求高度契合。

冯梦龙坚信国家之根本在于民,所有政策与措施的制定都应优先考量民众的利益。他强调政府和社会必须高度关注民众的生活状态和需求,将民众的利益作为一切行动的出发点和落脚点。他提倡政府要时刻关注民众的生活疾苦,积极倾听他们的呼声和需求,确保政策措施能够切实解决民众最关心的问题。这体现了冯梦龙的社会责任感和人文关怀。在当代苏州的社会治理中,我们也应秉持这一原则,努力营造一个公正、公平的社会环境,让每一个人都能享受到发展带来的红利。

在推进社会治理现代化的过程中,苏州可以借鉴冯梦龙的民本思想,将其融入具体的政策制定和实践操作。通过深入挖掘民本思想的内涵和价值,结合当代社会的实际情况,探索出一条符合中国国情、具有中国特色的社会治理现代化道路。

2. 促进社会治理模式的转变

冯梦龙的民本思想,以其深厚的文化底蕴和独特的理论视角,为我们推动社会治理模式从传统向现代转变提供了宝贵的思想资源。传统社会治理模式往往强调统治者的权威和单向度的管理，而民本思想则倡导以民众为中心，关注民众的需求和呼声。冯梦龙的民本思想，促使我们反思传统治理模式的局限性，进而探索更加符合现代社会需求的治理路径。冯梦龙的民本思想启迪我们，社会治理不应仅仅停留在维护社会秩序的层面，更应致力于提升民众的生活质量和幸福感。

民本思想推动社会治理模式转变的具体表现之一，是治理主体的多元化。在传统模式下，政府往往是唯一的治理主体，而在民本思想的指导下，应该寻求政府、市场、社会等多方共同参与的治理格局。这一转变不仅有助于激发社会活力，还能更全面地反映和满足民众的需求。

民本思想还促进了治理方式的创新。传统治理方式往往注重刚性管理，而民本思想则强调柔性引导和服务。我们应该尝试通过教育、宣传、协商等更加温和、人性化的方式来推动社会治理，从而在实现治理目标的同时减少社会矛盾和冲突。

民本思想还推动了治理理念的更新。传统治理理念往往以统治者的利益为出发点，而民本思想则坚持以民众的利益为根本。我们在制定和实施治理策略时，应该更加注重公平、公正和公开，努力让每一个人都能在社会治理中感受到公平和正义。

在未来的社会治理实践中，我们应继续深化对民本思想的研究和应用，努力推动社会治理模式的不断创新和完善。

三、苏州社会治理的民本实践

苏州作为千年古都，如何在保护历史文化遗产的同时推进城市基础设施建设，实现可持续发展？如何在吸引外来人才的同时保障本地居民的权益，避免"城市病"的出现？如何在推行科技化管理的同时防止数字鸿沟，确保每个居民都能享受到社会治理的红利？冯梦龙的民本思想在苏州社会治理的现代化进程中为我们提供了启示。

（一）民本思想在社区服务中的应用

社区服务是社会治理的基石，苏州在这方面展现出高度的现代化水平。政府大力推广智慧社区建设，利用先进的信息技术手段，提高社区管理效率，满足居民的多元化需求。

1. 矛盾纠纷的预防与化解

在社区服务中，苏州积极贯彻冯梦龙"省其谳牍，可使无讼"的治理理念，将矛盾纠纷的预防与化解作为提升社区治理水平、增强社会稳定性的重要举措。为了实现这一目标，苏州从多个层面入手，构建了一套行之有效的矛盾纠纷预防与化解机制。

在预防层面，苏州注重加强社区法制宣传教育，提高居民的法律意识和法治素养。通过开展形式多样的法治宣传活动，如法律讲座、法律咨询等，引导居民自觉遵守法律法规，学会运用法律武器维护自身合法权益。同时，社区还积极倡导居民之间的互助与和谐，营造"远亲不如近邻"的温馨氛围，从而从源头上减少矛盾纠纷的发生。

在化解层面，苏州建立了一套完善的矛盾纠纷调解机制。当社区内出现矛盾纠纷时，社区调解委员会迅速介入，秉持公正、公平的原则进行调解。调解过程中，调解员会耐心倾听双方的诉求，深入了解矛盾产生的根源，然后结合实际情况提出切实可行的解决方案。通过调解员的努力，许多原本可能激化的矛盾得以缓解，社区居民之间的关系也得以修复和巩固。

苏州在矛盾纠纷预防与化解工作中还充分发挥社会力量的作用。社区积极动员和组织志愿者、社会组织等参与矛盾纠纷调解工作，形成了政府主导、社会协同、公众参与的良好局面。这些社会力量的加入不仅丰富了矛盾纠纷调解的资源和手段，还提高了调解工作的效率和效果。

2. 社区服务体系的建设与创新

苏州在社区服务体系的建设与创新方面，致力于打造功能完善、服务优质的社区环境，以满足居民日益增长的物质文化需求。通过建立健全社区服务设施、推进社区文化建设、加强社区服务人员培训、推动社区服务信息化、智能化建设等措施，苏州成功打造了一个功能完善、服务优质的社区环境，为居民提供了更加便捷、高效的服务体验。这些举措不仅体现了冯梦龙民本思想在当代苏州社会治理中的深入应用，也为其他城市在社区服务体系建设方面提供了有益的借鉴和启示。

针对社区服务设施的建设，苏州注重规划先行，科学布局，合理配置教育、医疗、文化、体育等公共服务设施，确保居民能够享受到便捷、高效的服务。

在社区文化建设方面，苏州践行冯梦龙的"以民为本"理念，提倡居民参与，举办各类文化活动，如公益讲座、艺术展览，强化社区凝聚力，营造和谐的邻里关系。

在加强社区服务人员培训方面，苏州注重提升服务人员的专业素养和综合能力。通过定期开展各类培训活动，如业务技能培训、沟通技巧培训等，帮助服务人员掌握专业知识，提高服务水平。此外，苏州还鼓励服务人员参加各类职业资格考试，以获取更高的职业资格认证，进一步提升服务团队的整体素质。

在推动社区服务信息化、智能化建设方面，苏州积极探索"互联网＋社区服务"的新模式。通过搭建社区服务平台、开发移动应用等方式，实现线上线下服务的有机融合，为居民提供更加便捷、高效的服务。例如，居民可以通过手机 APP 随时了解社区动态、查询服务信息，更直接地参与到社区治理中来。同时，借助大数据、云计算等先进技术，苏州还对社区服务资源进行优化配置，提高服务效率和居民满意度。

3. 居民获得感和满意度的提升

在社区服务中，苏州一直将提升居民的获得感和满意度作为工作的重中之重。这不仅体现在社区服务的质量和效率上，更体现在对居民需求和期望的深入了解和积极回应上。通过鼓励居民参与、及时回应居民需求、举办文化活动等多种方式，不断提升居民的获得感和满意度。

为了提高居民的归属感和责任感，苏州不断加强居民参与社会治理的机制和渠道建设。例如，社区定期举行居民大会，让居民们能够直接参与到社区治理的决策过程中，对社区的重大事项发表自己的意见和看法。同时，社区还成立了各种志愿服务队伍，鼓励居民们积极参与到社区的公共事务中。这些举措不仅让居民们感受到了自己作为社区主人的地位，也进一步提高了他们的归属感和责任感。

在提高居民的满意度和幸福感方面，社区工作人员会定期走访居民家庭，了解他们的生活状况和需求，及时回应和解决他们关切的问题。无论是公共设施的维护，还是社区环境的改善，抑或是居民之间的矛盾纠纷，社区都会积极介入，寻求最佳的解决方案，让居民们真切地感受到社区的关怀和温暖，提高他们的满意度和幸福感。

苏州冯梦龙村等基层社区还注重通过文化活动来丰富居民的精神生活。社区会定期举办各类文化活动，如书法比赛、舞蹈大赛、读书会等，为居民们提供一个展示自我、交流学习的平台。这些活动不仅增进了居民之间的友谊和了解，也让他们在享受文化生活的同时感受到了社区大家庭的温馨和欢乐。

苏州还汲取冯梦龙尊重地方文化与方言的智慧，通过地方传统艺术的传承和推广，提高居民对社区的认同感和归属感。例如，借助社区平台教授青少年学习吴歌、苏剧等地方艺术，让传统文化在现代社区中得以延续，同时增加社区文化的多样性和包容性。

4. 以冯梦龙的廉政思想推进社区服务

冯梦龙的廉政思想在苏州社区服务中也得到了体现。通过推行廉洁高效的社区管理，确保公共设施维护资金的合理使用、社区资源的公正分配，确保每个居民都能公平地享受社区服务，这与冯梦龙在寿宁的廉政实践一脉相承，确保了社区服务的公正性和透明度，赢得了居民的信任。通过完善社区设施、丰富社区活动，增强社区的凝聚力和向心力，让市民在家门口就能感受到浓浓的归属感和幸福感。

苏州相城区广泛宣传推广冯梦龙的廉政文化，将其融入现代社会治理。例如，设立冯梦龙廉政文化论坛，定期举办讲座和研讨会，探讨如何将冯梦龙的廉政理念应用于当代政府管理。通过这些活动，干部们深受启发，学习如何在日常工作中保持清廉，用实际行动践行冯梦龙"以勤补缺，以慈辅严，以廉代匮"的为官之道。此外，在冯梦龙村建立廉政教育基地。这种廉政文化的传承不仅提升了政府的公信力，也促进了社会风气的净化，体现了冯梦龙廉政思想的现实应用。

（二）公共政策制定中的民本导向

在冯梦龙的民本思想中，公共政策的制定被视为实现社会公正、保障民生福祉的重要手段。冯梦龙强调政策应以服务人民为核心，关注人民的需求和期望，而并非仅仅着眼于统治阶层的利益。在当代苏州，这种民本导向已经深深融入公共政策的制定过程，推动了政策的科学化、民主化和公平性。

在公共政策制定方面，苏州坚持民本导向，以人民的需求为导向，力求政策的公平性和普惠性。例如，在教育方面，苏州推行均衡教育政策，确保城乡、贫富之间的教育资源差距不断缩小。在医疗领域，通过提升基层医疗服务水平，推广家庭医生制度，实现医疗服务的便利化和可及性。此外，苏州在环境保护、社会保障、住房政策等方面也积极创新，力求构建一个更加公平、包容的社会环境。

在苏州，公共政策的制定首先立足于广泛的民意调研。这种做法直接呼应了冯梦龙"以民为本"的理念，政策不再是单方面决策的结果，而是公众参与和讨论的产物。苏州在政策设计上强调公平性和包容性。在教育、医疗、住房等领域，政策制定者努力缩小城乡、贫富之间的差距，确保每个人都享有基本的公共服务。这种做法体现了冯梦龙对社会公平的追求，尤其是他对于底层人民疾苦的深切关怀。

在公共政策的实施过程中，苏州注重透明度和参与度，政府通过信息公开、公众监督等方式，确保政策执行的公正和有效。这种做法与冯梦龙作品中的公正执法、廉洁从政理念相契合，保障了政策的公正执行，避免了权力的滥用，维护了社会的秩序和公正。

在制定公共政策时，苏州还注重对传统文化和地方特色的保护。公共空间的设计、城市规划的执行，都充分考虑到苏州的历史文化传承，尽可能地保留和发扬本地特色，这与冯梦龙尊重和传承地方文化的观念相符。

（三）社会治理创新与民本实践

1. 创新社会治理手段

冯梦龙在其民本思想中，强调了政府与民众的互动和参与，这在现代社会治理中体现为政府与民众的共同决策、共同治理。苏州在推进社会治理创新中，借鉴冯梦龙的理念，通过建立多元化的参与机制，如社区听证会、公众意见征询等，让民众在决策过程中发挥更大的作用。这种参与式治理，不仅是对冯梦龙"以民为本"理念的实践，也是对现代社会治理效率和公正性的提升。

在创新社会治理手段上，苏州积极采用现代科技，推动智慧城市建设，以冯梦龙的智慧为灵感，打造科技与人文并重的治理模式。例如，通过大数据分析，精准了解社区居民的需求，提供个性化的服务；利用云计算和物联网技术，实现公共设施的高效运行，提高服务效能。这些现代科技的应用，体现了冯梦龙思想中对于提升治理效率的追求。苏州将历史智慧与前沿科技相结合，实现了社会治理的现代化升级。

冯梦龙的廉政思想在社会治理创新中也起到了积极的推动作用。苏州通过举办廉政论坛、设立廉政教育基地，培养公职人员的廉洁意识，推动正直、公正的治理风气。冯梦龙的廉政故事被改编为教育影片和戏剧，作为培训材料，提醒公职人员铭记廉俭，这不仅在冯梦龙的故乡传承了他的廉政精神，也促进了社会公正，为社会治理的廉洁高效提供了保障。

在推动社会治理创新的同时，苏州还致力于文化的传承与发扬。冯梦龙的文学作品中融入了丰富的地方文化，这启示苏州在社会治理中要强化本地文化的传承,以文化凝聚人心,增强居民的认同感。冯梦龙村通过举办各种文化活动,如传统艺术节、民间故事会,让居民在参与中感受历史,增强归属感,从而促进社区的和谐稳定。

然而,社会治理创新并非一成不变,需要在实践中不断调整和优化。苏州在创新过程中也面临着如何平衡传统与现代、如何确保科技手段的公平使用、如何在多元文化交融中保持社区和谐等问题。这些问题的解决,需要继续深入挖掘冯梦龙思想的精髓,结合现代社会治理的挑战,进行持续的探索与实践。

2. 完善矛盾纠纷调解机制

为了维护社会稳定和谐,苏州还致力于完善矛盾纠纷调解机制和加强法治宣传教育。通过建立多层次的矛盾纠纷调解体系,苏州有效地化解了大量社会矛盾,维护了社区的和谐稳定。同时,通过深入开展法治宣传教育,提高居民的法治意识和法律素养,苏州营造了尊法、学法、守法、用法的良好氛围。这些举措不仅体现了苏州对法治建设的高度重视,也符合冯梦龙法治与德治并重的思想精髓。

苏州通过网格化管理、智慧城市建设、加强社会组织建设以及完善矛盾纠纷调解机制等举措,不仅提升了社会治理的效能和水平,还充分体现了对民本思想的深入践行和传承,在社会治理模式的创新上不断取得新成效。

3. 以人民为中心的发展实践

在苏州,以人民为中心的发展实践贯穿于社会治理的方方面面。这种实践不仅体现在宏观的城市规划和政策制定上,更融入了日常生活的细枝末节。在城市规划层面,苏州政府深知宜居的城市环境对于市民生活质量的重要性。通过精心设计和规划,苏州既保护了古城的风貌,又满足了现代城市发展的需求,成功打造了一个宜居、宜业、宜游的现代化城市。在公共服务方面,教育、医疗、交通等公共资源的配置都力求均衡与公平,确保每一位市民都能享受到优质的社会服务。

苏州相城区冯梦龙村借鉴冯梦龙作品中对市井生活的描绘,为社区居民打造了丰富多样的服务项目。例如,社区内有图书馆、健身房、社区活动中心等设施,不仅满足了居民的日常需求,也为他们提供了休闲娱乐的空间。此外,很多社区还定期举办各类文化活动,如邻里节、民俗文化节,让居民在参与中增进交流,增强社区凝聚力,营造和谐融洽的社区氛围，这正是冯梦龙民本思想中和谐社会的体现。

4. 城乡一体化发展的政策实践

苏州作为江南水乡的代表，其城乡一体化发展的政策实践不仅体现了对冯梦龙民本思想的深刻领悟，更展示了当代社会治理的创新与智慧。在推动城乡一体化进程中，苏州始终坚持以人民为中心，将民众的需求和福祉放在首位，力求实现城乡共同繁荣。

为了实现城乡要素的自由流动和优化配置，苏州制定并实施了城乡融合发展规划。这一规划不仅注重城市的拓展与更新，更着眼于农村地区的振兴与发展，还高度重视农村环境治理和生态保护工作。通过加强城乡基础设施，如交通、水利、电力等的互联互通建设，苏州确保了城乡居民能够享受到均等化的基本公共服务，进一步缩小了城乡差距。

（四）展望未来：历史智慧与现代治理的融合

尽管冯梦龙的民本思想在苏州的社会治理实践中已经取得了一定的成效，但面对快速发展的社会和日益复杂的问题，苏州在将民本理念融入社会治理现代化的过程中仍面临挑战，如如何平衡传统与现代、科技与人文、参与与效率等。这些挑战既有技术层面的，也有理念层面的。

技术的迅速发展带来了挑战，尤其是带来了数字鸿沟问题。尽管智慧城市的建设为社区服务和政策制定带来了便利，但不熟悉或无法使用现代科技的居民，如老年人和低收入群体，可能会被"智慧"服务所排斥。为了确保所有居民都能公平地享受公共服务，苏州需要寻求创新的解决方案，如提供数字素养培训，或者设计适用于不同群体的多渠道服务。同时，政府还要关注数据隐私和信息安全，以维护居民的权益。

冯梦龙的民本思想强调政府与民众的互动和参与，但在实际操作中，提高公众的参与度和决策影响力是一项复杂的任务。如何确保公众意见的充分表达，避免精英主义决策，同时防止过度民主导致的决策效率低下，是苏州需要进一步探索的问题。此外，如何建立有效的反馈机制，让政策制定者能够及时了解并回应公众的需求变化，也是社会治理创新的关键。

冯梦龙的"三言"作品，以其生动的故事和深刻的洞察，揭示了明代社会的世态人情，同时也为当代苏州提供了一种理解民情、解决社会问题的视角。冯梦龙的寿宁实践，更以实际行动诠释了关心民生、以民为本的理念。面对未来，苏州应当进一步挖掘和传承冯梦龙的民本思想，继续完善公众参与机制，通过科技手段解决数字鸿沟问题，将地方文化融入现代生活，在快速变化的现代社会中，构建一个更加和谐、公正、以人民为中心的城市。

参考文献

［1］肖雅：《冯梦龙与〈山歌〉》，《南京艺术学院学报（音乐与表演版）》1989年第2期。

［2］杨洁：《冯梦龙戏曲理论研究》，河北师范大学硕士学位论文，2011年。

［3］朱晓国、马国胜：《优秀传统文化在乡村振兴中的资源价值及其应用成效——以苏州冯梦龙村为例》，《智慧农业导刊》2022年第23期。

［4］傅承洲：《冯梦龙与苏州派剧作家》，《北京大学学报（哲学社会科学版）》2011年第4期。

［5］刘传芳：《"三言"与苏州——基于清光绪〈苏州府志〉的一种解读》，《江苏广播电视大学学报》2006年第4期。

［6］胡单芳：《通俗·言情·达理——冯梦龙民间审美观研究》，苏州大学硕士学位论文，2016年。

［7］胡单芳：《冯梦龙与吴地民俗》，《安徽文学》2014年第11期。

［8］陆树仑：《冯梦龙研究》，复旦大学出版社1987年版。

（邓维华，苏州市相城区黄埭镇党委宣传委员）

传承冯梦龙法治思想，推进苏州法治城市建设

邱月娟

摘　要：冯梦龙的法治思想不仅在中国古代法治史上占有重要地位，而且对现代法治城市建设具有深远的启示意义。本文旨在通过深入挖掘冯梦龙法治思想的核心理念及其在寿宁为官时期的实践案例，揭示冯梦龙对法律公正、司法独立和官民关系的独特见解，以及对法律的敬畏、对公正的坚守、对和谐的追求，将冯梦龙的法治思想传承应用于苏州的法治城市建设。苏州法治城市建设可借鉴冯梦龙的法律平等观，构建公正、透明的法律环境；在推动司法改革、保障司法独立、提升司法公信力方面，也能从中汲取智慧。苏州法治城市建设，要进一步完善法律法规体系，提升执法司法水平，加强公民法律意识教育，注重与民众的沟通与互动，实现法治与民生的有机融合。

关键词：冯梦龙法治思想；苏州法治建设；教化作用；法治化进程

法治建设作为现代社会的关键议题，不仅关乎国家的秩序与稳定，也直接影响着公民的生活质量。冯梦龙以其独特的法治理念和实践，为后世留下了宝贵的精神财富。苏州作为一座历史悠久、文化底蕴厚重的城市，在法治建设上具有独特的地位，在推进现代化进程中也始终注重法治的保障作用。冯梦龙的法治理念与苏州的现实需求相契合。以冯梦龙的法治思想重新审视当今法律的公正性、司法的独立性以及官民关系的调适，对于提升社会治理水平、推动法治社会的进程至关重要。同时，冯梦龙的法治实践对现代司法改革的启示，对于确保社会公平正义、提升公民的法治意识具有重大的价值。冯梦龙的法治理念和内涵可以为当代社会提供可资借鉴的法治建设策略，为苏州乃至其他城市的法治建设提供新的视角和实践路径。

一、冯梦龙的法治思想概述

冯梦龙的法治思想并非孤立的理论建构，而是与其文学创作、廉政实践和地方治理紧密相连，共同构成了其丰富而多元的思想体系。冯梦龙的法治思想源于其深厚的人文素养和独特的官场经验，源自其深厚的民本思想和对社会的深刻洞察。他以"三言"等文学作品为载体，将法治理念寓于故事之中，通过生动的案例传达对公正、公平法律的追求，倡导以法治来维护社会稳定与公平正义。尤其在寿宁为官期间，冯梦龙不仅身体力行，推行了一系列务实的法治措施，还以《寿宁待志》一书记录了其在地方治理中的法治实践，为后世提供了丰富的研究素材。

（一）冯梦龙的法治理念

冯梦龙的法治理念深植于他对社会公正、秩序以及和谐的追求，这些核心理念贯穿于他的文学创作、官场实践以及地方治理之中。冯梦龙强调法律的普遍性、公正性和权威性，这与现代法治精神不谋而合。他的"一念为民之心"体现了以爱民为核心的政治理念。在冯梦龙看来，法律并非仅仅是针对普通百姓的约束，而是对所有人，包括官员在内，都具有同等效力的规范。所以他提倡依法行政、司法公正，注重保障民众权益。这一理念与现代法治精神中法律面前人人平等的准则相呼应，对于构建公正透明的法律环境具有重要的指导意义。

冯梦龙法治思想的核心便是"民本"。他坚信，法律并非为了维护统治阶级的利益，而是应当真心实意地服务于广大人民，切实维护人民的根本利益。法律的建设和完善，必须始终围绕人民的利益展开，确保法律的公正性和普遍性，并通过法律的实施，促进社会的道德进步和和谐发展。冯梦龙的官民关系理论体现了以人为本的治理理念。他提倡官民和谐，认为官员的职责是为民服务，而非仅仅行使权力。这种亲民思想在当下社会仍有其现实意义，它鼓励现代政府在推进法治进程中注重与民众的沟通和互动，实现法治与民生的深度融合。

在冯梦龙的法治思想中，公正性是法律的灵魂。他坚信，法律应当不偏不倚，对所有社会成员一视同仁。这种对公正的追求，在他寿宁为官时期的实践中得到了淋漓尽致的体现。冯梦龙整顿吏治，严惩贪污腐败，以实际行动维护了法律的公正性和权威性，显著改善了寿宁的社会治安。

冯梦龙还非常重视法律的教化作用。他认为，法律不仅是惩罚犯罪的工具，更是引导人们向上向善的重要手段。他不仅关注法律的制定和实施，更关注法律在社会生活中的实际效果和影响。他努力通过法治教育提高民众的法律意识，注重法律的道德教化作用，通过法律的引导和规范，提升整个社会的道德水准和法治意识，使人们在日常生活中能够自觉遵守法律，共同营造和谐稳定的社会环境。

冯梦龙的法治思想在当时无疑具有先进性和前瞻性。他在寿宁的法治实践也为后人树立了榜样和典范。他以身作则，严于律己，公正执法，赢得了民众的信任和尊敬。他的"不求名而求实"和"廉政自律"原则，"险其走集，可使无寇；宽其赋役，可使无饥；省其赎锾，可使无讼"①的施政纲领，都展现了他对预防纠纷、减少诉讼的深刻理解，这为现代诉源治理和多元化解机制的构建提供了历史智慧。

冯梦龙的法治理念在现代社会依然具有鲜明的现实意义，它们既包括法律的公正性、司法的独立性，也包括官民关系的和谐以及廉政文化的建设。

（二）冯梦龙在寿宁的法治实践

冯梦龙在出任寿宁知县期间的法治实践，是其法治理念的生动展现，也是对其理论的有力支撑。冯梦龙在寿宁的法治实践，无论是在政策制定上还是在具体执行上，都展现了他对法律的敬畏和对公正的坚守。他深知一个廉洁高效的官僚体系是法治实施的关键，法治并非只是空洞的理论，而是能够切实改善社会秩序、提升民众福祉的有力工具，因此他以身作则，公正廉洁，简政轻赋，为寿宁的官员们树立了榜样，赢得了百姓的尊敬。

在寿宁，冯梦龙首先着重打击了地方的恶势力和腐败行径。冯梦龙深知法律的首要任务是维护社会秩序，保护百姓权益，因此，他通过一系列行之有效的措施，将法治思想转化为实际行动，严惩了那些首恶分子，清扫了官场的腐败风气，并提升了民众对法治的信任感，以此来保障法律的尊严和权威。从冯梦龙的《寿宁待志》可以清楚地看到，在案件处理上，冯梦龙坚持实事求是，不偏不倚，不以权谋私，不阿权贵，"不求名而求实"。他以法律为准绳，公正无私地处理每一桩案件，无论案件大小，都以事实为依据，确保了法律的公正执行。

---

① 魏同贤：《冯梦龙全集》第15册《寿宁待志》，凤凰出版社2007年版，第54页。

除了整顿吏治，冯梦龙还非常重视民事调解工作。他深切关怀民间疾苦，通过公正裁判，成功化解了许多民间纠纷，维护了社会的稳定和谐。他在寿宁推行了以案释法的教育方式，通过公开审理案件，让百姓亲眼见证法律的公正执行，让每一个人都能感受到法律的公正无偏，提升民众的法律意识。

冯梦龙还注重法律教育和预防犯罪，致力于提高民众的法律意识。他深知只有当民众了解法律、尊重法律，法治才能真正得以实施。因此，他在寿宁期间积极推动法治教育的普及，倡导"无讼"理念，试图通过教育和引导减少诉讼，实现社会的和谐。他通过"险其走集，可使无寇；宽其赋役，可使无饥；省其谳牍，可使无讼"等施政纲领，强调通过改善民生、减轻赋税、简化诉讼程序来减少社会矛盾，预防犯罪的发生。这一理念与现代诉源治理和多元纠纷解决机制的理念不谋而合，对减少社会冲突、提升社会治理效能具有重要的启示作用。

冯梦龙在寿宁的治理实践，充分展现了他的法治理念和民本思想。他通过整顿吏治、重视民事调解以及倡导法治教育等措施，有效地推动了寿宁的法治建设进程。通过研究冯梦龙在寿宁的法治实践，我们可以更深入地理解他的法治思想，并将其应用于当代法治建设中，推动社会公正与和谐的实现。

（三）关注法治与道德、文化的结合

除了强调法律的平等适用外，冯梦龙还高度关注法治与道德、文化的结合，认为法治的实施需要辅以道德教化，法律的作用不仅是对违法行为的惩罚，更重要的是通过法律的规范和引导，使人们从内心产生对善的向往和追求，以培育民众的法治信仰和道德自觉。而这种教化作用，能够在潜移默化中提升整个社会的道德水准。这种观点为我们今天探讨法治与德治相结合、法治文化建设等议题提供了有益的思路。

冯梦龙的法治实践也为我们提供了宝贵的经验。他在寿宁任知县期间，推行了一系列法治措施，如整顿吏治、减轻民众负担、推广教育等。在整顿吏治方面，他严惩贪污腐败的官吏，树立了法律的权威；在减轻民众负担方面，他推行轻徭薄赋的政策，提高了民众的生活水平；在推广教育方面，他兴办学校、普及教育，提高了民众的文化素质和法律意识。这些实践经验对于现代法治城市建设中的反腐倡廉、保障民生、普及法律教育等都具有重要的启示作用。冯梦龙主张司法独立，坚信只有独立的司法系统才能确保公正的司法判决。在《寿宁待志》中，他倡导司法应以事实为依据，以法律为准绳，不受任何外力干扰，这与现代司法改革中提升司法独立性的目标相一致。

二、冯梦龙法治思想的现代解读

（一）冯梦龙法治思想与苏州古代法治传统

冯梦龙的法治思想与苏州古代法治传统之间存在着深刻的联系。苏州能成为"人间天堂"，离不开其深厚文化底蕴所孕育的独特的法治理念。苏州很早就以公正的司法和清明的吏治而闻名，"廉石"的美名（汉末三国时期的陆绩卸任郁林太守，归家时两袖清风，担心舟轻不足以抵御风浪，便以石加重，留下了"廉石"精神）也传颂至今。这种传统在冯梦龙的法治实践中得到了升华。

苏州的法治传统起源于春秋时期吴国的法律意识，历经宋明理学的洗礼，逐渐形成了以儒家伦理为基础的司法理念。这种理念强调以礼制御民，以德治国，倡导和谐社会的构建。冯梦龙的法治思想从这一传统中汲取了丰富的养分，他的"一念为民之心"和"不求名而求实"的思想作风，与苏州历史上的司法公正观念相得益彰。他推崇法律平等，无论身份高低，人人都应受法律约束，这体现了法治的平民化和普遍性。

冯梦龙在寿宁的法治实践，尤其是他推行的"险其走集，可使无寇；宽其赋役，可使无饥；省其谳牍，可使无讼"的施政理念，与苏州历史上注重社会治理、预防矛盾的传统相契合。他治理地方，着眼于民生，通过改善社会环境和减少社会矛盾来预防犯罪，这一理念与苏州历史上"以和为贵""无讼为上"的司法精神一脉相承。

冯梦龙法治思想与苏州法治传统的结合，为现代苏州法治建设提供了丰富的历史资源。苏州在推进法治城市建设的过程中，一方面可以汲取历史智慧，借鉴冯梦龙的司法实践，如公正执法、便民诉讼、诉源治理等；另一方面也可以通过弘扬冯梦龙廉政文化，提升政府公信力，构建廉洁高效的法治环境。通过冯梦龙法治思想与苏州法治传统的结合，苏州法治建设不仅具有深厚的历史底蕴，也展现出鲜明的时代特色，成为古今法治理念交融的典范。

冯梦龙的法治思想与苏州古代法治传统交织在一起，体现了法治的深远影响和永恒追求。冯梦龙在寿宁的法治实践以及他对于法律公正、司法独立和官民关系的深刻见解，不仅丰富了苏州的法治内涵，也为现代苏州的法治城市建设提供了独特的视角和实践路径。

(二) 冯梦龙法治思想对现代社会的启示

冯梦龙的法治思想，以其深远的洞察力和实践智慧，对现代社会产生了深远的影响。

冯梦龙的法律平等观在当今社会中显得尤为重要。他主张法律面前人人平等，不论身份高低，都应受法律约束。这一理念在当代法治社会中，直接体现为公民在法律面前无特权，无论是领导干部还是普通百姓，都应依法行事，这为建设公正透明的法律环境奠定了基础。在苏州的法治城市建设中，冯梦龙的这一法治理念被践行在政策制定和司法实践中，通过确保法律的普遍性和公正性，提升市民的法律意识和遵从度。

冯梦龙强调司法独立，对于现代司法改革具有指导价值。他坚信司法独立是现代社会公正与公平的基石，独立的司法系统不受政治或其他外力干扰，是公正审判的保障。在苏州，司法独立被看作维护社会公正的关键，法院系统通过一系列改革，如法官职业化、审判公开等，以确保司法公正，提高公信力。冯梦龙的理念为此提供了历史依据，提醒我们司法独立在现代社会中的重要性。

冯梦龙官民和谐的理念在社会治理中具有现实意义。他提倡官员应以民为本，服务于民，这一以人为本的治理理念在苏州的法治建设中得到了体现。政府通过加强与民众的沟通和互动，确保法治建设与民生需求相融合，提升了社会治理的效能。冯梦龙的这一思想，鼓励现代政府在推进法治进程中注重公众参与，实现法治与民生的有机统一。

冯梦龙的廉政文化在现代社会同样具有借鉴价值，他的"不求名而求实"和"廉政自律"原则为今天的反腐败斗争提供了道德准则。在苏州，冯梦龙的廉政理念被融入公务员教育，旨在建立一支清廉高效的公务员队伍，这不仅有利于维护政府公信力，也有助于营造公平正义的社会氛围。

冯梦龙的"使无讼"理念为现代诉源治理提供了历史智慧。他通过改善民生、减轻赋税、简化诉讼程序来减少纠纷，这些措施与现代多元纠纷解决机制相契合。

冯梦龙的法治思想与实践，尤其是他对于法律公正、司法独立和官民关系的理解，为苏州乃至全国的法治建设提供了独特的视角和宝贵的实践样本。通过深入挖掘冯梦龙的法治智慧，我们可以进一步丰富法治建设的实践，推动法治的深入发展，以实现社会的公平、和谐与进步。

（三）冯梦龙法治思想的创新应用

冯梦龙法治思想的创新应用，不仅体现在其理念可为现代社会直接借鉴上，还体现在对现有法治实践的创新性融合与提升上。在苏州的法治城市建设中，冯梦龙的法治理念被赋予了新的生命力，通过与现代技术、社会需求和制度创新的结合，展现出前所未有的活力。

冯梦龙的法律平等观在数字法治时代的应用中得到了创新扩展。苏州利用先进的信息技术，构建了覆盖全市的电子司法平台，实现了诉讼流程的透明化和公开化，确保法律的公正性与公平性，让每一位公民都能便捷地获取法律服务，体验到冯梦龙所倡导的法律平等。同时，平台通过大数据分析，为政策制定提供精准参考，进一步提升了法治建设的效率和精度。

冯梦龙的司法独立理念在司法体制改革中得到了实践。苏州法院通过设立独立的审判机构，推行员额制改革，确保法官的专业化和独立性。同时，建立完善的司法监督机制，既确保了司法公正，又避免了司法权力的滥用。这与冯梦龙的司法独立精神相契合，为司法公正的实现提供了有力保障。

冯梦龙的官民和谐理念在基层治理创新中得到了体现。苏州借鉴冯梦龙的亲民思想，推行网格化社会治理模式，将社区划分为网格，由网格员负责与民众的日常沟通，快速响应和解决问题，实现官民的直接互动。这种模式将冯梦龙的以民为本原则落实到基层，提升了社会治理的精细化程度，使法治与民生得以深度融合。

冯梦龙的廉政文化在现代廉政建设中发挥了新的作用。苏州通过举办冯梦龙廉政文化论坛，将廉政教育与现代科技相结合，利用VR、AR（增强现实）等数字技术，打造沉浸式廉政教育体验，使廉政文化教育更具吸引力和感染力。同时，苏州借鉴冯梦龙"不求名而求实"的精神，推行绩效考核制度，鼓励公务员以实际行动践行廉洁自律，形成良好的政治生态。

冯梦龙的"无讼"理念在诉源治理中的创新应用尤为突出。苏州借鉴这一思想，构建了诉源治理框架，致力于源头预防和多元化解矛盾，推动多元纠纷解决机制的建立，如设立调解中心、在线调解平台等，通过前置调解、源头治理，有效减轻了法院的审判压力，提高了纠纷解决的效率，实现了冯梦龙所提倡的预防纠纷、减少诉讼的目标，提高了社会治理效能。

冯梦龙法治思想在现代苏州的创新应用，不仅是对历史智慧的继承，更是传统与现代、理论与实践的有机融合。通过创新性运用，冯梦龙的法治理念在新的社会语境中焕发了新的生命力，为苏州乃至全国的法治建设提供了可持续发展的动力，推动着法治社会的不断进步。

三、冯梦龙法治思想在苏州法治城市建设中的应用

苏州法治城市建设的不断推进，不仅是对现代法治理念的践行，也蕴含着对传统文化的传承与发扬。冯梦龙作为历史上的法治思想家，他的法治思想在苏州法治城市建设中得到了全面而深入的应用。从司法体制改革到法治政府建设，再到全民守法教育，苏州都汲取了冯梦龙法治思想的精髓和价值，将其转化为推动法治建设的强大动力。

（一）苏州法治城市建设现状

冯梦龙对法律教化作用的重视，为我们今天的法治教育和法治文化建设提供了有益借鉴。法律不仅是惩罚犯罪的工具，更是引导社会风尚、塑造公民品格的重要手段。因此，在法治建设中，我们应加强对公民的法治教育，提升全社会的法治意识，营造出尊法、学法、守法、用法的良好氛围。

冯梦龙法治思想对现代法治建设的启示是多方面的。它不仅要求我们坚持法律的公正性和权威性，还提醒我们要重视法律的教化作用，始终把人民群众的利益放在首位。这些启示对于我们构建更加公正、高效、权威的法治体系具有重要的指导意义。

在苏州法治城市建设的道路上，地方立法体系的完善无疑是一项重要的成果。苏州政府通过制定和修订一系列地方性法规，为城市的法治化管理提供了坚实的法律基础。这些法规不仅涵盖了城市管理、环境保护、公共服务等多个领域，还充分考虑了苏州作为江南水乡的独特地理和文化特色，确保了法治建设的针对性和实效性。

苏州在法治政府建设方面也取得了显著进展。政府部门依法行政，严格规范执法行为，有效维护了市场秩序和社会公平正义。通过加强

政务公开和信息公开，苏州政府提高了决策透明度和公众参与度，提高了政府的公信力和执行力。此外，苏州还积极推进行政复议和行政诉讼制度的改革，为公民、法人和其他组织提供了更加便捷、高效的法律救济途径。

在深化司法体制改革方面，苏州同样不遗余力。通过优化司法资源配置，加强司法队伍建设，提高司法效率和公正性，苏州的司法体系更加健全和完善。特别是在涉及民生领域的案件审理中，苏州法院和检察院始终坚持人民至上的原则，依法保护人民群众的合法权益，赢得了广泛的社会赞誉。

苏州在推进全民守法教育方面也取得了显著成效。通过开展丰富多彩的法治宣传教育活动，提高市民的法治意识和法律素养，营造了尊法、学法、守法、用法的良好社会氛围。这不仅有助于减少违法犯罪行为的发生，还提升了市民的文明程度和城市的整体形象。

苏州在法治城市建设方面所取得的成果是全方位的、多层次的。这些成果不仅体现了苏州政府对法治建设的高度重视和坚定决心，也展示了苏州人民在追求法治道路上的坚定信念和不懈努力。当然，公民法律意识依然有待进一步加强。虽然苏州在全民守法教育方面取得了积极成果，但仍有一些市民对法律知识了解不足，对法律程序不熟悉，导致在遇到法律问题时无法有效维护自己的合法权益。此外，少数市民对法律的认同感和敬畏感不强，存在违法违规行为。因此，苏州需要继续深化全民守法教育，提高市民的法律意识和法律素养，形成全社会尊法、学法、守法、用法的良好氛围。

针对以上挑战和问题，苏州需要采取有效措施加以解决。一方面，要完善法律法规体系，及时修订和更新相关法律法规，确保法律的时效性和适用性；另一方面，要加强执法司法队伍建设，提高执法司法人员的业务素质和职业道德水平，保障法律的公正实施；同时，还要加强全民守法教育，提高市民的法律意识和法律素养，为法治城市建设奠定坚实的基础。只有这样，苏州才能在法治建设的道路上不断前行，实现城市的长期稳定与发展。

（二）冯梦龙法治思想在苏州法治建设中的实践

冯梦龙的法治思想，以其深邃的内涵和实践智慧，对苏州乃至现代社会的法治建设产生了深远的影响。苏州法治建设与冯梦龙法治思想之间存在着深刻的内在联系。这种联系不仅体现在对法律公正性、权威性和教化作用的共同追求上，还体现在对民生改善和社会公正的持续关注上。冯梦龙的法律平等观、司法独立理念、官民和谐思想以及廉政文化，不仅丰富了苏州法治建设的理论基础，也为实际操作提供了宝贵的指导。

冯梦龙的法律平等理念在苏州法治建设中得到了具体体现，通过电子司法平台的构建，法律的普遍性和公正性得以保障，法律面前人人平等的原则深入人心。司法独立的实践，如司法体制改革和监督机制的建立，确保了司法的公正性与公信力，呼应了冯梦龙对于司法独立的坚持。

冯梦龙还注重法律的教化作用。在苏州法治建设中，这一思想也得到了充分体现。苏州通过开展普法教育、法治宣传等活动，提高公民的法律意识和素养，使法律成为引人向善的力量。这种教化与引导并重的做法，与冯梦龙的法治教化理念相得益彰。

冯梦龙的"使无讼"思想在苏州的诉源治理中被赋予了新的生命，多元纠纷解决机制，如调解中心和在线调解平台的建立，显著减轻了法院的负担，实现了冯梦龙预防纠纷、减少诉讼的目标。这一切都表明，冯梦龙的法治思想在苏州的创新应用中不仅得到了传承，更实现了超越，为现代法治建设贡献了独特的力量。

冯梦龙在寿宁为官时的司法独立观念，在苏州的司法改革中得到了有力的实践。苏州市法院系统通过司法公开、法官职业化、信息化建设等举措，确保了冯梦龙法治思想对苏州法治城市建设的影响不是局限于政策层面，而是深入民众的日常生活，通过法治教育和实践活动，提升公民的法律素养，增强公民的法治信仰，使得法治成为社会公众行为的准则。苏州法院还积极探索网络审判、远程庭审等新型审判方式，提高司法效率，减少干扰，确保了法律的权威性，实现了冯梦龙所倡导的不受外力干扰的公正司法。

冯梦龙关于官民和谐的理念在苏州的社会治理中得到了充分诠释。苏州推广网格化管理，网格员深入社区，与民众直接沟通，解决问题，使得法治建设与民众需求更加贴近。同时，苏州通过开展法治宣传教育，提高民众的法律素养，让民众在参与法治建设中感受公平。这些都与冯梦龙提倡的官员为民服务、官民和谐理念相契合。

冯梦龙的法治思想中，反对特权和腐败现象也是其重要内容。他深知特权和腐败对法治秩序的破坏力，因此在实践中坚决打击这些行为，以维护法律的纯洁性和公信力。苏州市政府和司法机构定期举办冯梦龙廉政文化论坛，以此弘扬清廉从政的精神，通过学习冯梦龙的"不求名而求实"和"廉政自律"精神，强化领导干部的道德约束，营造风清气正的政治生态。

更值得一提的是，苏州在推进法治化进程中始终关注民生改善和社会公正。冯梦龙认为法律应服务于人民利益，而苏州在法治建设中正是以此为出发点和落脚点，致力于通过法治手段保障和改善民生，促进社会公平正义。

苏州法治建设的实践，以冯梦龙法治思想为指导，注重法律的公平公正、司法的独立、官民的和谐以及廉政的建设，将历史智慧融入现代社会治理，使之成为既有历史底蕴又具有现代活力的法治典范。

（三）进一步提升苏州法治建设的建议

苏州作为一座历史悠久且经济发达的城市，其法治建设在近年来已取得显著成果。然而，任何城市的法治建设都是一个持续不断且需要逐步完善的过程。在法治城市建设取得丰硕成果的同时，苏州仍然面临一些亟待解决的问题，如法律法规体系还不完善、执法司法水平有待提高等。为了推动法治城市建设向更高水平迈进，苏州可以结合冯梦龙法治思想的精髓，探讨以下方面的改进措施。

首先是完善法治环境。苏州法治建设是一个系统工程，需要从多个方面入手，凝聚合力，不断完善法律法规体系、加强执法司法队伍建设、注重法治文化建设等。只有这样，才能推动苏州法治建设不断向前发展，为市民创造更加和谐、稳定、有序的社会环境。

其次是进一步完善法律法规体系。法律法规是法治建设的基础，只有建立完善的法律法规体系，才能确保各项社会事务有法可依。针对目前的实际情况，应重点关注与市民生活密切相关的领域，如环境保护、食品安全、劳动就业等，制定相应的地方法规和规章，以填补现有的法律空白。同时，还应根据社会发展和市民需求的变化，及时修订和更新相关法律法规，确保其与时俱进，满足社会发展的实际需要。

在立法过程中，苏州应充分借鉴冯梦龙法治思想中的"民本"理念，广泛听取市民的意见和建议，确保所制定的法律法规能够真正反映市民的意愿和利益。通过举办公民听证会、征集市民意见等方式，让市民直接参与到立法过程中，这不仅有助于提高立法的科学性和民主性，还能增强市民对法律的认同感和遵守法律的自觉性。

再次，加强执法司法队伍建设，提高执法司法水平。执法司法人员是法治建设的重要力量，他们的素质和能力直接关系到法治实施的效果。因此，应加大对执法司法人员的培训和教育力度，提高他们的法律素养和职业道德水平。同时，还应建立健全执法司法监督机制，对执法司法行为进行有效的监督和制约，防止权力滥用和腐败现象的发生。

最后要特别提出的是，需要注重法治文化的建设，提高市民的法律意识。法治文化是法治建设的灵魂，只有形成全社会尊法、学法、守法、用法的良好氛围，才能真正实现法治社会的目标。可以通过开展丰富多彩的法治宣传活动、建立法治教育基地等方式，普及法律知识，弘扬法治精神，引导市民树立正确的法治观念。

参考文献

[1] 李佐军、常纪文：《在法治城市建设中提高干部运用法治思维和法治方式的能力》，《党政研究》2014 年第 6 期。

[2] 王雪：《建设中华民族现代文明的若干关系探析——以苏州为样本》，《江南论坛》2024 年第 4 期。

[3] 许卫林：《法治文化建设：法治城市的核心工程》，《社科纵横》2010 年第 4 期。

[4] 蔡滟：《法治市场建设策略研究——以苏州市为例》，《中国市场》2017 年第 14 期。

[5] 徐希友：《法治政府建设的地方努力——以苏州市为例》，《成都行政学院学报》2014 年第 3 期。

[6] 王康、谢朵朵：《花甲之身勇辟新域 文学名家孤诣生民——从〈寿宁待志〉看晚明知县冯梦龙官民关系思想实践》，《黑龙江史志》2014 年第 19 期。

[7] 王敏杰：《从〈寿宁待志〉解读冯梦龙的廉政文化思想》，《苏州教育学院学报》2020 年第 6 期。

[8] 李颖伦、许雅玲：《从〈寿宁待志〉看冯梦龙的民本思想》，《宁德师范学院学报（哲学社会科学版）》2016 年第 2 期。

[9] 林文：《冯梦龙在寿宁的文化诠释》，《哈尔滨师范大学学报》2014 年第 5 期。

（邱月娟，苏州工业园区政治学科带头人）

冯梦龙笔下清官形象对当代反腐倡廉的启示

谢剑雄

摘　要：冯梦龙的廉政思想对后世影响深远。古代清官廉洁奉公、刚正不阿的精神和具体实践，为现代社会的廉政教育提供了生动的案例，对于重塑公职人员的道德形象、构建良好的社会风气具有启示作用。《警世通言》《喻世明言》《醒世恒言》等作品中塑造的清官形象，以其高尚品德和公正执法，反映了社会对廉洁官员的期待。本文深入探究冯梦龙的廉政理念，通过分析冯梦龙的文学表现与廉政实践，揭示冯梦龙作品的深层义理，更期待其思想精髓能与现代社会需求相融合，为反腐倡廉建设提供理论参考和实践指导。本文通过历史与现实的对话，期望古代廉政智慧能为现代廉政建设注入新的活力，推动社会公正与廉洁的持续进步。

关键词：冯梦龙文学作品；廉政思想；反腐倡廉；清官形象

廉政建设是社会公正与和谐的基础，它关乎国家治理的成效与民众的福祉。在当代中国，反腐倡廉成为国家发展的重要议题，旨在重塑公职人员的道德形象，净化政治生态，提升政府效能。冯梦龙作为明代的重要文学家和思想家，其作品和生平事迹中蕴含的廉政理念与实践，为当代廉政建设提供了珍贵的历史资源。因此，探究冯梦龙的廉政思想和实践对于理解古代廉政的内涵，以及思考其在现代社会中的借鉴价值具有重要的指导意义。

一、冯梦龙的廉政思想探析

研究冯梦龙的廉政思想与实践，对于丰富廉政理论、推动廉政实践、加强廉政教育，乃至构建和谐社会，都具有重要的理论价值和实践意义。冯梦龙的廉政智慧，如强调道德教化、反对腐败、关注民生，与现代廉政建设的核心理念相契合。冯梦龙的廉政精神也是现代社会道德教育的重要资源。在价值观多元、诱惑丛生的现代社会，冯梦龙的清官形象及其故事，可以作为培育公务员廉洁自律、提升社会道德风尚的生动教材，助力塑造风清气正的社会环境。通过对冯梦龙廉政思想的深入挖掘，我们可以汲取历史智慧，为当代反腐败斗争提供新的视角和方法。

(一) 冯梦龙的廉政理念

冯梦龙的"三言"系列小说，以其深厚的社会洞察力和生动的笔触，描绘了一系列清官形象，如况太守、包拯等，他们以公正执法、廉洁奉公的形象赢得了民众的尊敬。冯梦龙的文学创作，以通俗易懂的语言和生动的故事情节，使得廉政理念得以广泛传播，对社会道德风尚产生了深远影响。冯梦龙作品中的清官形象不仅在当时具有重大的教化意义，更在后世不断被引用，成为弘扬廉政文化的重要载体。

冯梦龙不但在文学创作中表达了他的廉政思想，在寿宁任县令期间也以实际行动践行了其廉政理念，其关注民生、减轻百姓负担、改革吏治的举措，都充分体现了"循吏"的廉政标准。他的"以勤补缺，以慈辅严，以廉代匮"的治县理念，至今仍具有现实指导意义。通过分析冯梦龙的廉政实践，我们可以窥见古代官僚系统的运作机制及其对现代公务员制度的启示。

冯梦龙的廉政理念源于他深厚的儒家道德观和对社会现实的深刻理解。他将传统的儒家伦理与实用主义相结合，形成了一套独特的为官之道，这在"三言"作品及其个人实践中得到了体现。冯梦龙是一位时深于情而又明于法的文人士子。他年轻时风流放浪，中老年治理一方时清廉自守，甚至为挽救家国命运而奔走呼号于乱世。他的重情重义从《情史》序中可见一斑："余少负情痴，遇朋侪必倾赤相与，吉凶同患。闻人有奇穷奇枉，虽不相识，求为之地。或力所不及，则嗟叹累日，中夜辗转不寐。见一有情人，辄欲下拜；或无情者，志言相忤，必委曲以情导之，万万不从乃已。尝戏言：我死后不能忘情世人，必当作佛度世，其佛号当云'多情欢喜如来'。"① 他毕生用情演法，来世发愿以情度世。他有着合三教而治世的理念。他在《三教偶拈》序中说："余于三教概未有得，然终不敢有所去取。其间于释教吾取其慈悲，于道教吾取其清净，于儒教吾取其平实。所谓得其意皆

---

① 魏同贤：《冯梦龙全集》第 7 册《情史》，凤凰出版社 2007 年版，龙子犹序。

可以治世者，此也。"① 冯梦龙对三教的择取，以"治世"为目的。他以"文事武备"的王阳明为"儒家第一流人物"，在《智囊全集》中多次记述王阳明的文治武功。冯梦龙的朋友艾容《寄冯梦龙京口》诗评价《智囊》道："《智囊》自属救时宰，经笈原为天下师。"② 可见冯梦龙毕其一生，都在身体力行着儒家的价值取向和进取精神。因为以民为本，所以他追求"为官一任，造福一方"；因为要为民造福，所以他倡导廉政，抵制腐败。

冯梦龙的廉政理念主要体现在以下几个方面：

冯梦龙强调"以民为本"的治国理念。在"三言"中，他塑造的清官形象，如况太守、包拯等人，无不以关心民间疾苦、解决民生问题为首要任务。他们的决策和行动，始终围绕着减轻民众负担、保障社会公正进行，这体现了冯梦龙对儒家"仁政"理想的倡导。他相信，只有官员真正关心民众疾苦，社会才能稳定，国家才能安宁。

冯梦龙崇尚正直与公正的司法理念。他笔下的清官，如《三现身包龙图断冤》中的包拯，以其刚正不阿、断案如神的形象，展示了对法律公正的坚守。他们不畏权势，敢于对抗腐败，体现了冯梦龙对法律的敬畏和对公正的追求。在《十五贯戏言成巧祸》《况太守断死孩儿》等作品中，冯梦龙还塑造了明代苏州知府况钟"况青天"的形象，盛赞况钟体察民情，为百姓昭雪奇冤，赢得万民称颂。通过对一些冤案的揭示，冯梦龙表达了对司法腐败的不满，倡导司法独立，以确保法律的公正执行。

冯梦龙的廉政理念中包含了对官德的高度重视。他认为，官员的品德是社会治理的关键，因此他推崇"以德治国"，强调官员的道德示范作用。在"三言"中，他通过塑造正直清廉的官员形象，倡导为官者应该具备高尚的品德，以此来影响并提升整个社会的道德风尚。

冯梦龙提倡务实与节俭的政务作风。在寿宁任县令期间，他身体力行，反对官场奢华，提倡节俭，以减轻百姓的经济负担。他的"以勤补缺，以慈辅严，以廉代匮"理念，既体现了儒家的节俭精神，也反映了他对于官场繁文缛节的批评，以及对效率和实用主义的重视。

冯梦龙的廉政理念，既是他个人道德修养的体现，也是他文学创

---

① 魏同贤：《冯梦龙全集》第10册《三教偶拈》，凤凰出版社2007年版，序。
② 高洪钧：《冯梦龙集笺注》，天津古籍出版社2006年版，第9页。

作的内在驱动力。这些理念在"三言"中得以生动展现,并通过文学的传播,影响了后世对廉政的理解和实践。冯梦龙的廉政思想,因其与现代社会的契合度,以及对伦理道德的强调,在反腐倡廉的当代语境中依然具有深远的启示意义。

(二)冯梦龙的廉政实践

冯梦龙的廉政实践主要体现为他在明崇祯七年(1634)担任福建寿宁县令期间的施政举措。当时,寿宁地处偏远,经济贫困,文化落后,冯梦龙以其深厚的儒家伦理与实用主义智慧,制定了一系列旨在改善民生、减轻百姓负担的政策,采取了一系列反对腐败、革新人事制度的措施,充分展现了他理论与实践相结合的为官之道。

冯梦龙关注民生,致力于解决实际问题。他修整城墙,以保障百姓安全;改善农田水利,提升农业生产效率;储粮防灾,以备不时之需。这些举措既体现了他"以民为本"的治国理念,也显示了他作为地方官员解决具体问题的能力。他深知,只有切实改善民众生活,才能赢得百姓的信赖和支持,维护社会的和谐稳定。

冯梦龙致力于官场吏治改革,以减少腐败和不公。他提倡"以勤补缺,以慈辅严,以廉代匮"的治县理念,强调通过辛勤工作、慈善政策和廉洁行为来弥补制度的不足。他身体力行,严格要求自己和下属,以自身清廉的表率作用影响和约束官员群体。冯梦龙还通过条陈向上司反映政事弊端,并提出改革建议,如简化黄册大造流程和改革迎新送旧的繁杂流程,显示出他对于官场效率和公正的追求。

冯梦龙重视道德教化,通过设立旌善亭、申明亭,表彰忠孝节义,训诫恶习。他尤其关注社会不良风俗的纠正,如针对"典妻"和"溺女"现象,通过发布告示和制定奖惩措施予以禁止,推动社会风气的改良。这些举措不仅体现了他儒家伦理的实践,也展现了他在文学创作中提倡的社会公正理念。

冯梦龙秉持"以勤补缺,以慈辅严,以廉代匮,做一分亦是一分功业,宽一分亦是一分恩惠"[1]的理念,开创了情法相宜的政德实践,被后人评价为"政简刑清,首尚文学,遇民以恩,待士有礼"[2]。冯梦龙的廉政实践,无论是从减轻民众负担、改革吏治来看,还是从道德

---

[1] 魏同贤:《冯梦龙全集》第15册《寿宁待志》,凤凰出版社2007年版,第54页。
[2] 《福宁府志》卷十七《寿宁循吏》,清乾隆二十七年(1762)刻本。

教化、纠正风俗来看，都为当代反腐倡廉提供了丰富的借鉴。冯梦龙的廉政实践，以其深入社会肌理的实践智慧，为现代公职人员提供了道德和行为上的指导，对于构建风清气正的现代职场和提升社会道德水平具有深远的启示作用。

（三）冯梦龙清官形象的文学表现

冯梦龙的文学作品与他的廉政实践相辅相成，形成了一种生动的廉政教育形式。"三言"以生动的故事和深刻的主题，塑造廉政人物形象，这些角色以其鲜明的性格特征和高尚的道德品质，向读者展示了清官的典范，对当代反腐倡廉有着深远的启示，对社会风气的警醒与教化起到了重要作用。冯梦龙塑造了一系列廉政官员形象，通过他们的事迹传递了廉政道德理念，对后世产生了深远影响。

如《十五贯戏言成巧祸》《况太守断死孩儿》中的况钟，他深入民间，体察民情，公正无私地审理案件，为百姓昭雪冤屈。他的刚正不阿和对法律的敬畏，体现出冯梦龙对司法公正的倡导。再如《三现身包龙图断冤》中的包拯，作为中国古代廉政官员的象征，他刚正不阿，断案如神，深得百姓敬仰。这一形象反映了冯梦龙对法律公正的坚守和对廉政的崇尚，以及对清官断案如神、不畏权势的期待。况钟和包拯的故事不仅在当时具有强烈的教化作用，而且在后世被广泛引用，这两个人也成为清官廉政的典范。

冯梦龙"三言"中的清官故事强调了公正、勤政、节俭和德行的重要性，为现代反腐倡廉提供了丰富的道德教育资源。这些形象成为后世学习和效仿的榜样。在当代社会，冯梦龙的廉政故事依然具有现实意义，它们提醒着人们，无论是官场内还是官场外，公正与廉洁都是社会公正与和谐的基础，是每一位公民和公职人员应当坚守的价值观。

通过这些故事，冯梦龙的廉政智慧得以跨越时空，继续为现代社会的廉政建设注入新的活力。冯梦龙在"三言"中，不仅通过正面人物的塑造传播廉政理念，为社会树立良好榜样，还通过对反面人物的刻画，揭示了腐败对社会和个体的破坏性。如《汪大尹火焚宝莲寺》中，县狱狱卒凌志等人收了关押和尚佛显等人的贿赂，私自放几个和尚出狱取东西。没想到和尚们把刀具等私藏在行李中，晚上灌醉狱卒并杀了他们。冯梦龙借这个故事表明，腐败导致了主人公的命运悲剧，警示世人腐败官员的恶行不但会危害到整个社会的公正，还会危及自身，强调了反腐的重要性。通过这些故事，冯梦龙倡导了公正无私、刚正不阿、廉洁自律等价值观。这些价值观在现代社会仍然具有指导意义，为现代反腐倡廉工作提供了重要的理论参考和实践指导。

二、古代清官形象对当代反腐倡廉的启示

冯梦龙的廉政思想与实践，与当代廉政建设的核心目标不谋而合。他对公正司法的追求，对现代司法独立、反腐肃贪的实践具有借鉴价值；他对官员道德示范作用的强调，对培养公务员的道德自律、提升社会道德水平具有积极作用。他塑造的包拯、况钟等清官形象传播了廉政理念，不仅在当时社会起到了道德教化作用，也对当代的反腐倡廉工作具有启示意义。

（一）对后世廉政文化的影响

冯梦龙作品中的清官形象，如包拯、况钟、汪大尹等，成为后世官员效仿的楷模。公正、廉洁、勤政，成为评价官员道德品质的重要标准，对于培养官员的廉洁自律意识起到了积极的推动作用。分析冯梦龙的作品，汲取古代廉政智慧，探讨其在现代社会的应用，可以为推进廉政文化建设提供丰富的理论基础。

在冯梦龙的笔下，清官不仅是形象的塑造，更是道德理想的具象化。通过作品中故事的传播，这些理念深入人心，成为人们评判社会公正和官员行为的道德准绳。通过历史与现实的对话，冯梦龙的廉政智慧为现代廉政建设注入了新的活力，为人们树立了理想政治的典范，对于净化官场风气、推动社会公正与廉洁的持续进步具有重要意义。

冯梦龙的作品还通过揭示官场的腐败现象与危害，对后世反腐倡廉工作作了深刻的警示。在《卢太学诗酒傲公侯》中，作者以主人公卢楠的遭遇为主线，凸显了枉法残忍的汪知县（所谓"破家县令"）和"分文不要、爱民如子"的陆知县两个类型的官员形象，揭露了贪官与酷吏草菅人命、自私凶残的本质，颂扬了清官见义勇为、勤政廉洁的高风亮节。冯梦龙对于贪腐的揭露，使读者深刻意识到腐败对社会公正的破坏，认识到反腐败斗争的必要性。冯梦龙的廉政理念及其在文学作品中的具体案例，为后世廉政文化的发展提供了理论支持。

冯梦龙笔下的包拯、况钟等清官以其公正无私的执法，体现了对法律公正的坚守，这对于现代社会维护司法公正、打击腐败具有重要参考价值。现代司法系统应确保独立、公正地行使司法权，不受权势

干扰，以保持法律的公正执行，维护社会正义。

冯梦龙务实与节俭的政务作风在当代廉政管理中仍具有现实意义。他的"以勤补缺，以慈辅严，以廉代匮"理念，强调通过勤奋工作、慈善政策和廉洁行为来弥补制度的不足。在当代政府管理中，应提倡高效、节约的行政文化，避免奢华与浪费，提高公共财政的使用效率。

冯梦龙的作品对廉政教育有着深远影响。在教育体系中，他的"三言"系列作品常被用作道德教育的素材，通过故事教育人们理解并珍视公正与廉洁。他的廉政理念与实践，不仅在文学作品中得以生动体现，而且在现实生活中产生了深远影响，为当代廉政建设提供了宝贵的借鉴。我们可以借鉴古代廉政案例及其智慧，提升当代公职人员的道德认同，构建更为稳固的廉政文化基础。通过讲述冯梦龙笔下的清官故事，教育人们树立正确的价值观，培养他们对于廉政的敬畏之心，构建良好的官民关系，从而在社会中培育出更多的清廉官员和正直公民。

冯梦龙的作品及其廉政思想对后世廉政文化产生了深远的影响，从官员的道德榜样、社会的道德教育、政策制定的启示到廉政理论的丰富，都为现代社会提供了丰富的廉政教育资源，对于构建风清气正的社会，推动社会公正与廉洁的持续进步，具有重要的现实指导意义。比如，冯梦龙强调的官德对于当代公职人员的道德建设具有积极的推动作用。他在文学作品中通过塑造清廉的官员形象，倡导为官者需具备高尚的品德，这对社会道德风尚产生了积极影响。在当今社会，公职人员应以冯梦龙的思想为指引，注重道德修养，树立良好榜样，提高社会道德水平，构建风清气正的职场环境。

（二）公正公平的社会治理理念

冯梦龙在其思想体系中，明确倡导社会公正和公平，主张在社会治理过程中应坚守不偏不倚、公正无私的原则。他深刻认识到，只有实现社会公正和公平，才能实现清正廉明，方能赢得民众的信任与支持，进而巩固国家的统治基础。冯梦龙强调，公正公平不仅是道德要求，更是社会稳定和谐的基石。在社会治理实践中，必须贯彻公正原则，确保每个人都能在法律面前享有平等的权利和机会。这不仅有助于消除社会不公，还能激发民众的积极性，促进社会整体进步。

在冯梦龙看来，实现社会公正和公平需要多方面的努力。首先，法律制度的完善是关键。必须建立健全法律体系，确保法律面前人人平等，无论贫富、贵贱，都应受到同等的法律保护和约束。其次，政府行为应公开透明，接受民众监督，防止权力滥用和腐败现象的发生。再次，教育公平也是实现社会公正的重要环节。通过提供优质教育资源，确保每个孩子都能获得良好的教育机会，从而在未来的竞争中处于平等地位。最后，也是落实到实处的关键，就是需要清官廉吏的推行。

冯梦龙公正公平的社会治理理念对当代苏州的反腐倡廉和廉政建设具有深刻的启示和指导意义。苏州作为中国经济发达城市，在社会快速发展的同时，也面临着诸多社会治理挑战。如何确保社会公正和公平，满足人民群众日益增长的物质文化需求，是当前苏州社会治理亟须解决的问题。借鉴冯梦龙的思想，苏州应不断完善法律制度，提高政府行为的透明度，并致力于实现教育公平，从而构建更加和谐稳定的社会环境。

冯梦龙的这一理念也为我们提供了一种思考问题的视角和方法。在面对复杂多变的社会问题时，我们应秉持公正公平的原则，深入分析问题的本质和根源，寻求最为公正合理的解决方案。这不仅有助于提升社会治理的效能和水平，更好地应对社会治理中的挑战和问题，还能进一步增强民众对政府的信任和支持，推动社会的持续稳定和发展。

（三）借鉴古代清官形象，有效推进廉政教育

在当代反腐倡廉的背景下，廉政教育显得尤为重要。冯梦龙的廉政思想与实践，尤其是他文学作品中塑造的清官人物，为当代廉政教育提供了宝贵的素材和典范。通过借鉴冯梦龙的廉政理念，我们可以制定出更加有效的廉政教育策略，以增强公职人员的道德认同，形成廉洁自律的职场文化。

利用文学作品进行廉政教育。冯梦龙的"三言"系列因其通俗易懂、情节生动，成为廉政教育的理想教材。通过组织读书会、研讨会或者改编成戏剧、影视作品等途径，公职人员可以在艺术欣赏中感受清官的崇高品德和公正作风。这种寓教于乐的方式，不仅增强了廉政教育的趣味性，也使廉政理念深入人心。

结合历史案例进行警示教育。冯梦龙作品中的清官故事，如包拯的公正无私、况钟的体察民情，可以作为现实案例，引导公职人员反

思自身行为，警惕权力的腐蚀。通过分析这些历史案例，他们能够理解腐败的严重后果，从而提高对廉政的敬畏之心。"三言"中揭露了诸多司法腐败的现象，如《滕大尹鬼断家私》中的县令滕大尹醉心名利、见财起意。冯梦龙认为，要杜绝这种官员的贪腐现象，就要从源头上减少案件发生率，希望"讼庭何日能生草，俗吏有时亦看山"①。所以冯梦龙大力倡导"无讼"理念，杜绝官府暗箱操作的机会，挤压讼棍存在的空间，防止百姓在走投无路的情况下铤而走险，维护社会的安定。这一理念即使在今天，对提升人民群众法治文化素养、推进国家治理体系现代化仍有借鉴意义。

  树立道德楷模，弘扬廉政文化。冯梦龙的廉政实践，如他本人在寿宁任县令时的举措，可以作为现代公职人员学习的榜样。再如他在抨击祸国殃民的腐败贪污现象，严厉警告那些效尤者"获祸者多矣"的同时，也提出了清官治理、社会清明的德政愿景。如《薛录事鱼服证仙》中的青城县在薛少府的治理下，百姓安居乐业，"处处田禾大熟，盗贼尽化为良民"②，夜不闭户，路不拾遗；《沈小霞相会出师表》中的沈炼，做了三处的县令，所到之处都是"吏肃惟遵法，官清不爱钱。豪强皆敛手，百姓尽安眠"③。惩恶的同时也扬善，通过表彰和宣传这些廉政典范，营造积极的廉政氛围，激励更多人以清官为榜样，追求道德上的卓越。这就是冯梦龙廉政文化独特的积极意义。

  开展道德讨论与反思活动。鼓励公职人员参与廉政主题的讨论，如"以民为本"的治国理念、公正司法的重要性等，让他们在思考与交流中深化对廉政的理解。这种互动式教育，有助于他们形成独立的道德判断，增强自我约束。

  强化伦理道德教育，提升公职人员道德素养。借鉴冯梦龙"以德治国"的理念，将儒家伦理融入公职人员培训，强调领导干部的道德示范作用。通过定期的道德讲座、培训课程，他们能够认识到廉洁自律不仅是职责所在，也是个人品德的体现。

  完善制度建设，确保公正执法。冯梦龙"以勤补缺，以慈辅严，以廉代匮"的治理理念，启示我们应构建完善的制度体系，以减少腐

---

① 转引自马汉民著《冯梦龙》，北京燕山出版社1992年版，第400页。
② 魏同贤：《冯梦龙全集》第3册《醒世恒言》，凤凰出版社2007年版，第554页。
③ 魏同贤：《冯梦龙全集》第1册《古今小说》，凤凰出版社2007年版，第614页。

败空间。这包括透明的决策机制、严格的监督机制以及公正的奖惩制度，为公职人员提供一个公平、公正的执法环境。

借鉴冯梦龙的廉政理念，通过文学教育、案例分析、道德楷模树立、道德反思以及制度完善等途径，我们可以构建一套富有冯梦龙元素的廉政教育策略，以期在现代社会中重塑公职人员的道德形象，推动廉政建设的深入发展。

（四）结合"江南廉韵"建设，推进廉政实践

2021年，苏州市委、市政府印发了《苏州市唱响"江南廉韵"深化廉洁文化建设三年行动计划（2021—2023）》，要求"推出一批标识突出、内涵丰富的拳头产品、特色项目、重点阵地"，持续提升廉洁文化的传播力、感染力和凝聚力，初步建成"古今辉映、特质鲜明、影响广泛的廉洁文化高地"；要求将江南文化中的廉洁因子深入挖掘、充分阐释，彰显城市特色和时代价值，成风化人、润物无声，积极营造崇廉拒腐、尚俭戒奢的良好风尚，扎实推进苏州廉洁文化建设。

在"江南廉韵"文化建设中，要高度重视备受习近平总书记推崇的冯梦龙及其勤政、廉政文化。习近平总书记在多个场合赞扬冯梦龙的勤政为民和廉政思想。苏州是冯梦龙故乡。冯梦龙作为备受习近平总书记点赞的贤官廉吏，是值得深入挖掘、充分阐释的廉政文化资源，也是能彰显苏州特色和时代价值的独有"廉政因子"。"三言"中"富贵本无根，尽从勤里得""做事必须踏实地，为人切莫务虚名"等名言和故事，即使在今天也是符合社会主义核心价值观的，对现代社会有成风化人、润物无声的教育警示意义。因此，在苏州"江南廉韵"文化建设中，要高度重视并抓紧冯梦龙廉政文化的挖掘和开发利用工作。

结合"品牌亮化工程"，充分挖掘和用好冯梦龙廉政文化。做好冯梦龙这一独特廉政品牌的强化和亮化工程，不断提升和发挥其影响力和知名度，将冯梦龙廉政文化打造成苏州廉政文化的亮丽名片。冯梦龙不但是文学家、思想家、戏曲家，还是一个清官廉吏，他秉持"济世为民，两袖清风"的执政理念，树起了勤政廉洁、为民务实的精神标杆。习近平总书记曾多次援引他的为官事迹和名言警句，激励广大党员增强廉洁自律意识，"不忘初心、牢记使命"。冯梦龙自称"余草莽老臣，抚心世道非一日矣""平生不求名而求实"，他身上具

有真心为民、实政及民的情怀，廉洁、廉政、爱民、亲民的精神品质，充满干事创业、勇立潮头的正能量。要结合廉政教育，确立冯梦龙廉政文化样板。

结合廉政环境建设，做好冯梦龙廉政文化宣传工作。一是将相城区冯梦龙村的冯梦龙纪念馆、冯梦龙书院、冯梦龙研学教育基地等冯梦龙廉政教育基地，打造成冯梦龙廉政文化教育的重要场馆，并依托这些廉政场馆，打造苏州廉政文化文旅融合新亮点。冯梦龙廉政文化应以合适的方法和途径，发挥其最大的效用。二是依托冯梦龙廉政文化，全面梳理、积极利用冯梦龙为官之时和作品之中的廉政理念、廉政故事和清廉文化，开发相关廉政产品和线路，运用历史智慧推进反腐倡廉，用好文旅融合这种更为直观、生动、感染力强的廉政教育形式。三是利用各种渠道和形式大力宣传冯梦龙廉政文化，可以通过微电影、电视专题片等大众传媒广泛宣传雅俗共赏的冯梦龙廉政故事，还可以将冯梦龙村打造成特色鲜明的冯梦龙影视拍摄基地；通过冯梦龙文化大舞台、梦龙书场、冯梦龙村山歌队等传唱冯梦龙廉政文化。

结合"清风护航计划"，依托冯梦龙村的廉政基地及其设施，把冯梦龙廉政文化引入各级各类教育课堂。可以举办主题丰富的廉政大型活动，将"冯梦龙廉政文化旅游节"打造成廉政文旅品牌；可以策划产品多元的廉政研学专项活动，通过对冯梦龙廉政理念和实践的梳理和利用，开发廉政研学的卓越品牌和特色线路，如党员干部廉洁勤政之旅、基层干部贤行乡里之旅、中小学生读行先贤之旅、市民百姓律己友爱之旅等；还可将冯梦龙文化开发成各种文创产品，如对"天知地知你知我知"的"四知"故事加以活化利用。

参考文献

［1］王敏杰：《从〈寿宁待志〉解读冯梦龙的廉政文化思想》，《苏州教育学院学报》2020 年第 6 期。

［2］王凌：《冯梦龙研究的回忆与展望》，《学术评论》2016 年第 1 期。

［3］吴晗：《论冯梦龙小说中的女性形象——以〈情史〉和"三言"为中心》，《山东女子学院学报》2024 年第 1 期。

［4］伊崇喆、杨绪容：《冯梦龙改评明传奇的理论创新与独特的教化观念》，《艺术探索》2023 年第 5 期。

[5] 刘勇强：《冯梦龙的经典意识与"三言"的艺术品格》，《人民论坛》2023年第 16 期。

[6] 陆树仑：《冯梦龙研究》，复旦大学出版社 1987 年版。

[7] 冯保善：《冯梦龙寿宁知县任期辨正》，《江苏第二师范学院学报》2023 年第 3 期。

（谢剑雄，苏州工业园区星湾教育集团党委书记）

弘扬冯梦龙教育理念，推进苏州教育创新

潘　娜

摘　要：冯梦龙作为明代杰出的文学家、思想家和教育家，其教育理念既有深度又接地气，不但在当时发挥了重要作用，而且在现代苏州教育创新中也有着重要的启发和参考意义。冯梦龙"以人为本""因材施教"、法德兼施等教育理念，不仅为苏州教育创新提供了思想源泉，还为苏州教育质量的提升和教学模式的变革提供了具体案例。本文通过深入剖析冯梦龙的核心教育理念，结合苏州教育发展的历史与现状，研究如何进一步传承和发展冯梦龙的教育理念，使其在新时代焕发出新的生机与活力；如何积极借鉴冯梦龙的教育理念，培养和提升学生的全面素质和实践能力，以期在丰富冯梦龙教育理念研究的同时，也为苏州的教育改革提供启示和路径。

关键词：冯梦龙教育理念；苏州教育创新；以人为本；因材施教；教育改革

在中国古代教育史上，冯梦龙以其独特的教育理念和实践，留下了无可替代的珍贵遗产。他不仅是一位杰出的文学家，也是一位富有远见的教育家和思想家。冯梦龙的教育理论，将人文关怀和实用主义相结合，对后世，特别是对苏州这个自古以来就崇尚教育的城市产生了深远影响。尽管有关冯梦龙的研究不在少数，但将其教育理念与具体教育创新相结合的研究仍显不足。本文旨在深入探讨冯梦龙的教育理念，并通过分析苏州地区的教育实践，探究冯梦龙教育理念在现代教育实践中的应用与影响，以期为当前的教育改革提供新的视角和思路。

一、苏州文化熏陶下的冯梦龙

古代苏州教育，不仅注重传授知识，而且注重培养德行、弘扬人

文精神,既是中国古代文人教育的典范,也体现了江南地区独特的教育理念和实践。这是由其深厚的文化底蕴、繁荣的经济以及开放的社会环境共同造就的。苏州自古以来便是文人墨客会聚之地,孕育出无数的文学瑰宝和教育理念。这无疑为冯梦龙的文学创作与教育思考提供了丰富的素材和深邃思考的土壤。他的作品中,无论是真实的市井生活,还是文人阶层的读书做事,都反映了苏州社会的繁荣与变迁,折射出苏州教育不可忽视的历史镜像。

出生于苏州的冯梦龙,他的才情与智慧也浸润着苏州的文化因子。冯梦龙的一生,不仅以卓越的文学创作独步文坛,更以其深邃的教育思想和丰富的教育实践,为后世留下了珍贵的教育遗产。他的生活经历、文学创作、教育理念和为官政绩,无不深深烙印着吴文化的印记,使他成为苏州教育创新中不可或缺的灵感源泉。

冯梦龙深知教育的重要性,因此他通过多种方式积极推广其教育理念。"三言"系列不仅是他对通俗文学的卓越贡献,更是他对教育的一种独特实践。冯梦龙对《喻世明言》《警世通言》《醒世恒言》作品名称的解释是:"明者,取其可以导愚也。通者,取其可以适俗也。恒则习之而不厌,传之而可久。三刻殊名,其义一耳。"① 明确表示这套书的目的是"导愚""适俗"和"习之而不厌,传之而可久"。书中的很多警句名言,也都起着"喻世""醒世""警世"的教育效用。

冯梦龙亲自编写教材,努力让教育内容更加贴近实际,以白话文的形式,将儒家伦理、道德教诲融入故事中,不仅便于学子理解和掌握,也使普通民众能在娱乐中接受教育。这些教材不仅注重知识的传授,更着眼于培养学生的品德和思维能力,体现了冯梦龙全面发展的教育理念。冯梦龙通过编写通俗易懂、寓教于乐的教材,使得更多的人能够接受教育,提高了整个社会的文化水平。《警世通言·序》说,"六经"《论语》《孟子》等无非是令人为忠臣、为孝子、为贤牧、为良友、为义夫、为节妇、为树德之士、为积善之家,如是而已,而通俗小说则能使"村夫稚子,里妇估儿,以甲是乙非为喜怒,以前因后果为劝惩,以道听途说为学问。而通俗演义一种,遂足以佐经书史传之穷……推此说孝而孝,说忠而忠,说节义而节义,触性性通,导情

---

① 魏同贤:《冯梦龙全集》第 3 册《醒世恒言》,凤凰出版社 2007 年版,序。

情出"①，可以向愚夫愚妇、村野农夫进行道德教化，很好地发挥启迪百姓、教化风俗、规范道德的作用。这种寓教于乐的方式，对后世的教育理念产生了深远影响，为现代教育创新提供了鲜活的案例和丰富的思考。

除了编写教材，冯梦龙还致力于兴教办学。他深知教育是改变社会、提升人民素质的关键，因此积极筹措资金，兴办学校，甚至捐出自己的俸禄，为更多的孩子提供受教育的机会。寿宁虽有学校但读书者少，于是他不但靠行政强制力推行善政，而且将自己的著作发给诸生，并亲自讲解，以期重塑人内心的道德伦理、情感礼仪，移风易俗，使读书人欣欣然渐有进取之志。他不仅教授学生知识，还注重培养学生的实践能力和创新精神，这种教育理念在当时是非常先进的。

冯梦龙还勇于改革教学方法，他提倡因材施教，注重启发式教学，鼓励学生主动思考和探索。他认为，每个学生都有其独特的才能和潜力，教育者应该根据学生的特点和兴趣，制订个性化的教学方案，以激发学生的求知欲和创新精神。冯梦龙的朋友艾容《寄冯梦龙京口》诗评价《智囊》道："《智囊》自属救时宰，经箧原为天下师。"② 可见冯梦龙毕其一生，都在身体力行着儒家的价值取向和进取精神，实践着教书育人、以人化人的"文治"大业。他兴办学校、改革教学方法的举措，因材施教、启发式教学等思想，对于当今推动素质教育、培养学生的创新精神和实践能力仍具有重要的启示作用。

冯梦龙倡导的教育平民化和道德教化，与当下苏州教育的普及性和实用性不谋而合。他的"三言"以白话文讲述故事，将抽象的道德观念具象化，让教育内容通俗易懂，使教育不再局限于精英阶层，而是与普通人的生活紧密相连。在古代教育面临科举制度的局限性时，冯梦龙通过文学作品展示了教育的多样性和实用性，他在故事中融入的商业知识和道德教诲，对当时的教育内容起到了补充和拓展的作用。

冯梦龙的教育观，既承袭了传统儒家的仁爱精神，又融入了明清之际社会变革的现实关怀。他强调教育的平民化，倡导通过通俗易懂的方式传播知识，使教育深入民间，这与今天的教育公平理念不谋而合。他在寿宁担任知县时，赋予普通市民接受教育的机会，通过文学

---

① 魏同贤：《冯梦龙全集》第2册《警世通言》，凤凰出版社2007年版，第663页。
② 高洪钧：《冯梦龙集笺注》，天津古籍出版社2006年版，第9页。

故事传播道德教诲，让教育深入民间。这种教育平等的思想，在现代教育中表现为给所有学生提供平等的教育机会，无论其社会经济状况如何。他的教育理念，无论是对教育公平的追求、教育平民化的倡导，还是对道德教育的重视，都在与现代教育理论的碰撞中展现出新的价值。

冯梦龙的道德教育观与当前强调的素质教育相呼应。他通过故事中的道德抉择，让读者在阅读中体验和学习道德规范，强调诚实、尊重和公正等价值观，强调在教育中培养人们的道德情操和社会责任感，这与现代教育强调学生的全面发展、品格教育以及培养学生的社会责任感不谋而合。现代教育认识到，学生拥有知识和技能固然重要，但道德品质和社会情感同样不可或缺，要培养具有全面素养和良好人格的现代公民。

从现代教育理论来看，冯梦龙的教育智慧具有跨越时空的价值。他的教育公平、平民化、道德教育和内容创新等理念，为现代教育改革提供了丰富的启示，鼓励教育者在追求教育公平、提升教育质量的同时，关注学生的全面发展，培养具有全球视野和道德素养的新时代公民。

二、冯梦龙的教育理念

冯梦龙不仅注重知识的传授，更强调品德的修养。他认为教育不仅体现在对传统文化的传承上，更在于对新兴教育理念的接纳与融合。冯梦龙不仅是名满天下的文学家，还是一位善于教化的社会道德宣讲员。这些开放、包容、创新的教育理念，在当时乃至现今都具有重要的指导意义。

（一）以人为本、因材施教的理念

冯梦龙的教育理念，深深植根于他对人性的深刻理解和对教育的深远思考。他坚信"以人为本"是教育的根本原则，而每个人都是独一无二的个体，拥有各自的潜能和特质，因此，"因材施教"成为他教育理念的另一大支柱。冯梦龙的教育理念以"以人为本"和"因材施教"为核心，旨在培养全面发展的人，并注重教育的个性化和实践性。这些理念在当今教育改革中仍具有重要的指导意义，值得我们深入研究和借鉴。通过践行这些理念，我们可以为学生提供更加人性化、科学化的教育环境，促进他们的全面发展。

冯梦龙的教育观在很大程度上体现了人文主义的精神，他强调教育不仅是为了科举考试，更是为了提升人的道德品质和生活智慧，因此他特意编辑《智囊》，将之作为教育读本。他认为教育的核心在于培养人的全面素质，这包括但不限于知识、技能、情感态度等方面，教育应当关注每个人的需求，帮助他们实现自我价值。这可能正是他甘冒天下之大不韪，编写《牌经》《马吊脚例》之类杂书的原因。

在冯梦龙的教育观中，文学作品不仅是艺术的表达，更是道德教化的工具。他通过文学的教化力量，使得教育超越了课堂和书本，渗透进大众的生活。在"三言"中，冯梦龙通过许多生动的故事和鲜明的人物形象，展现了他对人性的理解和对道德的追求。这些故事往往以普通人的日常生活为背景，讲述他们面对困境时的选择，以及这些选择带来的后果。通过这些故事，冯梦龙试图传达一种道德教育，即鼓励人们在日常生活中实践仁爱、诚信和公正，从而提升个体的道德素养。如在《警世通言·宋小官团圆破毡笠》中，主人公宋金虽然身处困境，但始终坚守做人底线，不因受困而背离初心，而且原谅了曾经陷害他的岳父，凭借诚信赢得了财富和尊重。作者借"后人"的口吻评说："刘老儿为善不终，宋小官因祸得福。"① 这样的故事能让读者受到道德的熏陶。这种教育方式既富有感染力，又具有实效性。

冯梦龙的教育理念还体现了他对社会公平和教育普及的追求。他认为教育应该惠及大众，使每一个人都有机会接受教育，提升自我。在他的文学作品中，无论是出身贫寒的书生，还是技艺高超的匠人，都有机会通过自身的努力改变命运，这种观点与当时科举制度下仅少数人能够接受高等教育的现实形成了鲜明对比。他笔下的故事主角并非全是贵族或士人，而是涵盖了社会各个阶层，这反映出他对教育普及的重视和对教育公平的追求。他借用通俗易懂的白话文，使教育内容不再局限于士大夫阶层，而是让普通市民也能理解并从中受益。这种"教育平民化"的实践，也是对孔子"有教无类"思想的传承和弘扬。

而"因材施教"的理念，则体现了冯梦龙对教育个性化的追求，让每个人都能在适合自己的教育环境中得到最大的发展。他认为每个人都有其独特的才能和潜力，教育不仅是传授知识，更是培养人的全

---

① 魏同贤：《冯梦龙全集》第 2 册《警世通言》，凤凰出版社 2007 年版，第 320 页。

面素质，包括品德、智慧、体魄等各个方面。教育应该根据每个人的个性特点进行有针对性的引导，重视人的全面发展。

（二）贴近实际、注重实践的理念

冯梦龙还强调教育应贴近实际，注重实践。他认为，知识只有在实际应用中才能发挥其真正的价值。因此，他提倡在教学中融入更多的实践环节，让学生在亲身体验中感悟知识、提升能力。冯梦龙的教育实践并不限于道德教诲，他还在故事中融入了实用知识，展现教育的实用性和现实意义，使教育内容超越了书斋，成为人们生活的一部分。

他通过编写教材、兴办学校、改革教学方法等实际行动，将自己的教育理念付诸实践。这种教育理念有助于培养学生的实践能力和创新精神，使他们在面对现实问题时能够灵活应对。在冯梦龙编的考经中，有着相当清晰的应试思路。他的《春秋衡库·发凡》说："今将一经始末，自周而下，总载首帙，使人一览可尽。其每年止录某君元年，崩卒之类，以备查阅。若经中无事者，则并省之。"① 简明实用，如同考试提纲！冯梦龙因此帮助不少人成功中第，虽然自己没考上，却成了"高考名师"。从治学到讲学再到写考经，一路以来，冯梦龙都很重视教育的实用性。冯梦龙还非常重视教育与实践的结合，认为不仅要关注知识的传授，更要重视品德的修养和实践能力的提升，将教育的重心从单纯的知识灌输转向了对学生个体成长和全面发展的关注。他认为知识来源于实践，也应该服务于实践，鼓励学生积极参与各种实践活动，以培养学生的实践能力和社会责任感。

这些都体现了冯梦龙对个性和人性的尊重。他在故事中塑造了各种性格的人物，他们或坚韧，或善良，或狡黠，或痴情，展现了人性的多元性。这种对个体的重视和理解，与现代教育中强调的尊重学生个体差异、促进学生全面发展的理念不谋而合。

（三）雅俗共赏、寓教于乐的理念

冯梦龙教育理念的独特性还体现为他提倡"寓教于乐"的教学方法，通过激发人们的学习兴趣和主动性来提高教学效果。而要取得"寓教于乐"的教育效果，就要采用"雅俗共赏"的教育手段。

---

① 魏同贤：《冯梦龙全集》第16册《春秋衡库》，凤凰出版社2007年版，发凡。

在"三言"中,冯梦龙运用寓教于乐的方式,将儒家的道德观念和生活智慧以白话文的形式传播给大众,其故事主角多为市井小民,他们面对生活的困境、人性的考验时,展现出各种道德抉择。这些故事既反映了明代社会的风貌,也是冯梦龙教育理念的生动实践。他的教育理念通过通俗易懂的故事得以传播,使得教育深入民间,成为大众生活的一部分。冯梦龙将教育理念巧妙地融入一个个生动的故事中,让读者在潜移默化中接受道德的熏陶,形成良好的品格。他在《古今小说》序中说:"大抵唐人选言,入于文心。宋人通俗,谐于里耳。天下之文心少而里耳多,则小说之资于选言者少,而资于通俗者多。试今说话人当场描写,可喜可愕,可悲可涕,可歌可舞,再欲捉刀,再欲下拜,再欲决胆,再欲捐金。怯者勇,淫者贞,薄者敦,顽钝者汗下,虽日诵《孝经》《论语》,其感人未必如是之捷且深也。噫,不通俗而能之乎?"①"文心"指的是文人典雅的作品,"里耳"是里巷平民的感受。冯梦龙认为只有通俗的作品,才能得到平民百姓的欣赏,才能起到教化作用。

(四)伦理孝道和忠诚信义的体现

冯梦龙的作品,宣传伦理孝道是一个重要的主题。他在"三言"中以通俗易懂的语言讲述了一系列引人入胜的故事,传达了对社会公正和道德规范的赞颂,引领人情世风向善而去。他常常塑造孝子、贤妻、良母、清官、廉吏的形象,赞扬这些形象身上的美德,使之成为社会中的正能量。他强调家庭和谐与亲情的重要性,因为没有家就没有国,没有家庭的和睦就没有社会的稳定。他旨在培养道德高尚的官僚群体,从而推动社会风气的净化。他提倡务实与节俭的政务作风,以减轻百姓的经济负担。

在冯梦龙的笔下,伦理孝道这一传统美德得到了多维度的探讨和展示。孝道不仅是对长辈的尊敬和照顾,更包含对个人情感的尊重、对家庭幸福的追求和对社会和谐的维护,以及个人道德修养的提升。伦理孝道不仅是明代社会维护封建礼教、稳定社会秩序的重要支柱,而且在今天仍然有着重要的人文宣导的现实意义。这种充满人性、与时俱进的伦理孝道观念,为我们在社会生活中的行为规范提供了指导和启示。

---

① 魏同贤:《冯梦龙全集》第1册《古今小说》,凤凰出版社2007年版,绿天馆主人序。

冯梦龙的小说中，忠诚与信义是贯穿始终的道德基石，它们是构建和谐社会、维系人际关系的重要纽带。在"三言"系列中，冯梦龙通过各种各样的人物和故事情节，对忠诚与信义的内涵进行了多维度的探讨，既有对传统道德的坚守，也有对时代变革的响应。如《老门生三世报恩》中"老学生"鲜于通报答恩师蒯公的义举，《徐老仆义愤成家》中徐老仆为了主人辛勤奔波、任劳任怨、忠心不渝的劳作，冯梦龙通过一系列富有感染力的生动故事和鲜活人物，让读者在阅读故事的同时受到启发和教育。

在现代社会，冯梦龙小说中的忠诚与信义观念仍然是人们应该遵守的道德伦理。在个人层面，我们要坚守原则，尊重承诺，保持诚实；在组织和公司层面，员工要对企业忠诚，企业要对消费者信守承诺，这些构成了现代市场经济的基础；在社会层面，忠诚与信义也是解决当今社会诚信危机、道德滑坡等问题的重要锁钥。忠孝观念提醒我们尊重长辈，承担家庭责任，同时也要在个人发展与家庭期望中找到平衡；仁爱则鼓励我们关爱他人，追求公平与正义，以构建和谐的人际关系；礼义则是社会交往的润滑剂，它教导我们在日常生活中应遵循社会规范，保持谦逊与对他人的尊重；信诚则是商业与人际关系的基石，它强调诚实守信，防止欺诈与失信现象的滋生。

在《智囊》一书中，冯梦龙强调智谋运用时应遵循仁义礼智信的儒家原则，反对纯粹为了个人私利的智术，力求通过智谋故事，引导读者在追求成功的同时不忘道德的约束，做到智勇双全、德才兼备。冯梦龙小说中的社会伦理观念不仅在明代社会中产生了深远影响，其智慧与教诲在现代社会中依然具有广泛的指导意义与应用价值。

三、冯梦龙教育理念对苏州教育创新的影响

苏州自古以来便崇文重教，以注重实践、培养实用人才而著称。宋、元、明、清时期，苏州的书院教育相当发达，培养了大批杰出人才。这些书院不仅教授学生经史子集，还注重培养学生的实际能力，为当时的社会输送了大量实用型人才。这种重视实践与实用性的教育理念，为后来苏州教育创新奠定了坚实的基础。在教育发展过程中，苏州推行了素质教育，还积极实施课程改革，加强师资队伍建设，以适应新时代的教育需求。

（一）冯梦龙教育理念的当代启示

冯梦龙的教育理念，尽管植根于明代特定的社会文化环境，却因其进步的价值观和人文关怀，具备了跨越时空和地域的视野。他的教育观以人文主义的光辉，强调教育的平民化、道德教化和实用性，为现代教育提供了多维度的思考和借鉴。

冯梦龙重视道德教育，认为教育不仅是知识的传授，更是人格的塑造和道德的提升。他的教育实践，如"三言"中的故事，通过对日常生活的描绘，传递了诚实、公正、尊重等价值观，这与今日教育中强调的品格教育和公民素质培养相吻合。在价值观日益多元的现代社会，我们需要进一步加强道德教育，培养学生的社会责任感和公民意识，以构建和谐社会。冯梦龙的故事中蕴含的道德教化，提醒我们在教育中应注重品格的塑造，培养学生的良好道德情操。

冯梦龙的教育平民化理念与现代社会强调的教育公平思想不谋而合。在教育资源日益丰富的今天，我们应进一步推广优质教育资源，缩小教育的地域和阶层差距，让每个人都能够平等地接受教育，提升自我。冯梦龙通过文学作品将教育内容通俗化，使教育深入民间，这一做法在数字化教育的今天有着新的实践可能，如在线学习平台的普及，让知识的传播更为便捷。

冯梦龙的教育实践中所体现的实用性，对于今天强调素质教育和终身学习的理念有着重要启示。在快速发展的社会中，教育内容和方法应与时俱进，注重培养学生的实践能力、创新思维和适应性，以满足未来社会的需求。冯梦龙的故事中融入的商业知识和生活智慧，为现代教育的实用性提供了范例。

冯梦龙的教育理念中对个体的尊重和对个性的鼓励，对于当今教育改革中强调的个性化教学和全人教育具有借鉴价值。每个学生都是独一无二的，教育应尊重个体差异，提供个性化的学习路径，以促进每个学生的全面发展。

在现代社会，冯梦龙的智慧观对于个人品格塑造、决策能力提升以及人际交往策略优化具有实际指导作用。冯梦龙的智慧观，教导人们如何在面对生活挑战时运用智慧，同时也强调了道德品质的重要性。冯梦龙的智慧观鼓励个人在追求目标时，不仅要具备解决问题的灵活性和创新性，还要注重策略的实效性，在资源有限或面临困境的情况下通过创新思维找到出路。冯梦龙的智慧观还教育我们，无论是在学习、工作中还是在生活中，我们都应追求德才兼备，要具备良好的道德品质，实现个人与社会的和谐发展，这样才能在社会中赢得尊重，实现自我的人生价值。

（二）冯梦龙教育理念对苏州教育创新的推动作用

冯梦龙的教育理念与苏州教育创新之间存在着多方面的契合点。这些契合点不仅体现在教育目标和教学方法上，还体现在教育内容上。这些共同点使得冯梦龙的教育理念在苏州教育创新中得到了广泛应用和深入实践，为苏州教育的持续发展与创新提供了有力的理论支撑和实践指导。

在教育目标上，冯梦龙所倡导的"以人为本""寓教于乐""全面培养人的素质"等理念，与苏州教育创新中推行的素质教育有着异曲同工之妙。苏州教育在创新发展过程中，始终坚持以学生为中心，树立以学生为主体的观念，关注学生的需求和特点，关注学生的全面发展，努力提高学生的综合素质。苏州教育在改革过程中，注重根据学生的个性特点和兴趣爱好，制订个性化的教学方案，实施差异化教学；灵活运用不同的教学方法和手段，以适应不同学生的学习风格和兴趣。这种针对性的教学方式不仅有助于提高学生的学习效率，还能帮助他们发掘自己的潜能，实现个性化的发展。

在教学方法上，冯梦龙提出"因材施教"的教学原则，这在苏州教育创新中得到了充分体现。苏州为学生提供个性化的教育服务，教师们尝试将课堂交还给学生，让他们成为学习的主人。通过组织小组讨论、项目探究等多样化的学习方式，激发学生的学习兴趣和主动性，培养他们的创新思维和实践能力。这种教学方式的转变，正是冯梦龙教育理念中"以人为本"的体现，它强调尊重学生的主体地位，关注学生的需求和兴趣，使教育真正服务于学生的成长。

在教育内容上，冯梦龙注重教育的实践性和实用性，提倡将知识与实践相结合，培养学生的实践能力；通过"寓教于乐"的方法激发学生的学习兴趣和主动性，让学生在轻松愉悦的氛围中获得知识，提升能力。苏州教育在创新过程中，也非常重视实践教育，通过开展各种实践活动和课程，提高学生的动手能力和解决问题的能力，致力于培养具有实践能力和创新精神的人才。学校通过组织各种实践活动，如社会调研、志愿服务、科技创新等，让学生有机会将所学知识应用于实际生活。这种实践教学不仅提升了学生的实践能力和创新意识，还培养了他们的社会责任感和团队合作精神。

　　冯梦龙的教育实践证明，教育不仅是知识的传递，更是人格的塑造与社会的进步。在新的时代背景下，我们应当更加珍视和传承冯梦龙的教育遗产，让冯梦龙的教育理念继续照亮苏州乃至全国的教育改革之路。

（三）冯梦龙名言警句在教育领域的创新运用

　　冯梦龙的名言警句因其深刻的哲理和教育价值，在教育领域被广泛运用。这些名言警句不仅被当作道德教育的工具，而且在培养学生思维能力、团队合作精神和领导力等方面也能发挥重要作用。在现代教育中，冯梦龙的名言警句可作为特色教育资源，通过互动式学习、案例分析和讨论，使学生在学习过程中不仅增长知识，还培养思考、判断和解决问题的能力。不仅如此，通过讨论和写作练习，学生还能进一步加深对名言警句的理解，将其融入个人价值观的塑造，从而更好地传承并发扬优秀传统文化。

　　学校可以精选"三言"中的经典名言警句编入校本教材，使之成为青少年接触传统文化的重要途径。通过引导学生研读"三言"中的故事，分析名言警句在故事情境中的运用，可以提升他们的阅读理解能力和批判性思维，让学生在阅读和学习这些故事时，潜移默化地接受冯梦龙的道德教诲和人生智慧。教育部门应持续优化教材和教学方法，利用这些名言警句培养学生的公民素质、道德情感和批判性思维，同时鼓励他们在日常生活中实践这些智慧，使之成为个人成长和社会进步的积极推动力。

参考文献

　　[1] 陈娱：《日常生活道德观念在青年中的冲突及其调适》，《广东青年研究》2022 年第 3 期。

　　[2] 张玲：《"三言"中的苏州城市文化》，《今古文创》2021 年第 45 期。

　　[3] 伊崇喆、杨绪容：《冯梦龙改评明传奇的理论创新与独特的教化观念》，《艺术探索》2023 年第 5 期。

　　[4] 韩光浩、姜锋：《诗写科技 情入江南——在人工智能时代传承与弘扬江南文化》，《城市党报研究》2024 年第 5 期。

　　[5] 申明秀：《论冯梦龙〈三言〉的雅俗整合——江南世情小说雅俗系列研究之九》，《沈阳大学学报（自然科学版）》2011 年第 4 期。

[6] 刘勇强：《冯梦龙的经典意识与"三言"的艺术品格》，《人民论坛》2023年第16期。

[7] 赵益：《世情与因果：十六至十八世纪通俗小说中的商业伦理和社会伦理建设》，《安徽大学学报（哲学社会科学版）》2017年第4期。

（潘娜，苏州大学第二实验学校校长）

冯梦龙文化在当代苏州的传承与文旅开发

陶建平

摘　要：冯梦龙作为明代杰出的文学家与思想家，其作品、思想与实践因其深远的时代价值和文化影响，对当代苏州的文化、旅游以及社会建设仍具有不可多得的指导意义。本文旨在深入研究冯梦龙与苏州江南文化的交融，以及这种交融如何塑造了冯梦龙文学作品和苏州文化遗存，通过多维度的分析，全方位挖掘冯梦龙与苏州江南文化的互动关系，展现冯梦龙这一文化符号的丰富内涵及其历史与现实意义，探讨如何传承冯梦龙文化，促进苏州的文化和旅游开发，推进文旅创意产业的发展。

关键词：冯梦龙；江南文化；互动关系；现代文旅开发

冯梦龙的作品不仅具有极高的文学价值，还蕴含着丰富的社会文化意义。他的作品描绘了当时社会的各种人物和事件，反映了当时的社会风貌和人民的生活状况、思想观念和价值追求。研究冯梦龙的创作和实践，有利于我们更好地传承古代优秀传统文化，并将之用于现代的苏州现代化实践：可以揭示冯梦龙的文学成就对后世的深远影响，解析其作品中的哲学智慧与道德教化，为今天的文学创作与道德教育提供借鉴；可以窥见古代贤人的道德实践，探索其对于现代社会的道德建设与公共治理的指导意义；还可与现代文旅产业的开发相联系，为当代文化、旅游和文创产业发展提供丰富的启示和借鉴。

一、冯梦龙文化在当代苏州的价值体现

（一）冯梦龙文化在当代苏州的文化价值

冯梦龙文化在当代苏州的发展中展现出了其独特的价值，这种价值不仅体现在文化传承与弘扬上，更融入在苏州的经济社会发展之中。

冯梦龙文化对于提升苏州的文化软实力具有显著作用。在全球化

的今天，文化已成为城市竞争力的重要组成部分。冯梦龙文化的传承与弘扬，使苏州的文化底蕴更加丰厚，进一步彰显了苏州作为历史文化名城的魅力，吸引着无数游客和文化爱好者前来探访，推动着苏州旅游业的繁荣。

冯梦龙文化为苏州的文化创意产业提供了丰富的素材和灵感。在当代社会，文化创意产业已成为推动城市经济发展的新动力。苏州通过深入挖掘冯梦龙文化中的故事元素、人物形象等，成功打造了一系列具有苏州特色和冯梦龙文化元素的创意产品，不仅丰富了文化市场，也为苏州的文化创意产业注入了新的活力。

冯梦龙文化还承载了苏州人民的精神追求和价值取向。其作品中所倡导的道德观念、人文精神等，对苏州社会的道德建设和精神文明建设产生了积极的影响。这种影响是深远的，它不仅塑造了苏州人民的精神风貌，也为苏州的和谐发展提供了强大的精神支撑。

冯梦龙文化在当代苏州的价值是多方面的。它既是苏州文化传承的重要组成部分，也是推动苏州经济社会发展的新动力。因此，我们应继续加强对冯梦龙文化的挖掘与传承，让其在当代苏州的发展中发挥更大的作用。苏州要加强本土文化教育在各级学校中的普及，通过开设相关课程、举办文化活动等方式，让学生更好地了解和认同自己的文化根源，从而培养他们对传统文化的兴趣和热爱。

（二）冯梦龙文化在当代苏州的创新性发展

苏州，这座以园林美景、丝绸文化、美食闻名的城市，近年来在经济、科技、文化等多方面均取得了长足进步。随着城市的繁荣，苏州的国内外知名度日益提升，吸引了大量游客、学者和文化爱好者前来探访。这种知名度的提升，无疑为冯梦龙文化的传播创造了更为有利的外部环境。越来越多的人开始关注并研究冯梦龙的作品，进一步推动了冯梦龙文化在更广泛范围内的传播。

当代苏州对冯梦龙文化的传承并未停留于传统的层面，而是在此基础上进行了大胆的创新与发展。这种创新性发展主要体现为文化创意产业的融合与应用，通过对冯梦龙文化的深入挖掘和传播，进一步提升苏州的文化软实力，增强城市的综合竞争力。同时，借助冯梦龙文化这一独特资源，苏州还可以打造更多具有地方特色的文化产品和服务，推动文化产业的发展，为社会经济的持续发展注入新的活力。

在文化创意产业方面，苏州充分利用了冯梦龙文化的丰富资源，将其与现代设计理念相结合，打造出了一系列独具特色的文化产品。例如，设计师们从冯梦龙的作品中汲取灵感，设计出了各种精致的旅游纪念品，如以冯梦龙笔下人物为原型的文创玩偶、蕴含苏州园林元素的文具套装等。这些产品不仅具有深厚的文化内涵，还兼具实用性和审美性，深受消费者喜爱。同时，这也为苏州的文化创意产业注入了新的活力，推动了产业的繁荣发展。

苏州的现代化进程还为冯梦龙文化的传播注入了新的活力。借助互联网、新媒体等现代科技手段，冯梦龙的作品得以更广泛地传播到世界各地，让更多人领略到这位文学大师的风采。这种跨时空的传播方式，不仅拓展了冯梦龙文化的影响力，也使其在新时代焕发出新的生命力。苏州还积极探索将冯梦龙文化与数字化、网络化技术相结合的新路径。通过数字化技术，苏州建立了冯梦龙文化数据库和线上展示平台，使得更多的人能够便捷地了解和欣赏到冯梦龙文化的魅力。此外，借助网络技术，苏州还开展了线上文化讲座、虚拟现实体验等活动，让观众能够身临其境地感受冯梦龙作品中的世界。这些创新举措不仅拓宽了冯梦龙文化的传播渠道，还增强了文化的互动性和体验性。

总的来说，当代苏州需要创新性地传承冯梦龙文化，使其与现代社会的审美需求和文化消费习惯相契合。这种创新不仅体现在文化创意产业的融合上，还体现在现代科技的应用上。通过这些创新举措，冯梦龙文化在当代苏州焕发出了新的生机与活力。

二、冯梦龙文化在苏州的传承

当代苏州蓬勃发展，不仅在经济社会层面取得了显著成就，同时也对本土文化的传播起到了积极的推动作用，尤其是对冯梦龙文化的传承与弘扬产生了深远影响。

（一）冯梦龙文化在苏州的传承方式

苏州，这座以江南水乡和历史文化闻名的城市，在冯梦龙文化的传承和利用上表现出了深厚的底蕴和独特的热情。

苏州作为历史悠久、文化底蕴深厚的江南名城，在当代经济社会发展中展现出了强劲的势头，取得了显著的成就。在文化方面，苏州不仅保留了众多的历史文化遗产，如古典园林、古建筑、传统工艺等，还积极推动文化产业的发展。通过举办各类文化活动、建设文化设施以及扶持文化创意产业，苏州已经形成了独具特色的文化软实力。在经济方面，苏州以其雄厚的工业基础和创新的科技实力，稳居中国乃至全球的重要经济中心之列。在社会方面，苏州也取得了显著的进步。城市基础设施建设不断完善，公共交通、医疗卫生、教育等领域的发展都取得了长足的进步。苏州还注重生态环境的保护和改善，注重民生改善和社会治理创新，打造宜居宜业宜游的生态环境和生活环境。这些成就不仅提升了市民的生活质量，也进一步增强了苏州的吸引力和竞争力。

苏州在经济、文化、社会和生态环境等方面取得了显著的进步，这些都离不开历史文化的营养。以冯梦龙为代表的历史文人，为苏州的发展发挥了独特的作用。苏州对冯梦龙文化的传承与发展，既体现在对冯梦龙作品的研究与传播上，也体现在将冯梦龙文化元素融入现代城市建设与文化产业发展中。这种传承与发展不仅有助于提升苏州的文化软实力，更能为苏州的未来发展注入源源不断的文化动力。

苏州对冯梦龙文化的传承首先体现在对其物质文化遗产的精心保护上。众多与冯梦龙相关的历史遗迹和文物，如故居、书房、手稿等，都得到了专业机构的细致修缮和科学管理。这些珍贵的文化遗产不仅见证了冯梦龙的创作历程，更是苏州文化的重要组成部分。通过保护和展示这些遗产，苏州让更多的人有机会亲近冯梦龙，感受他的文学世界。

除了物质文化遗产的保护，苏州还致力于推广冯梦龙文化的精神内涵。通过举办各种文化活动，如冯梦龙作品读书会、学术研讨会、戏剧表演等，苏州让冯梦龙的文化精神在现代社会中焕发新的活力。这些活动不仅吸引了大量市民和游客的参与，还促进了冯梦龙文化与现代社会的有机融合。

苏州在传承冯梦龙文化的过程中，注重教育和人才培养。在各级学校中，冯梦龙的作品被广泛引入课堂，成为学生们了解传统文化和文学的重要窗口。同时，苏州还鼓励和支持学者对冯梦龙文化进行深入研究，通过挖掘其更深层次的价值和意义，为冯梦龙文化的传承注入新的动力。

苏州还充分利用现代科技手段来传承和发展冯梦龙文化。数字化技术的应用使得冯梦龙文化得以更广泛、更便捷地传播。通过互联网和社交媒体等平台，苏州让冯梦龙文化的影响力跨越时空界限，触达更多的人群。

苏州在传承冯梦龙文化方面展现了多元化的方式和深厚的底蕴。从物质文化遗产的保护到文化活动的举办，再到教育和人才培养以及科技手段的运用，苏州都展现出了对冯梦龙文化传承的坚定决心和创新精神。这些举措不仅让冯梦龙的文化遗产得以完好保存和广泛传播，还为苏州的文化繁荣发展注入了新的活力。

（二） 冯梦龙文化与苏州文创产业的融合

冯梦龙文化在苏州文创产业中的应用与融合，是近年来文化传承与现代产业发展相结合的一个亮点。冯梦龙作为苏州文化的一张重要名片，其丰富的文学资源和深厚的文化内涵，为苏州文创产业的发展提供了源源不断的灵感。

在苏州的文创产业中，我们可以看到冯梦龙文化元素的广泛应用。无论是文化产品的设计还是旅游纪念品的开发，甚至是影视作品的创作，都融入了冯梦龙文化的精髓。这些融合不仅丰富了文创产业的内容和形式，更使得冯梦龙文化在现代社会中焕发出了新的生命力。在苏州文创产品市场中，我们可以看到以冯梦龙作品中的人物、故事为设计元素的文创产品深受消费者喜爱。这些产品不仅具有实用性，更承载着深厚的文化内涵，让人们在日常生活中就能感受到冯梦龙文化的魅力。

冯梦龙文化的元素还被巧妙地融入到苏州的旅游业中。通过开发以冯梦龙文化为主题的旅游线路和旅游产品，苏州成功吸引了大量对传统文化感兴趣的游客。游客们在游览苏州的美景同时，也能深入了解冯梦龙的文化世界，感受这位文学大师的魅力。

冯梦龙文化的元素还为苏州的影视创作提供了丰富的素材。通过改编冯梦龙的作品，或者以其文化元素为创作灵感，苏州的影视创作者们成功打造了一系列深受观众喜爱的影视作品。这些作品不仅提升了苏州的知名度，更让冯梦龙文化在世界范围内得到了更广泛的传播。

在保护传统文化的同时，苏州也应积极推动文化的创新与发展。可以借助现代科技手段，如数字化、虚拟现实等，对传统文化进行再现与解读，使其以更加生动、有趣的形式呈现在公众面前。此外，鼓励艺术家和创作者以苏州文化为主题进行创作，推动苏州文化元素与现代艺术形式的结合，打造具有时代特色的文化精品。

总的来说，冯梦龙文化与苏州文创产业的融合是一种双赢的合作。

通过这种融合，冯梦龙文化得到了更好的传承和发展，而苏州的文创产业也因此焕发出了新的活力。这种融合不仅展现了苏州对传统文化的尊重与发扬，更为现代文化产业的发展注入了新的动力。

三、冯梦龙文化与文旅开发

冯梦龙的文学作品与江南文化，尤其是与苏州文化的交融，塑造了冯梦龙独特的文学风格，也赋予了其作品丰富的地域特色。这种文化交融的深远影响，不仅体现在冯梦龙的文学创作中，也体现在他对现代文旅产业的启示上。冯梦龙的名人效应，不仅在学术领域受到广泛关注，也在地方文化推广中起到了积极作用，推动了历史文化遗产与现代旅游的结合，对今日的文旅开发具有重要的作用和影响。

（一）冯梦龙形象的现代传播

1. 冯梦龙故事的当代改编

随着现代社会对古典文学的重新审视和流行文化的多元化发展，情节生动、富有市场的冯梦龙的故事被赋予了新的生命，通过改编与演绎，以电影、电视剧、舞台剧以及网络文学等形式重新走入大众视野。这些改编作品不仅保留了冯梦龙故事的精髓，还融入了现代元素，更加贴近现代观众的审美和情感需求，产生了更广泛的社会影响力。

例如，"三言"中的经典故事如《杜十娘怒沉百宝箱》《卖油郎独占花魁》等，被改编为多部电影和电视剧，通过现代的拍摄技术和演员精湛的表演，将原本的白话小说转化为视觉盛宴。这些改编作品往往注重人物内心情感的抒发，强化了故事的戏剧性和冲突，增加了观众的观影体验。同时，改编作品在尊重原著的基础上，对人物性格、社会背景甚至结局进行适当调整，以反映当代社会的价值观和生活状态，使得老故事焕发出新的活力。

在舞台剧领域，冯梦龙的故事同样有了创新性演绎。有的作品运用现代舞台艺术手法以音乐剧、实验剧等形式呈现，通过现代灯光、音效和视觉设计，强化故事的智性与趣味，观众在欣赏故事的同时，也能感受到文化的传承与创新。许多网络作家还将"三言"中的故事与现代网络流行元素结合，创作出穿越、奇幻、现实主义等不同形式和风格的小说，用以吸引年轻读者。这些作品往往保留冯梦龙故事的主线，但通过引入现代话题、幽默元素以及个人成长的现代议题，使故事更具时代感。

冯梦龙故事的改编还体现在教育领域。许多教育工作者将他的作品及其名言警句作为教材内容，通过现代教育技术，如动画、互动游戏等，使学生在轻松愉快的氛围中学习历史和文学，理解传统价值观。这些改编形式使得冯梦龙的故事能够跨越时空，成为连接过去与现在、传统与现代的桥梁，对年轻人的道德教育和文化传承起到了积极的促进作用。

通过这些改编，冯梦龙的故事、智慧和道德教化得以在新的语境下传播，不仅丰富了现代文化市场，也使得冯梦龙作为文学巨匠的影响力得以延续。这些改编作品，既是对冯梦龙作品的致敬，也是对现代观众审美需求的回应，共同构成了冯梦龙故事在当代多元文化景观中的独特位置。

2. 冯梦龙素材与新媒体的结合

在信息爆炸的时代，冯梦龙的形象和作品借助新媒体的力量得以更广泛地传播和互动。社交媒体、在线阅读平台、数字图书馆以及游戏等新媒体形式，为冯梦龙的文学作品提供了全新的展示舞台，同时也为研究者和爱好者提供了丰富的资源和交流空间。

社交媒体如微博、微信公众号、抖音等，成为冯梦龙故事和名言警句的便捷传播渠道。通过短小精悍的内容推送，经典的"三言"故事被提炼成引人入胜的微小说，冯梦龙的智慧和道德教诲以现代视角被解读，吸引了大量年轻受众。冯梦龙的名言警句，如"路遥知马力，日久见人心"，通过现代趣味性的解读，成为社交媒体上的热门话题，激发了网友们的共鸣与分享。

在线阅读平台，如豆瓣阅读、喜马拉雅等，将冯梦龙的作品以电子书、有声书的形式呈现，使得读者可以随时随地轻松阅读和聆听。这些平台运用推荐算法，根据用户的阅读习惯，将冯梦龙的作品推荐给潜在的读者，进一步扩大了其作品的影响力。同时，平台上的书评和讨论区，成为读者分享阅读感悟和交流心得的平台，形成了一个互动的文学社区。

数字图书馆，如国家图书馆、各大学图书馆的数字馆藏，不仅提供了冯梦龙原著的全文电子版，还收录了相关学术研究成果、解读文章，为研究者和学生提供了丰富的学术资源。这些数字资源的整合，促进了学术交流和文化传承。

游戏产业也积极挖掘冯梦龙作品的叙事潜力，将其融入游戏剧情在角色扮演游戏、策略游戏或是文字冒险游戏中，冯梦龙的故事被改编为关卡或任务，玩家在游戏过程中体验到明代社会的生活百态和冯梦龙的智慧。这种互动形式不仅丰富了游戏的内容，也使得冯梦龙的故事以娱乐的方式触达更广泛的受众。

冯梦龙的生平和作品也通过视频内容在新媒体上得到传播，如纪录片、动画片等，用视觉艺术语言重新诠释了他的故事和思想。这些多媒体内容在 Bilibili、YouTube 等平台上受到热烈追捧，让冯梦龙的故事跨越了语言和文化的障碍，成为全球观众共享的文化盛宴。

新媒体的运用，使得冯梦龙的形象和作品在新的语境中得以重塑和传播，满足了不同年龄、文化背景的受众需求。它不仅提升了冯梦龙作品的可见度，也促进了今人对其思想的现代解读和应用，将冯梦龙的智慧融入当代生活的方方面面。新媒体的结合使得冯梦龙在现代社会中焕发新的生命力，成为传统文化与现代科技交汇的典范，也使冯梦龙文化更好地起到了促进社会经济发展的作用。

（二）冯梦龙文化对苏州旅游业的推动作用

冯梦龙文化的挖掘和传承也为苏州旅游业注入了新的活力。冯梦龙文化作为苏州宝贵的文化遗产，以其独特的魅力，对苏州旅游业产生了较大的推动作用。冯梦龙其人其事，他作品中的苏州地域文化、人物形象和故事情节，为苏州文旅发展增添了丰富的文化内涵和吸引力。游客们纷纷踏足苏州，希望亲身感受冯梦龙笔下的水乡风情和园林美景。他们穿梭在古色古香的巷弄古园、千姿百态的小桥人家之间，探寻着那些曾在冯梦龙作品中出现的场景，感受着浓郁的苏州文化氛围。

苏州旅游部门积极整合冯梦龙文化资源，推出了一系列以冯梦龙为主题的旅游线路和产品，既丰富了游客的旅游体验，又有效地传播了苏州的历史和文化。尤其是相城区冯梦龙村，不断加强以冯梦龙为主题的各类景点和旅游基础设施建设，提升服务质量，积极打造特色旅游品牌。这些举措不仅提高了游客的满意度，也进一步提升了苏州旅游业的整体竞争力。

1. 冯梦龙故里游

冯梦龙故里冯梦龙村建设完成了冯梦龙故居、冯梦龙纪念馆、冯梦龙书院、德本堂（好人馆）、新言堂、四知堂、冯梦龙村新时代文明实践广场等一批优质场馆，山歌馆等旅游接待设施因其浓郁的冯梦龙文化特色、美味的佳肴和亲民的价格而备受称赞。冯梦龙故里文化旅游线路的设计，应结合冯梦龙的生平事迹、文学创作以及其作品中的苏州元素，巧妙地把相关景点串联起来，为游客提供了一次穿越时空的文化体验，感受江南水乡的韵味和冯梦龙的智慧光芒。

线路起点设在冯梦龙的故居——墨憨斋，参观之后去冯梦龙书院，在阶梯教室内听一场小型的开篇讲座，讲座讲解冯梦龙的生平事迹、文学成就以及他与苏州的不解之缘。游客们在此还可以体会到冯梦龙时代刻书的情景，感受明代文人的生活环境。然后去冯梦龙纪念馆感受冯梦龙作品的博大精深。在山歌馆用过午餐后，参观四知堂，接受廉政教育，再去清风园、冯梦龙村新时代文明实践广场等处，感受冯梦龙文化在今日的传承和影响。

要将美化乡村环境、提升村容村貌作为留住乡村风貌的"根"，将传承特色优秀文化作为守住乡村文化的"魂"，在保持乡村风貌原生态的基础上，美化生态和旅游环境。要让冯梦龙文化体现在建筑与景区上，以各种文化 IP 的方式，体现在文旅产品上。将冯梦龙文化开发成各种文创产品，在活化利用中寻求冯梦龙文化的可持续发展。把冯梦龙纪念馆、冯梦龙故居、冯梦龙书院与苏作艺术坊、休闲农庄、湿地公园、民宿、青年旅社、露营基地、游客中心、廉政干部教育培训中心等项目融合起来。冯梦龙村的梨、桃不仅可以采摘，还可以二次加工做成具有冯梦龙 IP 符号的食品、饮料和果酒等产品，推动文化产业与农业、旅游、生态等融合联动，把历史文化、乡村旅游、林果销售、廉政教育有机结合，实现社会效益、经济效益与生态效益的三赢。

2. 冯梦龙江南文化游

线路的起点在盘门，这是苏州仅有的古城门，人们将"南有盘门之秀美"与"北有长城之壮美"并称。盘门及其水陆城门、城下的大运河等，是冯梦龙作品中多次描述过的场景。第二站是多次出现于冯梦龙作品中的桃花坞和阊门，游客可以漫步于古朴的街巷，遥想当年冯梦龙《唐解元一笑姻缘》中描写的"翠袖三千楼上下，黄金百万水东西。五更市贩何曾绝，四远方言总不齐"①的场景。如今这里已经不复旧观，但是被作为工艺美术集聚区和传统文化展示区打造，所以

---

① 魏同贤：《冯梦龙全集》第 2 册《警世通言》，凤凰出版社 2007 年版，第 398 页。

可以在此设立互动体验区,让游客参与苏州评弹的表演,体验冯梦龙作品中的市井生活和艺术魅力。午餐可以在苏州的老字号餐馆品尝地道的苏州菜,体验冯梦龙时代的饮食文化,然后可以参观拙政园、狮子林等,这些园林不仅是中国园林艺术的瑰宝,也是冯梦龙作品中的重要元素;还可以在苏州的昆剧院或评弹馆,现场观看冯梦龙《玉簪记》等剧目的片段表演,感受江南戏曲的独特韵味。再到苏州博物馆参观冯梦龙的作品手稿、历史文物以及与他相关的艺术作品,更深刻地领会冯梦龙文化的深远影响。

3. 冯梦龙吴中名胜游

冯梦龙笔下多次写到吴中的名山胜水。可围绕冯梦龙文学作品写到的山水风光,坐船沿大运河往石湖,经东太湖,往太湖东山、西山,一路观看两岸风景,翻看冯梦龙相关小说及其描绘的自然和人文风貌,感受冯梦龙《王娇鸾百年长恨》中吴江的运河桥梁和人文风物、《施润泽滩阙遇友》中的太湖风光,体会作品中的江南意境。在船上还可举行小型的研讨会,讨论冯梦龙作品及其名言警句,理解其在当代的应用价值。

冯梦龙文旅线路设计,旨在通过实地探访、体验、互动与学习,让游客全面了解冯梦龙的文学创作和精神世界,感受江南文化与冯梦龙及其作品的深刻联系。还可以在旅途中研发梦龙陶艺、梦龙茶、梦龙酒等"梦龙文化"品牌。这不仅是一次文化旅行,更是一次跨越历史的文学对话,让游客在游览的过程中对冯梦龙及其作品有更深入的理解,同时对江南文化有更直观的体验。

(三) 冯梦龙文创产品的开发

冯梦龙文化资源的旅游开发中,文创产品开发是重要的一环,它不仅能够进一步丰富游客的体验,还可以将冯梦龙的思想与艺术成就以现代化的方式传播出去,推动地方经济发展。

创意衍生品:设计一系列以冯梦龙"三言"、《智囊》中的故事为灵感的创意衍生产品,如主题明信片、笔记本、T恤等,这些产品上可以印有故事插图或名言警句,让游客在购买的同时也能感受到苏州与冯梦龙文学的魅力。此外,可以推出冯梦龙戏曲人物形象的玩偶或模型,吸引不同年龄段的游客,如可以活化利用"天知地知你知我知"的"四知"故事。

数字化体验:开发以冯梦龙故事为背景的互动游戏,通过游戏,玩家可以扮演故事中的角色，体验冯梦龙笔下的情节。游戏可包含解谜元素，引导玩家深入理解故事寓意，同时借助游戏平台，使冯梦龙的故事跨越地域限制，触及全球玩家。

跨界合作：与当地知名的手工艺人合作，推出冯梦龙主题的工艺品，如刺绣、剪纸、版画等，这些作品既能展示苏州传统工艺，又能体现冯梦龙作品中的江南韵味。同时，也可以与时尚品牌合作，设计冯梦龙元素的时尚单品，如丝绸围巾、手袋等，将古典与现代完美融合。

教育产品：依托冯梦龙文化设计特有的"冯梦龙 IP"符号，将之渗透到教育产品中，制作讲述冯梦龙故事的动画片或儿童读物，以生动有趣的方式向年轻一代传播冯梦龙的智慧和道德观念。这些教育产品可以在学校、图书馆等教育机构推广，成为寓教于乐的教材资源，传承冯梦龙的文学精神。

互动展览：策划主题展览，展示冯梦龙的生平、作品以及影响，结合多媒体技术，如虚拟现实（VR）、增强现实（AR）等，让参观者沉浸式体验冯梦龙的世界。展览中可设置互动环节，如角色扮演、知识问答等，增强游客的参与感。

体验式活动：在特定节日或纪念日，组织以冯梦龙故事为主题的活动，如诗词朗诵会、戏曲表演、写作工作坊等，让游客有机会亲身参与，加深对冯梦龙文化的理解，同时，这些活动也可以成为吸引游客的亮点。

旅游纪念品：开发以冯梦龙名言警句为主题的旅游纪念品，如定制版的折扇、折页扇，上面刻有冯梦龙的名言警句，既有实用性，又能作为旅行的纪念品。

跨国合作：与国际知名文化机构合作，共同举办冯梦龙文化节或学术研讨会，将冯梦龙推向国际舞台，提高其在全球的知名度，促进文化交流。冯梦龙的文学成就在国际汉学领域享有盛誉，他的作品被翻译成多种语言，成为海外读者了解中国文化的重要窗口。深入研究冯梦龙与明代政治环境的互动，有助于提升中国文化在国际上的认知度，促进不同文化间的交流与理解，推动中国文化在全球范围内的传播。

通过以上策略，冯梦龙文创产品的开发不仅可以丰富游客的体验，也能推动冯梦龙文化的传承与创新，同时为苏州旅游业和文创产业注入新的活力，实现文化与经济的双赢。在产品开发过程中，要注重创意与传统、现代与古典的融合，充分展示冯梦龙文化与苏州文化交融的独特魅力，使冯梦龙文化成为苏州乃至中国对外文化交流的一张亮丽名片。

参考文献

[1] 丛新强、王光东：《文化主体性与传统文化精神的文学表达——以1980—1990年代的小说创作为核心》，《济南大学学报（社会科学版）》2024年第4期。

[2] 汪正龙：《交互主体性思想的演进与文学的主体间性》，《中国文艺评论》2024年第5期。

[3] 岳好平、范星：《文化差异对文学翻译的影响及翻译策略的选择》，《海外英语》2023年第7期。

[4] 罗时进、陈燕妮：《清代江南文化家族的特征及其对文学的影响》，《江苏社会科学》2009年第2期。

[5] 李盛涛：《论生态文化思想对当代文学创作的潜在影响》，《安康学院学报》2010年第2期。

[6] 陈书录：《明代文学思想转型期徐渭与王世贞之比较——兼论吴越文化、朝野文学之异同及影响》，《南京师范大学文学院学报》2005年第1期。

[7] 浦立昕：《梭罗的生态文学与中国儒家思想的交互研究——中美文化交互影响的个案研究》，《兰州教育学院学报》2020年第9期。

（陶建平，苏州市冯梦龙研究会副会长）

冯梦龙作品解读

"三言"中的名言警句及其现代应用

章 砚

摘 要：冯梦龙以其独特的创作风格及其作品中蕴含的深邃的人生哲理，在中国文学史上留下了不可磨灭的印记。他的代表作"三言"系列，因其通俗易懂的语言、深入人心的故事和富含哲理的名言警句，成为中国古代短篇小说中的瑰宝，对中国乃至世界文学的发展产生了深远的影响。作为对社会现实观察与思考的结晶，冯梦龙的"三言"作品及相关名言警句，传达了丰富的道德教诲和人生智慧，不但在明代有着重大的社会影响和启示意义，而且在现代社会仍然以其独特的智慧和洞见，继续影响着人们的思想和行为。本文旨在深入剖析"三言"中的名言警句，研究其在现代社会的传播现象，进一步弘扬优秀文化遗产。

关键词：冯梦龙"三言"；名言警句；社会影响；现代应用

冯梦龙的"三言"是中国明代短篇小说的经典之作。除了曲折的故事和生动的人物，书中的名言警句也深入人心，跨越数百年仍具有深远的社会影响和启示意义。在现代社会，这些名言警句以其独特的智慧和洞见，通过多元化的传播途径，继续影响着人们的思想和行为。本文旨在深入剖析"三言"中的名言警句，研究其在现代社会的传播现象，以及如何通过有效策略，进一步弘扬这些文化遗产的精髓。

一、冯梦龙"三言"及其名言警句的文化价值

冯梦龙以其独特的创作风格及其作品中蕴含的深邃的人生哲理，在中国文学史上留下了不可磨灭的印记。他的代表作"三言"系列，以通俗易懂的语言、深入人心的故事和富含哲理的名言警句，成为中国古代短篇小说中的瑰宝，对中国乃至世界文学的发展产生了深远的影响。

冯梦龙的"三言"系列，以其独特的文学魅力和深刻的社会洞察力，在中国文学史上占据了举足轻重的地位。这三部作品并非孤立的文学著作，而是冯梦龙对社会现实观察与思考的结晶，它们以故事的形式，寓教于乐，传达了丰富的道德教诲和人生智慧。

《喻世明言》是"三言"系列的开篇之作，冯梦龙在书中以生动的叙述和鲜明的人物形象，讲述了一系列通俗易懂的故事。这些故事有的以历史传说和民间故事为素材，有的以现实生活中的具体事件为原型，形象地揭示了世间万象，旨在引导读者明辨是非，以智慧面对生活。例如，《蒋兴哥重会珍珠衫》中，主人公蒋兴哥历经波折，最终醒悟到财富并非生活的全部，夫妻恩爱、家庭团圆才是生活的真谛，体现了人应追求精神富足的主题。

《警世通言》是冯梦龙对社会现象进行深度剖析的力作，书中通过一系列耐人寻味的故事，警示世人避免各种人生陷阱，揭示了社会的伦理道德。如《杜十娘怒沉百宝箱》讲述了杜十娘的悲惨命运，批判了封建社会的虚伪和冷漠，对婚姻、人性和社会体制提出了质疑。

《醒世恒言》是"三言"系列的压轴之作，冯梦龙通过其中的故事，对人性的本质、社会的矛盾以及道德的沦丧进行了深度反思。其中，《卖油郎独占花魁》以小人物的奋斗历程，展现了"草根逆袭"的可能，同时也对社会的不公进行了揭露。书中的故事以永恒的主题和生动的描绘，使其成为对世态炎凉的有力揭露，旨在唤醒人们对社会现实的警觉。

"三言"系列作品在文学上的贡献不容忽视。它们以白话文的形式，打破了传统文学的高雅门槛，使得普通百姓也能领略文学的魅力，成为文学平民化的重要推手。冯梦龙在创作中融入了大量的民间语言，使得作品更加贴近生活，易于理解和接受，这种风格对后世文学创作产生了深远影响。如《众名姬春风吊柳七》写柳永经过姑苏时，看儿童棹船戏水采莲，耳听吴歌，随即和诗填词一曲："十里荷花九里红，中间一朵白松松。白莲则好摸藕吃，红莲则好结莲蓬。　结莲蓬，结莲蓬，莲蓬生得忒玲珑。肚里一团清趣，外头包裹重重。有人吃着滋味，一时劈破难容。只图口甜，那得知我心里苦，开花结子一场空。"一语双关的吴歌俚语，极具江南水乡情调。

"三言"系列是冯梦龙用故事讲述人间百态，通过寓言和警句传达人生智慧的文学瑰宝。"三言"中的故事多取材于民间，以普通人的生活为背景,通过生动的叙述和细致的刻画,展现了人性的复杂与多面,反映了社会的矛盾与变迁。冯梦龙以敏锐的洞察力和深邃的思想,提炼出许多极具价值的警句,这些警句涵盖了道德伦理、人际关系、处世哲学等多方面,对后世的道德教育、文学创作以及社会观念的形成具有重要指导作用。

在当今社会,冯梦龙的"三言"及其名言警句的传播和应用不仅体现在教育领域,如被选入语文教材,成为青少年了解传统文化的桥梁;同时也是学术研究的热点,学者们通过挖掘"三言"中的社会文化内涵,进一步深化对明代社会生活和思想观念的理解。在大众传播方面,随着"三言"故事被改编为影视作品,或是以图文并茂的形式在社交媒体上广泛传播,以更直观的方式触达更广泛的受众,时刻激励和启迪着人们。

"三言"中的许多名言警句因其普遍的人类共性,能够跨越时空和文化的界限,帮助人们理解和应对不同文化背景下的生活挑战。因而在跨文化交流中,冯梦龙"三言"及其名言警句的智慧和洞见不仅影响了中国的文学创作,也通过翻译传播到了世界各地。

研究冯梦龙的"三言"及其名言警句在现代社会的传播,不仅有助于我们深入理解中国传统文化的精髓,也能借此提升对人性和社会的洞察,为现代社会提供智慧借鉴。如"吃得苦中苦,方为人上人"来自《玉堂春落难逢夫》,告诉世人想成为更好的人,就要舍得让自己吃苦;"知人知面不知心"则来自《庄子休鼓盆成大道》,告诉世人人心难测,交友时更别只看表面;"夫妻且说三分话,未可全抛一片心"来自《白玉娘忍苦成夫》,寓意夫妻间也该互相保留些隐私;《醒世恒言》开篇就是"世人眼孔浅的多,只有皮相,没有骨相",警示世人不要停留于皮相,而要看到人的内外品质。

二、冯梦龙"三言"中名言警句的影响力分析

冯梦龙"三言"中富有智慧和洞见的名言警句,以其简洁凝练的语言,传达出深刻的人生哲理,跨越时代的界限,至今仍被人们广泛引用。无论是作为教育的素材还是作为个人生活的指引,都在不断地提醒我们关于道德、关系、学习和变化的智慧。这些名言警句不仅在教育领域成为道德和智慧的教育资源,也通过社交媒体、影视作品等

媒介，以各种形式融入现代人的日常生活，为现代社会提供了有价值的思考和启示，成为指导人们行为和价值观的重要参考。

（一）冯梦龙名言警句中的人生哲理

冯梦龙的名言警句蕴含着丰富的人生哲理，体现出冯梦龙对社会、人性和道德的深刻洞察。

"路遥知马力，日久见人心"，揭示了时间与实践对于检验一个人真实品质的重要性，它提醒人们在与人交往中，不应被表面现象所迷惑，而应通过长期观察和考验来了解一个人的本质。在职场中，它也教育员工要保持谦逊，用实际表现来赢得信任，而非仅依赖短暂的表面印象。在个人道德观的培养上，它教导人们在人际关系中要善于观察，辨别真伪，应注重长期合作与观察，以深入理解合作伙伴的真实能力和价值，避免因短期利益而忽视潜在风险。这在信息繁杂的现代社会尤其显得珍贵，帮助人们在复杂的人际网络中建立稳固的关系。

"水能载舟，亦能覆舟"，借用水的特性，形象地阐述了人民与君主之间的关系，强调统治者必须重视人民的力量，否则可能会面临被推翻的危险。这句话在现代领导学中被广泛引用，警示领导者须关注民意，尊重并服务大众，以确保组织的稳定和繁荣。对于企业而言，它提醒管理层要重视顾客和员工的满意度，因为他们的支持是企业成功的关键。在社会管理中，政府工作人员需意识到，只有真正倾听和满足人民的需要，社会才能和谐发展。

"宁为鸡口，无为牛后"，则揭示了人在困境中应保持自尊与独立人格的重要性，它鼓励人们即使在艰难环境下，也要有勇气做自己，不随波逐流。它对于个人成长和职业规划具有启示作用，鼓励人们即使在最低微的职位上，也要保持自我的独立，不畏艰难，勇于挑战，以期成为某个领域的专家。在教育领域，它激励学生树立自尊，追求个人兴趣，不盲目追求热门专业，而是要找到适合自己的发展道路，这对现代青年追求个性和独立思考，具有积极的启示作用。

"人非圣贤，孰能无过"，揭示了一个普遍的道德观念，即任何人都可能犯错误，重要的是认识到错误并寻求改正。在现代社会，这句名言提醒我们对他人应持宽容态度，理解和接纳别人的不完美，同时鼓励个人成长和自我改进。在当代社会价值观的塑造上，它强调了包容与自我提升的重要性，鼓励人们在犯错之后能反思并改正，这对于建立一个宽容、理解的社会环境至关重要。在教育中，它提倡犯错后的反思和学习，这对于营造健康的社会氛围和促进个体成长具有重要意义。

"天下无难事，只怕有心人"，鼓励人们面对困难时要有决心和毅力，只要用心去做，再难的事情也能解决。这句名言今天常被用来激励学生和职场人士不断挑战自我，超越自我。在创新创业中，它则被用来鼓励企业家们勇往直前，不畏失败，因为成功往往源于不断的尝试和坚持。在个人提升上，它提醒人们要对自己有信心，敢于设定高目标，只要付出努力，勇于克服困难，就能抵达理想彼岸。

在"三言"中多次出现的"天下无不散之筵席"，通过表达人生中不可避免的离别来传达人生无常的哲理，提醒人们珍惜当下，坦然面对生活中的离别。它提醒人们要珍惜眼前人，把握当下，因为美好的时光总是短暂且不可复制的。在个人情感和社交关系中，这句名言教导我们要学会接受变化，珍惜与他人相聚的每一刻，这样即使面临分离，也能勇敢面对，留住往昔的美好。它教导人们在快速变化的现代社会中，要学会接受和适应人生的无常。

这些名言警句在现代社会中的传播，不仅是文字的传递，更是价值观的传承。它们通过现代媒体的传播，使得冯梦龙的智慧得以跨越历史，影响一代又一代人。在家庭教育中，人们用"人非圣贤，孰能无过"来教育孩子宽恕和改进；在职场中，人们用"路遥知马力，日久见人心"来指导如何识别合作伙伴；在校园内，人们用"书中自有颜如玉，书中自有黄金屋"来培养学生对知识的热爱；在社交网络上，人们分享"天下无不散之筵席"，倡导珍惜眼前人。

名言警句的影响力不是局限于个体，而是延展到了社区和社会组织。在现代社会中，冯梦龙"三言"中的名言警句通过教育、媒体、社交平台等途径，不断影响着个体的道德观念、价值观以及人际关系的处理方式，它们在提升社会文明程度、塑造良好道德风尚方面起到了积极的作用。在社区活动中，人们引用冯梦龙的名言警句来强调团结和互助的重要性；而在企业中，这些名言警句被融入企业文化和管理培训，用以塑造员工积极的工作态度和价值观。

"三言"中的名言警句往往结合了儒家的仁爱之道、道家的自然之道以及法家的实用主义，形成了一种富有哲理的人生智慧。这些名言警句在道德教育方面发挥了重要作用，它们以通俗易懂的语言，传播了仁义礼智信的儒家道德观念，以及顺应自然、和谐共处的道家思想，同时也提倡了个人的责任感和对社会的奉献精神。冯梦龙的智慧通过文字融入日常生活，对现代人进行道德教育，帮助他们处理复杂的社会关系，提升个人能力，同时也为组织管理提供了原则与策略。冯梦龙作品中的其他警句名言，如"智无常局""智能生胆，胆不能生智""人不可貌相，海水不可斗量""富贵本无根，尽从勤里得""势不可使尽，福不可享尽，便宜不可占尽，聪明不可用尽""恩德相结者，谓之知己；腹心相照者，谓之知心""事不三思终有悔，人能百忍自无忧""人逢喜事精神爽，月到中秋分外明""没有规矩，不成方圆"等，在现代依然具有重要的现实意义，为个人成长和正确处理社会关系提供指导。

（二）冯梦龙名言警句的应用

1. 在教育领域的运用

冯梦龙的名言警句因其深刻的哲理和教育价值，在教育领域得到了广泛的应用。这些名言警句不仅被用作道德教育的工具，而且在培养学生思维能力、团队合作和领导力等方面也起到了重要作用。引导学生研读"三言"中的故事，分析名言警句在故事情境中的运用，可以提升他们的阅读理解能力和批判性思维。

教育是改变命运、提升生活质量的重要途径。出自《醒世恒言·吕大郎还金完骨肉》的"书中自有颜如玉，书中自有黄金屋"，形象地描述了知识的价值，意谓通过读书可以收获美满的人生，包括精神上的满足和物质上的富饶。当今社会，这句话依然激励着人们努力学习知识，通过教育改变命运，提升自我，提升生活质量，以适应社会的变迁。

时间与实践是检验人品的唯一标准。在道德教育中，"路遥知马力，日久见人心"强调了时间与实践对于检验人品的重要性，有助于学生提升理性判断和深度观察的能力。学校可以通过组织讨论活动，让学生们分析名言警句背后的含义，引导他们理解在人际交往中应如何辨别真伪，培养他们独立思考和判断的能力。

团队合作是成功的力量。"水能载舟，亦能覆舟"这句名言可以激发学生养成相互尊重、共同进步的意识，可以用来教育学生理解和尊重集体的力量，培养他们的公民意识和团队精神。通过讨论"水能载舟，亦能覆舟"的含义，学生能认识到团队力量的重要性，学会倾听他人意见，懂得如何协调团队内部的关系，以实现团队目标。

在认知能力培养上,"天下无难事,只怕有心人"鼓励学生在面对学习困难时保持积极态度,坚持不懈地追求知识。教师可以引用这句名言来激励学生挑战自我,不断提高学习效率和解决复杂问题的能力。这样的鼓励能够帮助学生建立自信,培养他们解决问题的策略和方法。

在领导力培养上,"宁为鸡口,无为牛后"教导学生在面对选择时,要有独立思考和追求个人价值的勇气。学校可以通过案例分析,让学生理解这句话的含义,鼓励他们在团队中担任主角,发展自我领导能力。此外,这句名言对于学生的职业规划也有着深远影响,帮助他们明确自己的职业定位,追求与个人兴趣相符的发展道路。

在现代教育中,冯梦龙的名言警句作为教育资源,通过互动式学习、案例分析和讨论,让学生在学习过程中不仅增长了知识,还培养了思考、判断和解决问题的能力。

2. 在企业管理中的体现

在现代企业管理中,冯梦龙的名言警句被广泛应用,其中蕴含的策略、领导力和人际关系处理之道成为企业决策者和领导者的重要参考。可以说,冯梦龙的名言警句以其深刻的洞察力和实用性,为现代商业环境中的复杂问题提供了独特的解决方案。

"路遥知马力,日久见人心",强调了时间对于检验真实品质的重要性。在信息爆炸的现代社会,人们接触到的人和事可谓瞬息万变,而这句名言则告诫人们不要轻易受表面现象的迷惑,而要通过长期的观察和了解,识破虚假,看清实质。在人际关系处理上,这句名言提供了一个实用的指南,帮助人们在复杂的人际网络中建立稳定、真实的关系。这句话在人才选拔和团队建设中的作用尤为关键。企业领导者在招聘过程中,不能仅仅依据候选人的简历和面试表现来取舍,而是要通过长期的观察和实践来评估其真正的能力和价值观。同样,在团队合作中,通过时间的考验,领导者可以识别出真正能承担责任、值得信赖的团队成员。这句名言提醒企业领导者,建立稳定的团队基础和选拔合适的团队成员,应以长期的考察和实际表现为准,而非仅凭短暂的表面印象。

"水能载舟,亦能覆舟"这句话在企业与消费者、员工关系的管理中具有深远的影响。企业应当重视与客户、员工的互动,因为他们的支持是企业稳定发展和竞争优势的源泉。这句话不仅警示企业管理者要以消费者需求为导向，提供优质的产品和服务，同时也强调企业要尊重并维护员工的利益，这样才能保持组织的稳定和高效运作。在现代企业中，这句名言促使企业采取以客户为中心的策略以及以人为本的管理方式，以提升组织的凝聚力和竞争力。

在战略决策和创新过程中，"天下无难事，只怕有心人"激励企业家保持积极进取的心态，勇于面对挑战。这句名言教导企业领导者要有决心和毅力，敢于尝试和创新，即使面临困难也要持续努力，因为成功往往源于不断的尝试和坚持。在快速变化的市场环境中，鼓励企业采取持续改进的策略，适应行业现状，推动企业不断向前发展。

在处理团队内部冲突和外部竞争时，"宁为鸡口，无为牛后"这句名言教导领导者要有独立思考和敢于担当的精神。在面临困难时，企业领导者应有勇气作出决策，即使在小范围内也要保持领导力，不随波逐流，要敢于确立自身的定位，坚持自我发展，而不是盲目追求市场份额。

在企业管理中，冯梦龙的智慧通过提高员工的道德意识、建立有效的人际关系、强化团队合作及激发创新精神，为企业提供了实用的管理策略。这些名言警句不仅在企业文化的塑造中起到了重要作用，还为管理者提供了决策和行动的指导原则，帮助企业应对挑战，实现持续发展，展示了深邃的人生智慧在跨时代、跨领域的适用性。

三、"三言"及其名言警句在现代社会的传播

"三言"中的名言警句跨越了数百年，在现代社会依然通过教育、社交以及媒体传播，以各种形式影响着人们的思考和行为，成为连接古今、沟通东西的桥梁。

（一）传播渠道

在现代社会，冯梦龙的"三言"及其名言警句的传播途径多种多样，它们像流动的智慧之水，渗透入生活的各个角落，影响着人们的思考方式与行为举止。其中，社交媒体、教育教材、文学评论以及影视作品是最主要的传播渠道，它们以各自的方式，让"三言"的精髓得以延续和发扬。

社交媒体是"三言"名言警句在现代社会中最直观的传播途径。现代科技的发展，使得信息传播的速度与范围达到了前所未有的程度。微信、微博、知乎等成为"三言"名言警句的"新舞台"。许多名言

警句被精心设计成图文并茂的"心灵鸡汤",并结合当下流行元素,迅速吸引了大量用户的关注和分享。这种传播方式不仅让名言警句更加贴近现代生活,也让它们在轻松愉悦的氛围中,成为人们日常交流中自我表达和情感共鸣的工具。

教育教材则在更广泛的人群中播撒"三言"的种子。在中国的语文教育中,"三言"中的经典篇章被选入教材教辅,成为青少年接触传统文化的重要途径之一。学生在阅读这些故事时,潜移默化地接受着冯梦龙的道德教诲和人生智慧。不仅如此,通过讨论和写作练习,学生进一步加深了对名言警句的理解,将其融入个人价值观的塑造中,传承并发扬传统文化。教育部门应持续优化教材教辅和教学方法,利用这些名言警句培养学生的公民素质、道德情感和批判性思维,同时鼓励他们在日常生活中实践这些智慧,使之成为个人成长和社会进步的积极推动力。通过教育的引导和媒体的传播,这些名言警句不仅丰富了人们的精神世界,还能为现代社会提供道德指引和生活哲理。

文学评论和学术研究也是"三言"影响力持续扩大的重要渠道。批评家和学者们在深入研究冯梦龙的文学作品时,不断挖掘其背后的社会文化内涵,通过论文、专著等形式,将这些名言警句的深层意义和时代价值公之于众。学术界的讨论,不仅提升了"三言"的文学地位,还使名言警句的智慧得以在学术圈内传播,影响着新一代的文学创作和理论研究。

影视改编作品和舞台剧也在现代传播中扮演了重要角色。它们以直观的视听体验,让"三言"故事和名言警句跨越文字边界,触及更广泛的人群。剧集、电影和舞台剧的创作,不仅丰富了"三言"的表现形式,也通过演员的精湛表演,将故事和警句形象化地呈现出来,使它们在不同年龄层和文化背景的观众中产生共鸣。

冯梦龙的"三言"及其名言警句在现代社会的传播,既依赖于传统教育的延续,也受益于现代科技的推动。通过社交媒体的广泛传播,教育教材的普及,以及学术研究的深化,这些经典警句得以跨越时空,成为现代社会中不可或缺的智慧源泉,持续影响着人们的思想与行为。

(二)传播策略

在现代社会,媒体以其广泛的覆盖面和多样的表现形式,成为冯梦龙"三言"名言警句传播的重要渠道。媒体传播策略的创新,既有助于这些名言警句在不同人群中产生共鸣,又能够提升公众的文化素养。然而，如何在信息爆炸的时代中既确保这些智慧的传承，又保持其原貌，是媒体面临的一大挑战。

作为"三言"名言警句传播的前沿阵地，微信、微博、知乎等平台，利用图文、视频等多种形式，将名言警句与日常生活紧密结合，使其在轻松、互动的氛围中得以传播。例如，名言"人非圣贤，孰能无过"被制作成带有漫画的帖子，配以现代生活场景，使人们在浏览和分享中自然地接受这些智慧。这种贴近生活的传播方式在年轻人中尤其受欢迎，有助于他们理解并应用名言警句中的道理和智慧。

同时，网络文学和网络综艺节目也加入了传播的阵列。网络作家在创作中引用"三言"中的名言，使其与现代网络语言和流行文化相结合，吸引年轻读者的注意。网络综艺节目则通过嘉宾讨论或游戏环节，巧妙地融入名言警句，使它们在娱乐中传播，减少了传统教育的严肃感，增加了趣味性。

影视剧和舞台剧的改编，以直观的视听体验，将"三言"故事和名言警句带入更广泛的观众群体。例如，将《杜十娘怒沉百宝箱》改编为电影和电视剧，不仅呈现了故事的戏剧性，同时通过演员的表演，赋予了名言"路遥知马力，日久见人心"更深的情感共鸣。这种改编策略，使得"三言"中的智慧跨越了文字的限制，触及了不同年龄层和文化背景的观众。

然而，媒体传播也面临挑战。一方面，为了吸引眼球，一些媒体可能会对名言警句进行过度解读，甚至断章取义，导致原意的扭曲。另一方面，快速消费文化可能使人们在享受"心灵鸡汤"式的短暂慰藉后，忽视了名言背后深层次的思考。此外，网络环境下，名言警句的原创性和准确性难以保证，易造成误传。

尽管如此，媒体为"三言"名言警句的传播提供了巨大的机遇。多样化的形式和互动性的体验，可以激发公众对传统文化的兴趣，提高其文化素养。同时，媒体的全球性覆盖，使得"三言"的智慧能够跨越国界，影响更广泛的国际读者。

为了更好地传承经典，媒体应采取负责任的传播策略，确保名言警句的准确性和完整性，确保名言警句的原貌得到传承。同时，鼓励深度解读和讨论，让公众在享受便捷的媒体消费的同时，也能进行深入思考，真正领略到"三言"名言警句的智慧。此外，媒体也可通过与学术机构合作，提升传播内容的专业性和权威性，以确保经典文化的传承，真正实现优秀传统文化的可持续发展。

（三）跨文化交流

冯梦龙"三言"中的名言警句在国际文化交流中扮演着重要的角色。这些名言警句以其普适性、深刻性和独特的中国文化底蕴，跨越了语言和文化的障碍，为不同文化背景的读者提供了了解和欣赏中国智慧的窗口，促进了东西方文化的相互理解和尊重。习近平总书记在对外交流中也多次引用冯梦龙的名言警句。

冯梦龙的名言警句在翻译成其他语言后，其智慧和洞见依然能够触动人心。例如，"人非圣贤，孰能无过"在英语中可译为"No man is wise at all times"，其核心理念——对人性的宽容和对错误的接纳，无论是在东方还是在西方，都具有普遍的道德价值。这些名言警句在国际上的传播，使得不同文化背景的人们在共享价值观的同时，也对中国的传统美德有了更直观的认识。

在教育领域，冯梦龙的"三言"及其名言警句被引入国外的中文教学，成为学习者了解中国文化的重要途径。通过阅读这些作品，学生不仅能够提升语言能力，还能深入理解中国的历史和社会价值观。这样的学习体验有助于打破文化刻板印象，增进跨文化交流。

在文学研究领域，学者们通过对比分析，发现"三言"中的故事和名言警句与西方文学中类似的主题有着内在的共鸣。如"路遥知马力，日久见人心"与西方谚语"Time heals all wounds"虽然表达方式不同，但都强调了时间对于个人成长和处理人与人之间关系的重要性。这样的比较研究有助于揭示人类共有的道德观念和生活智慧，加深对不同文化的理解和尊重。

媒体传播在跨文化交流中也起到了关键作用。通过电影、电视剧、纪录片等多媒体形式，冯梦龙的"三言"故事被改编成不同版本，呈现在全球观众面前。网络平台上的互动和分享进一步推动了"三言"名言警句的跨国传播。许多名言警句被制作成了易于分享的图文内容，如在社交媒体上，人们通过"人非圣贤，孰能无过"来表达对他人失误的理解，或者用"书中自有颜如玉，书中自有黄金屋"来鼓励终身学习，这些简单的互动不仅让名言警句在全球范围内广泛流传，也引导了不同文化背景的人们以更开放的心态去接纳和欣赏彼此的文化。

然而，跨文化交流也带来了挑战，如翻译的准确性、对文化差异的理解以及对原著精神的忠实呈现等。因此，确保名言警句在传播过程中不失其原貌，尊重其文化背景，以及鼓励跨文化交流中的深度对话，是促进全球范围内"三言"文化传播的关键。

冯梦龙"三言"及其名言警句在国际文化交流中发挥了桥梁作用，为东西方文化的对话和理解提供了丰富的素材。通过教育、学术研究、媒体传播以及网络互动，这些名言警句不仅传播了中国传统文化的智慧，也在全球范围内激发了人们对人性、道德和社会的深思，促进了不同文化间的相互尊重和理解。

参考文献

[1] 冯梦龙：《喻世明言》，人民文学出版社 1987 年版。

[2] 冯梦龙：《警世通言》，人民文学出版社 1987 年版。

[3] 冯梦龙：《醒世恒言》，人民文学出版社 1987 年版。

[4] 伊崇喆、杨绪容：《冯梦龙改评明传奇的理论创新与独特的教化观念》，《艺术探索》2023 年第 5 期。

[5] 刘勇强：《冯梦龙的经典意识与"三言"的艺术品格》，《人民论坛》2023 年第 16 期。

[6] 王一雯：《文言小说集评点对话本小说改写的影响探究——以冯梦龙作品为中心》，《淮北师范大学学报（哲学社会科学版）》2023 年第 3 期。

[7] 范伯群、刘小源：《冯梦龙们—鸳鸯蝴蝶派—网络类型小说——中国古今"市民大众文学链"》，《中山大学学报（社会科学版）》2013 年第 6 期。

[8] 周才方：《六朝文化世族的形成及其对江南文化的影响》，《金陵科技学院学报（社会科学版）》2005 年第 3 期。

[9] 肖虹：《冯梦龙小说中的商人形象》，《文化学刊》2019 年第 12 期。

[10] 申明秀：《论冯梦龙〈三言〉的雅俗整合——江南世情小说雅俗系列研究之九》，《沈阳大学学报（自然科学版）》2011 年第 4 期。

[11] 张玲：《"三言"中的苏州城市文化》，《今古文创》2021 年第 45 期。

[12] 吴晗：《论冯梦龙小说中的女性形象——以〈情史〉和"三言"为中心》，《山东女子学院学报》2024 年第 1 期。

（章砚，作家，苏州科技大学兼职教授）

冯梦龙作品的现代改编与跨文化传播

张梦晗

摘　要：本文聚焦于明代文学巨匠冯梦龙的文学作品在当下的改编实践，以及这些改编如何在全球化语境中实现跨文化传播。本文将深入研究冯梦龙作品的内在价值，并探索其在不同文化环境中被诠释和接纳的多样性。通过分析电影、电视剧与舞台剧等多元媒介的改编案例，揭示冯梦龙作品在现代语境下的生命力及其对当代文化的贡献；同时，结合跨文化传播理论，讨论改编作品如何在国际交流中实现文化对话，以及如何通过改编促进冯梦龙思想的现代转化；讨论冯梦龙作品改编的未来趋势及其在全球视野下的意义，为深化中国古典文学的当代价值与国际影响提供新的思考，推动对冯梦龙作品的现代解读和跨文化理解，促进其在世界文学舞台上的广泛传播。

关键词：冯梦龙作品；现代改编；跨文化传播

冯梦龙是难得的文化奇人、廉政官员和吏治达人。作为中国通俗文学之父，他一生著述三千万言，备受欢迎，其中"三言"系列不仅风靡中国，也是最早被翻译成外文的中国文学作品。这些作品至今仍对中国乃至世界文学产生着深远影响。在全球化的今天，冯梦龙作品的现代改编与跨文化传播显得尤为重要，因为它们不仅是文学艺术的创新表达，也是不同文化之间理解和对话的桥梁。本文将着力研究并揭示冯梦龙作品在现代语境下的生命力，探索其在全球文化交流中的角色，以及其对当代文化和社会的持续影响，为深化中国古典文学的当代价值与国际影响提供新的思考，同时促进冯梦龙作品在全球文学舞台上的广泛传播。

一、冯梦龙作品概述

冯梦龙生活在商品经济繁荣、市民阶层崛起的晚明时代，他的

"三言"以生动的语言和深入人心的故事,展示了明朝后期社会的各个方面,尤其是对人性的深刻剖析和对社会现象的犀利批判,使其作品超越了时空,成为跨越世纪的文学瑰宝。

(一)冯梦龙的生平与创作

冯梦龙,字犹龙,号龙子犹、墨憨斋主人、顾曲散人,出身于明朝嘉靖年间的一个书香门第。冯梦龙的科举之路并不顺利,尽管才华出众,却屡次在科举考试中受挫,这促使他将重心转向通俗文学的创作,特别是短篇小说和戏曲改编。这种经历使得冯梦龙的作品充满了对人生的理解和对社会现象的犀利批判,这也是其作品能够跨越时空,触动读者的原因之一。

冯梦龙的文学成就主要体现在他的"三言"——《喻世明言》《警世通言》《醒世恒言》以及戏曲改编上。他的"三言"作品以精巧的结构、生动的语言和深刻的主题,反映了明朝后期商品经济的繁荣和市民阶层的崛起,作品中的人物形象饱满,故事扣人心弦,多层面地揭示了当时社会的百态,深得读者喜爱。冯梦龙的生平与创作经历,无疑为他的文学作品赋予了独特的社会背景和个人情感色彩。他的作品不仅在当时社会引起了强烈反响,而且随着时代的变迁和跨文化传播,其文学价值和思想内涵被不断挖掘和诠释。值得一提的是冯梦龙的戏曲改编理论,他强调内容与演出兼重,这一理念在当时的戏曲界具有革新意义,对后世戏曲创作和搬演产生了深远的影响。

冯梦龙的文学影响力不仅限于中国本土,他的作品在海外尤其是东亚地区也有广泛的传播。在文学作品传播受限于语言和文化圈的当时,日本和朝鲜半岛由于历史和文化上的相近,使得冯梦龙的作品得以直接或通过译介传播。日本的"和刻三言"和朝鲜的《今古奇观》都反映了"三言"在日本和朝鲜的受欢迎程度。至近代,随着翻译活动的增多,西方世界对冯梦龙作品的关注也逐渐升温,使其作品得以在更广阔的国际舞台上传播。在现代改编中,其深刻内涵与现代社会的议题相结合,这些古典故事在新的文化语境中散发出新的活力,为全球读者提供了理解和欣赏中国传统文化的独特视角。

(二)冯梦龙作品的主要内容与艺术特色

冯梦龙的作品以其独特的艺术魅力和深刻的社会洞察力,吸引了无数读者,成为中国文学史上的瑰宝。

以"三言"系列为例,冯梦龙的作品以丰富的题材、鲜活的人物和富有哲理的主题,展示了明朝社会的多面性。"三言"一百二十篇,涵盖了各社会阶层的生活状态、生产场景和道德伦理。这些故事既有平凡百姓的日常生活,也有士人阶层的爱恨情仇,还有王朝兴衰的宏大叙事。冯梦龙以炉火纯青的白话文创作技巧,塑造了形形色色的人物,如商贾、书生、侠客、妓女、官员等,他们各自的人生经历反映了当时社会的风貌。他擅长通过日常事件揭示人性的复杂,展现社会的矛盾,以寓言和讽刺的手法,对世态炎凉进行犀利的批判,从而达到"喻世""警世"和"醒世"的目的。

艺术特色上,冯梦龙的作品具有以下几个特点:一是用生动的白话文进行描写。冯梦龙的作品采用了当时流行的白话文,语言通俗易懂,具有极强的感染力,使得读者能够轻松地沉浸在故事之中,感同身受。二是情节紧凑,悬念迭起,引人入胜。冯梦龙善于构造紧张的剧情,设置悬念,使得故事引人入胜,往往在高潮处戛然而止,再以反转或出人意料的结局给人深刻印象。三是人物性格鲜明,形象饱满。冯梦龙刻画的人物多姿多彩,性格各异,既有善良的主角,也有狡猾的反派,通过情绪变化和道德抉择的描写,使人物形象立体而真实。四是鲜明的社会批判意识。冯梦龙的作品中往往有对社会的不公、人性的弱点以及世俗的偏见的批判,体现出他对社会现象的敏锐观察和深刻剖析。五是深厚的道德教化意味。冯梦龙的作品常常寓教于乐,通过故事传达道德教诲,引导读者在欣赏故事的同时反思人生的道德伦理。

这些艺术特色使得冯梦龙的作品在当时和现在都能引起人们的共鸣,不仅在中国文学史上占据重要地位,而且在海外也产生了深远影响。冯梦龙作品的现代改编正是基于这些丰富的内容和独特的艺术特色,通过创新的表达形式和当代视角,赋予这些经典故事新的生命和意义,使之跨越时空,继续在今日的世界文学舞台上绽放光彩。

二、冯梦龙作品的现代改编

现代改编在保持故事核心的同时,常常融入当代社会的议题、价值观与审美观,使得古老的故事焕发出新的生命力。例如,电影、电视剧和舞台剧等改编作品,通过视觉艺术的呈现和当代表演方式的运用,将冯梦龙的故事带入了现代观众的视野,使得这些作品在新的文化语境下流传。然而，冯梦龙作品的现代改编并非简单地将原作搬上新的艺术舞台，而是一个重新解读和创新的过程。现代改编如何在保持冯梦龙作品原作精髓的同时，赋予其新的时代意义？在跨文化传播的语境下，如何评价和理解这些改编作品的全球接受度？如何通过改编促进冯梦龙思想的现代转化？

（一） 电影改编案例分析

电影，作为现代视觉艺术的一种重要表现形式，为冯梦龙作品的改编提供了广阔的创新空间。电影改编不仅打破了传统文本的阅读模式，通过视听结合的方式，使故事更具冲击力和感染力，同时也能够跨越语言和文化的障碍，实现全球更广泛的传播。以下我们将以两部具有代表性的冯梦龙作品电影改编为例，进行深入的分析。

根据《喻世明言·杜十娘怒沉百宝箱》改编的电影作品《杜十娘》，是长春电影制片厂出品的古装爱情片，于1981年上映。电影将原作中杜十娘的悲剧命运与对封建礼教的反抗，以戏剧化的方式呈现给观众，通过现代电影的叙事技巧，如蒙太奇和象征手法，加大了故事的情感冲击力。电影的主要情节如下：浙江绍兴府的书生李甲（佟瑞敏饰）和同乡柳遇春（吴慈华饰）共赴京城求仕，其间结识了迎春院的名妓杜十娘（潘虹饰）。李甲风流倜傥，为了十娘挥金如土。十娘深知世态炎凉，为与李甲终生相依，深谋远虑，把积攒的珍宝藏在小箱中，随李甲乘船南下。途中，李府老管家赶来报信，说李父不准卑贱的女子进入家门。李甲慑于老父的威严，辗转无奈，最后痛下决心，将十娘以千两纹银转卖给大盐商孙富。翌日，正当李甲与孙富双方人银过手时，杜十娘打开百宝箱，指着价值连城的金银珠宝，尽吐满腹哀怨，倾诉世间不平，怒骂孙富，痛斥李甲，把一件件宝物抛向江中，最后纵身跃入滚滚波涛。电影中的杜十娘形象饱满，她对爱情的执着与对自由的渴望，引发了观众对于个体尊严与社会束缚之间冲突的深思。同时，电影利用色彩、灯光和音乐，构建了一种悲壮而唯美的视觉风格，使观众在观赏过程中产生了强烈的情感共鸣。

明代唐解元伯虎与秋香的因缘际会，是被电影、弹词、戏曲和歌曲等许多艺术形式不断表现过的题材，唐伯虎点秋香成为普罗大众熟悉的故事。根据《警世通言·唐解元一笑姻缘》改编的电影，最早是1937年在香港上映的黑白粤语戏曲片《唐伯虎点秋香》，由邝山笑饰演唐伯虎。但真正引起轰动和关注的是1993年上映，由周星驰、巩俐等主演的电影《唐伯虎点秋香》。冯梦龙的这个故事后被添油加醋，从一笑发展到三笑。赵景深先生有《三笑姻缘的演变》文章，考证了这个故事的前世今生。电影通过古代与现代场景的对比，巧妙地将历史与现实交织在一起，让观众在轻松的观影过程中，对当下社会现象产生深刻反思。唐伯虎出生的明成化年间，天下治平，江南富庶之地的苏州更是繁华，唐伯虎描绘居住地附近的阊门盛况是"翠袖三千楼上下，黄金百万水东西；五更市买何曾绝？四远方言总不同""小巷十家三酒店，豪门五侯一尝新；市河到处堪摇橹，街巷通宵不绝人"[①]。商品经济长足发展，市民阶层不断扩大，自由职业者日增，社会政治环境相对宽松，人们希望更多地摆脱旧礼教的束缚，更多地追求人生自由和个性解放。于是自称"江南第一风流才子"，有解元功名，外在形迹又是"颓然自放"的唐伯虎便适时成为这种愿望的代表，"名传万口"，从文人小说中进入电影、电视、戏剧等领域。可以说，没有商品经济的社会基础，没有个性解放的人性要求，也就不会有一见钟情式的一笑或二笑、三笑。这是人性的自然要求的一种形式，是个性解放和自由的一种情感表达。

这些电影改编的成功之处在于，它们并未简单地将原著直接搬上银幕，而是通过现代视角和创新手法，赋予了故事新的解读空间和文化内涵。它们既保留了冯梦龙作品的精神内核，如对人性的剖析和对社会的批判，又结合了当代社会的议题，使得古老的故事在新的文化语境下呈现出鲜活的生命力。通过这样的改编，冯梦龙的故事得以跨越时空的界限，与全球观众产生共鸣，扩大了冯梦龙作品的跨文化传播，也为传统文学的现代转化提供了新的范例。

值得注意的是，电影改编的全球接受度往往取决于其制作质量、叙事技巧及与当地文化的契合度。成功的作品改编能够跨越文化差异，引发国际观众的普遍关注。冯梦龙作品的电影改编，正是通过深入挖掘原作的精神内核，结合现代审美，为世界观众提供理解中国传统文化的独特窗口，从而在全球范围内产生了深远的影响力。

(二) 电视剧改编案例分析

电视剧作为大众传媒的主流形式之一，因其长篇幅和连续性的叙事特点，为冯梦龙作品的改编提供了更广阔的空间。电视剧通常会对

---

① 唐寅：《六如居士集》，应守岩点校，西泠印社出版社2012年版，第60页、第74页。

原著进行更为详尽的演绎，注重人物性格的塑造和剧情的铺陈，以适应电视观众的观赏习惯。以下我们将探讨两部由冯梦龙作品改编的电视剧，探讨它们如何在连续剧的叙事框架中展现故事的深度与广度。

改编自《杜十娘怒沉百宝箱》的电视剧《杜十娘传奇》，由于长师导演，在 2014 年上映。在尊重原著的基础上，电视剧通过扩充剧情和丰富角色，展现了杜十娘从丫鬟成长为独立女性的完整历程。该剧不仅深入挖掘了杜十娘的内心世界，而且通过旁枝末节的编织，展现出封建社会女性的生存困境。同时，剧中引入了更多复杂的社会关系，如杜十娘与船夫、商人之间的互动，丰富了故事的层次感。在视觉风格上，该剧采用了古色古香的布景和服饰，营造出浓郁的明朝风情，使观众沉浸在故事的时空背景中。电视剧长达 40 集的连续播放，让观众在一集又一集的剧情推进中，逐步理解冯梦龙对人性和社会的深刻洞察。

根据《白娘子永镇雷峰塔》改编的影视作品不少，以 1992 年播出的赵雅芝与叶童合作演出的电视连续剧《新白娘子传奇》最为著名。《新白娘子传奇》制片人为曹景德，导演为夏祖辉和何麒，编剧为贡敏、赵文川、方桂兰等，制作和演员阵容强大，播出后获得巨大成功，取得了 30% 的高收视率。后来又有冯媛、蒋媛编剧的新版电视剧《白蛇传》。很多在原著中并未明确体现的细节，在电视剧中得到呈现。电视剧通过生动的人物刻画和曲折的剧情设计，如对于权谋斗争的描绘等，使得故事在娱乐性中蕴含了对爱情、忠诚、权力和道德的深刻反思。

电视剧改编在保持冯梦龙作品核心主题的同时，通过丰富剧情、增加角色深度和引入历史背景等方式，使得故事在新的媒介和叙事结构中得以延伸。这样的改编不仅满足了电视观众的观看期待，也使得冯梦龙的故事得以在更多细节上被探索和解读。通过电视剧的传播，冯梦龙作品的跨文化影响得以扩大，观众在欣赏故事的同时，也对冯梦龙文学作品及其背后的社会文化背景有了更深入的认识。

值得注意的是，电视剧改编的成功，往往取决于对原著精神的忠实以及对当代观众审美的把握。冯梦龙作品的电视剧改编，在保持其现实主义和道德教化内涵的基础上，结合了当代观众的观赏需求，通过电视剧特有的叙事手段，让冯梦龙的故事在新的文化语境中获得了新的生命力。这些改编作品在全球范围内的传播，不仅提升了冯梦龙作品的国际知名度，也为不同文化背景的观众提供了一扇理解中国传统文化的窗口。

（三）舞台剧改编案例分析

舞台剧作为一种直接与观众互动的表演艺术形式，为冯梦龙作品的改编提供了一个富有挑战性和创新性的空间。在舞台上，改编者需要考虑剧本、演员表现力、舞台设计、音乐和灯光等多种元素的融合，以呈现出既忠于原著又具有现代感的演出。舞台剧改编往往更侧重于人物内心情感的挖掘和戏剧张力的构建，为观众带来直观且立体的体验。以下是两个冯梦龙作品的舞台剧改编案例，我们可以看看它们如何在剧场中再现经典，以及是如何对原著进行创新性诠释的。

改编自《十五贯戏言成巧祸》的昆剧《十五贯》赫赫有名。在20世纪50年代，中国戏剧界发生了一件大事，叫"一出戏救活了一个剧种"，"一出戏"就是昆剧《十五贯》。1957年5月18日，《人民日报》发表了《从"一出戏救活了一个剧种"谈起》的社论，把昆剧和《十五贯》推到了舆论的极点。《十五贯》是清初戏曲作家朱素臣的传奇作品，50年代的改编本保留了娄阿鼠因盗十五贯而杀死肉店主人尤葫芦，知县主观臆断熊友兰、苏成娟为凶手的情节，删去况钟宿庙、神明托梦等情节，集中描写了况钟、过于执、周忱几个古代官吏在面对命案时的不同态度。苏州知府况钟"执法严明，德威并行"，在秉公断案的过程中，为民请命，不计个人得失。与之相比，无锡知县过于执虽然也标榜自己"爱民如子，执法如山"，却没有深入调查就主观地给两位主人公定了罪。还有戏中的江南巡抚周忱，只想着自己的官位，明哲保身，给况钟查案一路设置障碍。通过这几个人物形象的塑造，批判了主观臆断和循规蹈矩的官僚作风，揭露了封建吏治的黑暗腐朽，歌颂了实事求是的精神。而对于许多戏曲观众来说，最有意思的一折就是著名的"访鼠测字"。聪明机智的况钟装扮成测字先生，与老奸巨猾的娄阿鼠展开了一番较量。通俗的唱词，明快的节奏，曲折的情节，生动的人物，使得《十五贯》这出戏与现代观众之间产生了强烈的共鸣。20世纪50年代，这出戏的成功意外地成就了昆剧的复苏。演员表演精湛，将角色的虚伪与贪婪体现得淋漓尽致，让观众在剧场的氛围中感受到冯梦龙对于人性的深刻洞察。舞台剧的改编，不仅保留了原作的精神，还通过现代戏剧语言和剧场技巧，使得故事在现代社会的背景下更具共鸣。

另一个值得探讨的戏剧改编是根据《玉堂春遇难逢夫》改编的《玉堂春》。这是中国戏曲中流传较广的剧目之一，是京剧旦角的开蒙戏，清代花部乱弹作品。《玉堂春》的大致情节如下：明朝名妓苏三（玉堂春）与吏部尚书之子王景隆结识，誓偕白首。王景隆钱财用尽，被鸨儿轰出妓院，苏三私赠银两。鸨儿把苏三骗卖给山西商人沈燕林作妾。沈妻皮氏与赵监生私通，定计害之，反诬告苏三。苏三被诬，定为死罪。起解途中，解差崇公道同情苏三，认为义女。王景隆得官，巡按山西，调审此案，知犯妇即为苏三。后得藩司潘必正、臬司刘秉义之助，与苏三团圆，有情人终成眷属。据《笠阁批评旧戏目》，清代《玉堂春》传奇曾演出于昆剧舞台。各地方戏剧在清代均有《玉堂春》演出，京剧版在嘉庆七年（1802）时就已由三庆班在京演出。清代笔记《众香国》记作者曾看到名角鲁龙官的演出，1828 年所作《金台残泪记》中也有"近日三庆部陈双喜年未及冠，演《关王庙》"（《关王庙》为全本《玉堂春》中的一折）的记载。

这些剧作以高度的情感张力和诗意化的表现手法，将人物的悲剧命运与对爱情的追求展现得令人动容。舞台设计上，通过巧妙地运用现代多媒体技术，如投影和光影，结合传统戏曲元素，营造出一种融合古今的视觉效果，使得观众在传统与现代的碰撞中，感受到故事的感人力量。演员通过肢体语言和歌唱，淋漓尽致地表现了人物的悲喜人生，使得这些古典故事在剧场中焕发出新的生命力。

冯梦龙作品的舞台剧改编，通过将文本转化为动态的剧场表演，不仅保留了原著的艺术价值，还利用剧场的即时性和互动性，使得故事的内涵得以更为深刻地传达给观众。剧作还对原作进行了适度的扩展，使得故事的情感层次更为丰富，观众能更深入地理解经典人物。从舞台剧改编案例中可以看出，无论是对社会现实的深入挖掘，还是对人物情感的细致刻画，冯梦龙作品都在现代剧场中展现出了无限可能性。

三、跨文化传播的视角

（一）冯梦龙作品在海外的接受与影响

冯梦龙作品在海外的接受与影响彰显了其作品的全球价值和持久魅力。作为明代通俗文学的集大成者，冯梦龙的"三言"作品因其深厚的文化内涵和生动的艺术表现，不仅在中国本土受到广大读者的喜爱，也在海外，特别是在东亚的日本和朝鲜半岛，以及西方世界，产生了深远的传播与影响。那么，冯梦龙作品的现代改编对中西文化交流有何贡献？这些改编作品又如何在不同文化环境中被接纳和诠释？

在东亚，冯梦龙作品的传播得益于历史的亲近和文化的交融。日本的"和刻三言"以及朝鲜的《今古奇观》译本，分别选编了部分冯梦龙的短篇小说，反映了"三言"在日本和朝鲜的高人气。这些作品因其丰富的故事内容和深刻的社会洞察，与当地读者产生了共鸣，不仅丰富了当地文学的多样性，也促进了东亚文化圈内的文学交流。

冯梦龙作品进入西方后，最初由明清时期的传教士作为传播媒介，他们将少量故事译介给西方读者。直到 20 世纪中后期，随着"三言"原本的重现，西方对冯梦龙作品的翻译和研究才逐渐活跃。例如，杨曙辉和杨韵琴夫妇的全译本 Stories Old and New: A Ming Dynasty Collection, Stories to Caution the World: A Ming Dynasty Collection, Stories to Awaker the World: A Ming Dynasty Collection 的出版，使得"三言"在英语世界得以更广泛地传播，不仅为西方学者提供了研究明清文学的宝贵资料，也使英语读者有机会直接接触和理解冯梦龙的文学世界。

冯梦龙作品在海外的接受并非被动的传递，而是通过多种方式与当地文化相融合，进行再创造。例如，改编成影视作品时，会考虑到目标受众的审美习惯和文化背景，使得冯梦龙的故事具备新的解读与表现形式。这些改编作品在海外的成功，不仅证明了冯梦龙作品的极高价值，也体现了跨文化传播过程中本土化的必要性。

冯梦龙作品的海外传播也促进了中西文化的交流与对话。他的作品通过翻译与改编，成为不同文化对话的桥梁，使世界读者有机会了解和欣赏中国传统文化的精髓。冯梦龙作品中的道德教诲和对社会的深刻剖析，令不同文化背景下的读者产生共鸣，从而推动了全球观众对人性、社会现象和道德伦理的思考。

历史上"三言"的译介和传播，对日本小说的发展影响颇大。一方面，许多日本作家如都贺庭钟、上田秋成等喜欢从"三言"取材，改译成带有鲜明日本特点的小说。在都贺庭钟改译的作品中，最为典型的是《繁野话》中的第八篇《江口妓女愤薄情怒沉珠宝》，大致情节基本用了《杜十娘怒沉百宝箱》的框架，不过都贺庭钟把《杜十娘怒沉百宝箱》这个发生在中国明朝的故事改成了日本镰仓时代的故事，女主人公的名字由杜十娘改为白妙，负心者官宦李布政之子李甲则被改为日本一任郡司箱崎太夫正方之子小太郎安方，为富不仁、居心不良者孙富则改成了名门浪人柴江酒部辅原绳，此外，也许是都贺庭钟认为原文由李甲亲自出面与孙富商谈出让自己的心上人这一情节过于伤天害理，因此在故事中增添了一个中介人——小太郎的表兄和多然重从中穿针引线。文中许多转折场景基本都是汉语原文的直译，如对两人交往后感情日笃、钱财渐少以及白妙起意从良等情节的描写，还有小太郎到处借钱无着的窘况、白妙与鸨母谈判的场面、小太郎私下转让了白妙以后与白妙的对话等。尤其值得注意的是，冯梦龙原故事中的中国成语、诗词、典故等内容，都贺庭钟都原封不动地在译作中保留，也许是当时日本还未找出恰如其分的译法。

冯梦龙作品在海外的接受与影响，既体现了其作品的文学价值和艺术魅力，也展现了跨文化传播的动态过程。它在不同文化中被接纳、诠释和创新，不仅丰富了世界文学的宝库，也促进了国际上对中国文学与文化的认知，进而推动了中国古典文学的当代价值与国际影响力的提升。

（二）跨文化改编中的挑战与创新

跨文化改编冯梦龙作品既是一次文化交融的尝试，也是一场对原著精神的考验。在这一过程中，改编者面临着如何在保持故事核心价值的同时兼顾不同文化背景下的审美趣味和价值观念的挑战。

首先，语言的转换是一个重要的挑战。冯梦龙的作品以其独特的白话文，承载了丰富的历史文化信息，而将这些微妙的表达转化为其他语言，尤其是西方语言，往往需要翻译者和改编者对原文有深入的理解，并在目标语言中找到恰当的对照。这既要忠实于原文，又要适应新的文化语境。

其次，改编者必须处理好文化差异。冯梦龙的作品深受明朝社会背景的影响，其中的风俗习惯、道德观念和价值观可能与当代观众的观念存在差异。如何在保留故事精髓的同时，使其与当代观众产生共鸣，是改编者必须面对的挑战。这通常需要对原著进行适当的改编，如添加新的情节，更新人物设定，甚至重新解读主题，以便更好地适应新的文化环境。

再次，跨文化改编还涉及对原著社会背景的重新诠释。冯梦龙作品中的许多故事都反映了特定历史时期的中国社会现实，而这些现实与当今世界的冲突或有相似之处，可以在改编中加以突出，从而引导新的社会讨论和反思。例如，通过将故事背景设定在现代或未来，改编者可以借古讽今，让古老的故事承载当代的社会议题。

创新则是跨文化改编的另一个重要方面。改编者通过创新的叙事手法、视觉风格或者表演形式，赋予冯梦龙作品新的生命。例如，电影和电视剧的改编可以通过视觉效果加强故事的情感冲击，舞台剧则能通过现场表演和戏剧张力增强故事的感染力。此外，改编者还可以引入现代艺术元素，如流行音乐、现代舞蹈或新媒体技术来重新演绎故事，使之更具现代感。

创新也体现在对原著主题的延伸和深化上。改编者可能会发掘原著中未被充分挖掘的主题，或者为原著提供新的解读视角。这不仅可以丰富故事的内涵，也可以使冯梦龙作品在不同的文化环境中产生不同的解读，从而在全球范围内引发多元的对话与思考。

在挑战与创新的交织中，冯梦龙作品的跨文化改编成为丰富的文化交流实践，它不仅展示了作品的价值，还推动了不同文化间的理解和交流。通过这种改编，冯梦龙的思想和价值观得以跨越时空，影响着全球的观众，同时也丰富了世界文学的多样性。

结合跨文化传播理论，我们探讨了改编作品在全球交流中的对话功能，以及如何通过改编促进冯梦龙思想的现代转化。冯梦龙作品的现代改编，无论是在国内还是国外，都显示了其作品的独特价值和文化魅力。改编作品通过融入当代议题，使古老的故事在新的文化语境中展现出鲜活的生命力，为全球观众提供了理解中国传统文化的独特视角。跨文化改编不仅是对原著的重新诠释，也是不同文化之间理解和对话的媒介。

跨文化改编的过程面临诸多挑战，如语言转换、文化差异的处理以及对原著社会背景的重新诠释。然而，正是这些挑战推动了改编者在保持故事核心的同时，寻求创新与突破，从而创造出既尊重原著又符合当代审美和价值观念的作品。这些创新性改编不仅丰富了世界文学的多样性和深度，也促进了全球化背景下的人文交流与理解。跨文化研究的深化将有助于我们更好地理解不同文化背景下观众对冯梦龙作品的接受与解读，从而为改编提供更准确的指导。

冯梦龙作品的跨文化传播也应关注其在教育领域的应用。针对改编作品，可以设计相关课程，让学生在欣赏文学作品的同时，学习中国历史和文化，从而提高全球青少年对中国文化的理解和尊重。同时，冯梦龙的思想，如对人性的深刻洞察和对社会的犀利批判，可以成为全球教育中讨论社会公正、道德伦理的重要素材。

冯梦龙作品的改编和跨文化传播应当与学术研究紧密结合，以推动对古典文学的现代解读。通过对改编作品的文本分析、观众反应研究以及社会影响评估，学者们可以深化对冯梦龙作品及其跨文化适应性的理解，为文学研究和文化政策制定提供实证依据。

冯梦龙作品的现代改编和跨文化传播是一个动态的、不断创新的过程，它既回应了当下社会的需求，也展现了古典文学的持久魅力。展望未来，冯梦龙作品的改编趋势将更加强调多元化、个性化和互动性。随着新媒体的崛起，如网络剧、网络电影、互动剧等形式的出现，冯梦龙的故事有望以更加丰富和多元的方式呈现，进一步扩大其国际影响力。

参考文献

［1］武雪菲：《中外戏剧影视文学改编的跨文化传播策略》，《戏剧之家》2024年第16期。

［2］张天宇：《科幻文化的跨媒介传播与跨文化接受度分析——以刘慈欣系列作品的影视改编为例》，《出版广角》2023年第10期。

［3］李军锋：《文化全球化与现代中国文学的跨文化传播——评〈跨文化的对话与想象：现代中国文学海外传播与接受〉》，《传媒》2023年第16期。

［4］张红玉：《跨文化视角下莎士比亚戏剧改编论略》，《戏剧之家》2024年第18期。

［5］詹慧欣：《跨文化传播视域下中国网络文学IP影视改编在美传播研究》，《文存阅刊》2023年第11期。

［6］胡斌：《从欧化语言到民族诗性语言的成熟——中国现代跨文化改编剧的语言嬗变》，《学术交流》2015年第11期。

［7］何俊：《新媒体环境下视觉符号的跨文化传播探究》，《新闻研究导刊》2023年第9期。

（张梦晗，苏州大学传媒学院教授、副院长）

冯梦龙小说中的社会伦理与道德观念研究

乐建新

摘　要：本文通过对冯梦龙"三言"等经典作品的解读，剖析其人物塑造与情节构建折射出的明代社会伦理道德观念，揭示了冯梦龙对于忠孝、仁爱、礼义、诚信等传统道德的诠释与创新，深入探讨了冯梦龙作品中蕴含的社会伦理思想及其对当时社会的影响，以及对当时社会现象的深刻批判。文章研究了冯梦龙小说对提升社会伦理和净化社会风气所产生的积极的道德教化作用，并探讨了冯梦龙小说社会伦理观念在现代社会的应用价值。对冯梦龙小说中伦理道德观念的现代解读，不仅有助于挖掘其文学艺术的影响，也能彰显其在文化传承与道德教化方面的当代价值。

关键词：冯梦龙小说；社会伦理；道德观念；文化传承

在中国文学史上，冯梦龙以其独特的文学才华和敏锐的社会洞察力，创作了"三言"等大量脍炙人口的小说作品。冯梦龙生活的明代后期，市民阶层崛起，经济繁荣，社会形态发生变化，社会结构日益复杂，这些为小说的内容和思想提供了肥沃的土壤。这一时期的小说创作，尤其是白话短篇小说，以生动的故事和鲜明的人物，深受市民阶层乃至文人阶层的喜爱。冯梦龙倡导的"文必通俗"原则，使他的作品能够深入人心，触及社会的各个层面，尤其是对道德伦理的关注更成为其小说的重要特征。他的作品在当时不仅具有娱乐性，更承担起道德教化的重任，对明代社会风气产生了深远影响。

一、冯梦龙小说概述

冯梦龙小说中的伦理道德观念，是对儒家伦理的继承与发展，也是对当时社会伦理危机的回应。在"三言"中，冯梦龙通过对忠孝、仁爱、礼义、诚信等传统道德的诠释，展现了对社会公正、个人品德的追求，以及对世风日下现象的批判。这在当时传统道德观念受到冲击的背景下，具有特殊的样本意义和重要的社会价值。然而，冯梦龙小说中的伦理道德观念并非完全墨守成规，而是大胆融入了个人情感、人道主义以及对封建礼教的挑战，使得这些伦理道德观念更具时代性。

（一）冯梦龙的创作与教化特色

冯梦龙的一生，科举之路坎坷，屡试不第，却在文学创作上取得了辉煌的成就。针对世上醉人多、醒者少的现实，冯梦龙要用文学创作来唤醒世人。所以他对《喻世明言》《警世通言》《醒世恒言》"三言"命名的解释是："明者，取其可以导愚也。通者，取其可以适俗也。恒则习之而不厌，传之而可久。三刻殊名，其义一耳。"①冯梦龙的这种创作态度，反映出他对文学功能的深刻理解，即文学不仅是精英文化的表现，更应面向大众，成为社会道德教化的工具。冯梦龙通过小说中的故事，寓教于乐，弘扬传统美德，对当时世风日下的社会现象进行辛辣的讽刺。

冯梦龙强调文学的通俗易懂性和艺术感染力，认为文学应当为大众服务，通过通俗易懂的故事，传达道德教化和社会批判。他的作品不仅包含对情的颂扬，对忠孝、仁爱、礼义、诚信的肯定，还包含对无德无行、官场腐败等社会现象的犀利批判。这些作品既满足了民众的娱乐需求，又在一定程度上引导了社会舆论，显示了冯梦龙作为文人对社会责任的深刻认识。

冯梦龙的小说作品，以其丰富的题材、生动的人物形象、细腻的心理描绘和深刻的道德教化而著称，赢得了广大读者的喜爱。他的作品不仅继承了古代小说的优良传统，更在创作手法和艺术表现上进行了大胆的创新。"三言"故事取材广泛，上至宫廷秘事，下至市井趣闻，涵盖了社会生活的各个层面，既有爱情婚姻的纠葛，也有道德伦理的教诲，还有对世态炎凉的揭露以及人生哲理的探索。冯梦龙以生动活泼的语言，刻画了丰富的社会人物，他们的喜怒哀乐、悲欢离合，都在他的笔下跃然纸上，使得这些故事具有极强的艺术感染力和教育意义。这些作品不仅在当时广为流传，而且对后世的小说创作产生了深远的影响。

"三言"中，有的以寓言和比喻的方式，讲述一个个引人深思的

---

① 魏同贤：《冯梦龙全集》第 3 册《醒世恒言》，凤凰出版社 2007 年版，序。

故事，旨在启发读者认识社会的世态炎凉，从而在生活中作出明智的选择，明辨是非。其中著名的故事如《杜十娘怒沉百宝箱》《卖油郎独占花魁》等，通过描绘普通人物的喜怒哀乐，对封建伦理的局限性和世态的不公进行了深刻的剖析。有的则以其辛辣的讽刺和对社会不良风气的鞭挞而闻名。冯梦龙通过这些故事，对世人的贪婪、虚伪、短视等不良品质进行了毫不留情的揭露，旨在警示世人，避免重蹈覆辙。如《羊角哀舍身救朋友》《王安石三难苏学士》等篇目，都在讲述故事的同时，寓教于乐，引导读者警醒，揭示道德的真谛。还有的则侧重于唤醒人们的道德良知，如《钱秀才错占凤凰俦》，冯梦龙试图唤起人们对传统美德的回归，尤其是对孝顺、忠诚、仁爱的崇尚。这些故事以恒久不变的主题，时刻提醒读者，即使在世事变迁中，道德的基石依然应当牢固。

除了写出人生百态、世间万象、江南风物，明代社会矛盾的激化也反映在冯梦龙的作品中。官场的腐败、阶级的差异、道德的沦丧，都通过他的笔触得以揭露。在"三言"中，冯梦龙通过对社会现象的描绘，传达出对社会公正的期待和对道德沦丧的忧虑，反映出对明代社会的深刻剖析。他的作品承载着那个时代的记忆，也传递了他对社会公正、道德教化的追求。

冯梦龙的作品主题丰富，涵盖了各种世俗生活场景，从爱情到友情、从经济活动到社会正义，无所不包。他巧妙地将道德观念融入情节之中，既不显生硬，又能深入人心，体现了他作为文学大师的高超技艺。通过这些故事，冯梦龙不仅展示了他对儒家伦理的深刻理解，也提出了对传统道德的创新诠释，如对于个人情感的尊重、对于封建礼教的质疑，以及对于社会公正的追求。

冯梦龙的小说作品以其鲜明的主题和深刻的道德内涵，成为明代文学中一道独特的风景。对其加以梳理、分析和古今对比研究，能得到很多经验教训和启示，不但有利于推进江南文化研究，还能为现代社会经济发展提供借鉴。

（二）冯梦龙笔下的苏州特色

冯梦龙的生平与苏州紧密关联，这使得他的创作深深地烙上了江南文化的印记。他的作品与苏州自然风貌和人文环境交融，令苏州的地域文化得到了淋漓尽致的展现。

1. 人物形象与苏州社会

冯梦龙笔下的人物形象丰富多彩，性格迥异，命运多样，每一个人物故事背后都与苏州的社会风貌和文化底蕴紧密相连。通过对这些人物形象的精心刻画和深入剖析，冯梦龙成功地展现了苏州社会的多元化和复杂性，同时也传达了他对社会现实的深刻洞察以及对人性的深入理解。

在冯梦龙的作品中，我们可以发现众多生活在苏州底层社会的人物形象。他们或许是街头的小贩，或许是河边的船夫，每一个人都在为了生活而努力奋斗。这些角色的刻画，不仅反映了当时苏州社会的阶层结构，也展现了普通百姓的生活状态和内心世界。例如，《钱秀才错占凤凰俦》中的高占善于经商、精于算计。《宋小官团圆破毡笠》中的船夫宋敦每天辛勤地在苏州的河道上划船载客，虽然生活艰辛，但他始终保持乐观的心态和对生活的热爱。再如《施润泽滩阙遇友》中的施润泽，在任何情况下都能保持一颗平常心，并因此获得了顺遂的生活。这些形象不仅展现了水乡城市苏州的人物风貌，也体现了普通劳动者坚韧不拔、积极向上的精神风貌。

冯梦龙在刻画人物时，善于运用苏州的地域文化和民俗风情作为背景。《王娇鸾百年长恨》中苏州府吴江县周廷章公子与小姐王娇鸾就在端阳这天开始交往；《况太守断死孩儿》中的无赖支助看中了寡妇邵氏，劝说得贵"吃杯雄黄酒应应时令"，利用端午习俗骗了得贵这个老实人，也毁了邵氏清誉，引发了一系列的惨剧；《蒋兴哥重会珍珠衫》中女主人公三巧儿生于七夕，美丽多情，陈商借助三巧儿七夕生日这个特殊时刻，猎色成功。这种细腻的笔触和深刻的洞察力，使得冯梦龙的作品具有极高的艺术价值和历史意义。《钱秀才错占凤凰俦》写了苏州吴江县太湖水域的婚俗："原来江南地方娶亲，不行古时亲迎之礼，都是女亲家和阿舅自送上门，女亲家谓之'送娘'，阿舅谓之'抱嫁'。"① 这些人物形象的刻画和风俗的描绘不仅体现了冯梦龙对社会现实的深刻洞察和对人性的深刻理解，也为后世读者提供了一扇了解明代苏州社会的独特窗口。

2. 情节设置与苏州背景

冯梦龙作品中的情节设置巧妙地穿插了苏州的历史和文化背景，

---

① 魏同贤：《冯梦龙全集》第 3 册《醒世恒言》，凤凰出版社 2007 年版，第 135 页。

这种融合不仅为故事增添了深度和真实感，也使得其作品更具有地方特色和文化内涵。他笔下的苏州，是一座充满历史积淀和文化底蕴的城市，这种城市的韵味通过历史事件、传说故事以及民间风俗等元素得以充分展现。如《金令史美婢酬秀童》提到的过年习俗"烧利市"：正月初五，"苏州风俗，是日家家户户祭献五路大神，谓之烧利市。吃过了利市饭，方才出门做买卖"①。

在描绘历史事件方面，冯梦龙善于将苏州历史上的重大事件或人物融入故事情节中。如《王安石三难苏学士》写苏东坡与王安石之间的故事，其中"七里山塘，行到半塘三里半"，乃是极富苏州特色的文化遗产。这种处理方式不仅为故事提供了宏大的历史背景，也使得读者能够更深入地了解苏州的历史沿革和文化传承。通过冯梦龙的笔触，我们可以窥见苏州在不同历史时期的风貌和变迁。

在传说故事的运用上，冯梦龙同样得心应手。他选取了许多与苏州相关的民间传说和故事，将其巧妙地编织进作品的情节之中。这些传说故事往往富有神秘色彩和地域特色，为作品增添了浓厚的文化气息。如《施润泽滩阙遇友》讲述了苏州府吴江县养蚕织户人家的习俗："那养蚕人家，最忌生人来冲。从蚕出至成茧之时，约有四十来日，家家紧闭门户，无人往来。任你天大事情，也不敢上门。"② 施复小心翼翼去这养蚕人家借火，给火这家恰恰是当年丢银子的那位，施复拾金不昧，阴差阳错地救下了自己的命。读者在阅读过程中，不仅能够感受到故事的引人入胜，还能领略到苏州独特的文化魅力和民俗风情。

二、冯梦龙小说中的社会伦理观念

（一）孝道伦理的体现

冯梦龙的小说作品中，孝道伦理是一个重要的道德主题，他在"三言"中通过一系列故事，对这一传统美德进行了多维度的探讨和展示。孝道在冯梦龙笔下不仅是对长辈的尊敬和照顾，更包含了对家庭和谐、社会秩序的维护，以及个人道德修养的提升。在明代社会，孝道伦理是维护封建礼教、稳定社会秩序的重要支柱，而在冯梦龙的

---

① 魏同贤：《冯梦龙全集》第 2 册《警世通言》，凤凰出版社 2007 年版，第 210－211 页。
② 魏同贤：《冯梦龙全集》第 3 册《醒世恒言》，凤凰出版社 2007 年版，第 357 页。

文学创作中，孝道伦理则被赋予了更多的人文关怀和现实意义。

在《李玉英狱中讼冤》中，李承祖历经艰难困苦，寻求父亲骨殖还乡，对此作者感慨不已："欲收父骨走风尘，千里孤穷一病身。老妪周旋僧作伴，皇天不负孝心人！"①《宋小官团圆破毡笠》中，虽然主人公宋金未被搡入水中加以陷害，而是岳父假装叫他下水推舟，扔在岸上将他遗弃，却也差点让宋金陷入绝境。但是最后当宜春除了孝服，将灵位抛向水中时，正如宜春对宋金所说，虽然爹妈做了对不起宋金的事，但毕竟日前也帮过他，"今后但记恩，莫记怨"，过往的一切也都随水而逝。正因为有这样对孝道的认识和感悟，所以小说对人性的理解、对人情的把握、对情理的演绎还是比较透彻和比较切合实际的。

《崔待诏生死冤家》描写了一个很有趣的情节：秀秀和崔宁私奔之后被抓，崔宁获释后，秀秀又赶来相会，不久秀秀的父母也来同住。最后才知道，秀秀被抓没多久，其父母就跳河自尽了；后来赶来随崔宁同行的秀秀，其实已被郡王打死，现在来的只是秀秀的鬼魂。但即使做了鬼，秀秀也要把父母接来同住，以尽孝心。这种人鬼情未了的孝心，以另一种形式反映了中国古代社会的孝道伦理。

《蔡瑞虹忍辱报仇》则更深入地剖析了孝道在社会矛盾中的复杂性。蔡瑞虹在随父母上任途中被劫，水匪杀害了她的父母，她侥幸活了下来，在辗转中屡遭强暴。她为了给父母报仇，也为了给蔡家留下骨血，忍辱苟活，在报仇雪恨和蔡家有后之后，不忍继续偷生，自杀身亡。她的儿子少年登第，上书陈述生母一生之苦，乞求旌表。皇上准奏，特建节孝坊。这里的节孝，有蔡瑞虹给父母报仇的孝（父母之仇，不报不孝），有蔡瑞虹给蔡家留后的孝（不孝有三，无后为大），有蔡瑞虹之子为母亲请立节孝坊的孝，不同的人、不同的角色、不同的尽孝，不同的人生际遇。冯梦龙通过这个故事，揭示了孝道在实际生活中可能遭遇的复杂困境和现实冲突，在弘扬孝道的同时，也对蔡瑞虹的遭遇进行了令人深思的剖析。

在冯梦龙的笔下，孝道伦理不仅是对古代儒家伦理的传承，更体现了他对社会伦理道德的创新性思考。他倡导的孝道，不仅是对长辈的义务，更包含了对个人情感的尊重、对家庭幸福的追求和对社会和

---

① 魏同贤：《冯梦龙全集》第3册《醒世恒言》，凤凰出版社2007年版，第593页。

谐的维护。这种充满人性、与时俱进的孝道观念，为当时乃至今天的读者提供了如何在日常生活中实践孝道的指导和启示。

（二）忠诚与信义的道德观念

冯梦龙的小说中，忠诚与信义是贯穿始终的道德基石，它们是构建和谐社会、维系人际关系的重要纽带。在"三言"系列中，冯梦龙通过塑造各种各样的人物，设计各种各样的情节，对忠诚与信义的内涵进行了多维度的探讨，既有对传统道德的坚守，也有对时代变革的响应。

忠诚，体现为对国家、对家庭、对朋友甚至对理想和信仰的坚定承诺，反映了冯梦龙对社会公正的坚守和对忠诚的高尚理想。信义则涵盖了诚实、守信等品质。在《警世通言》首篇《俞伯牙摔琴谢知音》中，冯梦龙对古代的知音故事加以改编，使之超越了音乐的范畴，融入了世俗的伦理道德，强调友谊、诚信和自然的契合，使得"知音"故事成为忠信仁义的典范，广为流传，对后世产生了深远的影响。在《陈多寿生死夫妻》中，未婚妻多福对浑身脓疮恶臭的陈多寿矢志不渝，宁愿一死也要嫁给他，当丈夫喝下砒霜寻死时，她也毅然喝下砒霜，准备同生共死！忠诚、信义，在一个小女子身上体现得淋漓尽致。在《卖油郎独占花魁》中，卖油郎秦重虽然一无身份，二无钱财，但为了能与花魁莘瑶琴双宿双飞，省吃俭用，不离不弃，始终如一，最终以忠诚和信义感动了花魁，尤其是秦重服侍醉酒后的莘瑶琴的那段描写，让莘瑶琴明白了"易求无价宝，难得有情郎"，终于向秦重提出"我要嫁你"，并表示"布衣蔬食，死而无怨"，有情人终成眷属。这也体现了作者对爱情、对忠诚的看法，相信精诚所至，金石为开，相信道德感化的力量。

冯梦龙在处理忠诚与信义主题时，并不回避社会的复杂性和人性的矛盾。《老门生三世报恩》中，"老学生"鲜于同为了报答三次选拔自己的恩师蒯公，虽然明知道蒯公并不喜欢自己，也是无意中才误打误撞推选了自己，却仍然一如既往，不计回报，三报师恩，忠信无二，"正要天下人晓得扶持了老成人也有用处"！《徐老仆义愤成家》中的徐老仆为了主人能过好日子，精打细算，辛勤奔波，任劳任怨，忠心不渝。通过这些生动的故事和鲜活的人物，抽象的道德观念具有了生命力和感染力，读者在欣赏故事的同时也深受道德教育。

冯梦龙的忠诚与信义观念并非单纯停留在道德教条层面，而是与人物的内心世界和生活经历紧密相连。在冯梦龙的作品中，忠诚与信义不仅关乎个人品质，也关乎社会秩序的维护和人际关系的和谐。在现代社会，冯梦龙小说中的忠诚与信义观念仍然具有极高的价值。在个人层面，它们提醒我们要坚守原则，尊重承诺，保持诚实，这对于建立良好的个人信誉和社会信用体系至关重要。在组织和公司层面，忠诚与信义则被赋予了更多的商业道德意义，如员工对企业的忠诚，企业对消费者的信守契约，这些都构成了现代市场经济的基础。此外，冯梦龙作品中的忠诚与信义观念，也为解决当今社会面临的诚信危机、道德滑坡等问题提供了重要的启示和借鉴。

（三）性别角色与家庭伦理

在冯梦龙的小说中，性别角色的塑造和家庭伦理的探讨是其社会伦理观念的重要组成部分。尤其是冯梦龙笔下的女性角色，无论是贤良淑德的妇人，还是敢于反抗的烈女，都体现了他对性别角色的深刻理解和对当时社会性别观念的复杂态度。通过这些角色，冯梦龙对传统家庭伦理进行了重新诠释，同时也对当时社会的性别不平等现象进行了批评。

例如，在《杜十娘怒沉百宝箱》中，主人公杜十娘虽然出身烟花之地，却具有聪明才智和独立精神，对爱情有着明确的追求。她对李公子的痴情，以及最后怒沉百宝箱的决绝，显示了对封建礼教约束下女性命运的反抗。这种对女性复杂情感和独立意志的书写，是对传统女性形象的一种突破，体现了冯梦龙对女性价值的理解和尊重。

《苏知县罗衫再合》等故事则展现了女性在面对不公时的坚韧与智慧。这些女性角色在困境中展现出的勇气和决断，无疑是对当时女性地位低下的社会现状的直接反映，也是对女性应有权利和价值的隐晦呼吁。

冯梦龙对于家庭伦理的探讨同样体现了他的创新思维和社会批判精神。他并未简单地遵从儒家的教条，而是深入家庭生活的细节，揭示了隐藏在传统伦理规范下的种种矛盾和冲突。例如，在富有时代特色的爱情作品《卖油郎独占花魁》中，卖油郎秦重对花魁莘瑶琴的爱情，虽然似乎违背了当时社会的婚姻观念，冯梦龙却以同情和理解的态度，展现了他们的爱情故事，挑战了门第观念。在冯梦龙作品中，小商人作为正面人物被大力肯定和歌颂，并通过生动的情节，宣扬了在婚姻和爱情上，可贵的不是金钱、门第、等级，而是彼此知心知意，相互尊重。这正是具有时代性的市民思想在冯梦龙作品中的表现。

冯梦龙小说中的性别角色与家庭伦理观念，展示了他作为文学大师的敏锐洞察和创新精神。他既继承了儒家伦理的精髓，又不拘泥于传统，通过故事中的角色和情节，引导读者思考性别角色的重新定义以及家庭伦理的现代解读。

三、冯梦龙小说对当时和后世社会风气的影响

（一）小说对社会道德观念的引导和提升

冯梦龙的"三言"系列以其独特的艺术魅力和深刻的道德内涵，对明代社会的道德观念产生了深远的影响。冯梦龙在"三言"中反复强调忠孝、仁爱、礼义、信诚等传统道德观念，这些观念在故事中得以生动展现。比如《老门生三世报恩》中的鲜于同，他三代报恩的故事，不仅弘扬了孝道，也警示世人勿忘恩情，体现了冯梦龙对于传统道德的坚守。冯梦龙还引导人们关注社会公正和人际关系的道德问题。他通过《杜十娘怒沉百宝箱》对社会不公展开猛烈批判，通过《王安石三难苏学士》对公正与权威加以探讨，不仅反映了冯梦龙对社会现实的深刻洞察，也为当时社会提供了道德行为的镜鉴。冯梦龙对于道德观念的创新性诠释，如对个人情感的尊重和对封建礼教的挑战，使得他的作品在道德教化的同时，也具有了时代性的启示。他对于女性角色的塑造，既体现了对传统女性形象的突破，也表达了对女性独立和价值的尊重。

值得一提的是冯梦龙对私利的警醒和抨击。《沈小官一鸟害七命》叙述了因一只画眉鸟而触发一连串凶杀，连丧七命的荒唐悲剧，而其中的罪魁祸首其实就一个"利"字。箍桶匠张公贪图名贵画眉鸟的利，杀了鸟主人沈秀；黄老狗的两个儿子大保和小保因为贪图赏钱，杀了亲生父亲，后因事发而双双毙命；买鸟的药商李吉因为进贡了画眉鸟而受屈被官府杀死；最后案情大白，张公被处死，张妻则被吓死。故事最让人寒心的是张公归案时供述，杀了沈小官，卖了画眉，"得银一两二钱，归家用度"。也就是说杀人的缘起，只是"一两二钱"的小利，而虽然悬赏金额一千五百贯比较多，但轿夫黄老狗居然为了这些钱就让儿子杀死自己去冒领！《桂员外途穷忏悔》主要叙述了桂员外夫妇被苏州府吴趋坊施济从破产自杀的道路上救起来，却忘恩负义，一心只想损人利己往上爬，最后遭受恶报的故事。这桂员外偶然

掘得施济埋在别院中的财宝，重新发家致富，后来施家到了儿子施还手中开始败落，无奈之中找桂员外求助，竟遭百般羞辱。施家最后只得变卖房产，所幸在出手前拆卸祖父卧房时居然在天花板内发现一册账本，其中记载了祖父埋藏在各处的财宝，终于翻身。而桂员外却经商遭骗再次败落，妻子及两个儿子都罹祸相继而亡，最后竟投胎变成了施家的三条狗。故事虽似荒诞，却极具振聋发聩的警示作用。

冯梦龙小说中的道德观念，因其深入人心的故事和丰富的人物形象，对当时社会道德观念的形成起到了潜移默化的作用。他的作品不仅弘扬了传统美德，也对那些不道德的行为进行了有力的批判，从而在社会层面上起到了净化风气、提升道德水准的作用。

（二）小说对社会风气的引导作用

冯梦龙的小说以其鲜明的道德观念和生动的故事，对当时的社会风气产生了深远的引导作用。

冯梦龙的作品以其贴近生活的故事情节和鲜活的人物形象，使得道德观念变得生动易懂。他将抽象的道德准则融入人物的日常生活和情感纠葛，使得读者在欣赏故事的同时，不自觉地接受道德的熏陶。例如，通过杜十娘的故事，人们不仅看到了一个女子对于爱情的忠贞，还体会到了封建礼教对女子的迫害；通过《老门生三世报恩》等篇章则呼唤社会恩义，直接或间接地对社会上的不良现象提出了批评。这种对社会现实的直接反映，激发了读者对现有道德价值观的重新思考，进而引发了人们进行道德自省，在一定程度上推动了社会伦理的自我净化与提升。

冯梦龙小说中的道德观念在当时具有强烈的现实针对性。他关注社会公正、人际关系的和谐以及个人品德的提升，这些主题都与当时社会的实际问题紧密相连。他在中国文学史上第一次把以手工业者、小贩、小商人及其妻女为主的城市平民作为正面人物写入作品，通过对市井生活、社会经济、爱恨情仇的描写，体现以人为本、尊重民生的德本思想。通过塑造道德楷模和揭示道德败坏的后果，冯梦龙抨击了人世间祸国殃民的腐败贪污现象，严厉警告那些效尤者"获祸者多矣"，显示出冯梦龙小说对于当时社会惩恶扬善的显著影响和积极意义。

同时，冯梦龙又是一个有着"我若作阎罗，世事皆更正"理想的人。他出任寿宁知县时，秉持"以勤补缺，以慈辅严，以廉代匮，做一分亦是一分功业,宽一分亦是一分恩惠"的理念,真心为百姓做事,开创了情法相宜的政德实践,被后人誉为"政简刑清,首尚文学。遇民以恩,待士以礼"。这体现在他的作品中,就是通过正面故事的讲述,体现德政的美好愿景,引导社会风气积极向善,鼓励社会成员遵循道德规范。如《薛录事鱼服证仙》中的青城县,在薛少府的治理下,百姓安居乐业,"处处田禾大熟,盗贼尽化为良民",夜不闭户,路不拾遗;《沈小霞相会出师表》中的沈炼,做了三处的县令,所到之处都是"吏肃惟遵法,官清不爱钱。豪强皆敛手,百姓尽安眠"。冯梦龙小说的教化意义,清晰可见。

(三) 冯梦龙小说的社会伦理观念在现代社会的价值应用

冯梦龙小说中的社会伦理观念不仅在明代社会中产生了深远影响,其智慧与教诲在现代社会中依然具有广泛的指导意义与应用价值。这些观念不仅是对传统的延续,更是对现代社会道德困境的深刻洞察和现实回应。它们在个人品德修养、社会公正维护及和谐人际关系构建等方面,展现出持久的启示与借鉴价值。

在个人品德修养方面,冯梦龙倡导的忠孝、仁爱、礼义、信诚等传统美德,在现代社会中仍具有一定的实践意义。例如,忠孝观念提醒我们尊重长辈,承担家庭责任,同时也要在个人发展与家庭期望中找到平衡;仁爱则鼓励我们关爱他人,追求公平与正义,以构建和谐的人际关系;礼义则是社会交往的润滑剂,它教导我们在日常生活中遵循社会规范,保持谦逊与尊重;信诚则是商业与人际关系的基石,它强调诚实守信,防止欺诈与失信现象的滋生。

在社会公正维护方面,冯梦龙小说中的道德批判与社会公正理念对现代社会同样具有启示意义。他对于社会不公的揭示,对金钱与权势的批判,对弱者的同情,以及对公正法则的呼唤,提醒我们关注社会中的弱势群体,倡导公平正义。

在和谐人际关系构建方面,冯梦龙作品中展现了各种人物如何在复杂的伦理关系中寻求平衡,通过他们的故事,我们可以学习如何处理人际关系中的冲突,如何尊重他人情感,以及如何在个人利益与集体利益之间找到合理的平衡点。

冯梦龙小说的社会伦理观念还对现代教育具有深远影响。教育者可以借鉴其故事,以生动有趣的方式向学生传授道德观念,培养学生的道德判断力与实践能力。同时,冯梦龙的作品也为文学教育提供了丰富的素材，通过分析与讨论，学生可以更深入地理解人性的复杂性，提高人文素养。

参考文献

[1] 申明秀：《论冯梦龙〈三言〉的雅俗整合——江南世情小说雅俗系列研究之九》，《沈阳大学学报（自然科学版）》2011 年第 4 期。

[2] 张玲：《"三言"中的苏州城市文化》，《今古文创》2021 年第 45 期。

[3] 吴晗：《论冯梦龙小说中的女性形象——以〈情史〉和"三言"为中心》，《山东女子学院学报》2024 年第 1 期。

[4] 伊崇喆、杨绪容：《冯梦龙改评明传奇的理论创新与独特的教化观念》，《艺术探索》2023 年第 5 期。

[5] 刘勇强：《冯梦龙的经典意识与"三言"的艺术品格》，《人民论坛》2023 年第 16 期。

[6] 丛新强、王光东：《文化主体性与传统文化精神的文学表达——以 1980—1990 年代的小说创作为核心》，《济南大学学报（社会科学版）》2024 年第 4 期。

[7] 赵益：《世情与因果：十六至十八世纪通俗小说中的商业伦理和社会伦理建设》，《安徽大学学报（哲学社会科学版）》2017 年第 4 期。

[8] 甄艳华：《盖斯凯尔社会小说中的多维度社会伦理观》，《英美文学研究论丛》2016 年第 1 期。

[9] 陈娱、朱光亚、刘歆立：《日常生活道德观念在青年中的冲突及其调适》，《广东青年研究》2022 年第 3 期。

（乐建新，苏州市冯梦龙研究会理事、苏州智汇旅游规划设计研究院副院长）

有海水的地方就有冯梦龙的作品
——冯梦龙民间文学的社会传播与文化影响

江恬恬

摘　要：冯梦龙作为明代杰出的文学家、戏曲家和思想家，以其对小说、戏曲、民歌、笑话等通俗文学的创作、搜集、整理、编辑，为后世留下了近3000万字的"文化富矿"，为中国文化作出了独特的贡献。冯梦龙的"三言"等作品自问世起便不仅风靡中国，也成为最早被翻译成外文的中国文学作品系列，被誉为"有海水的地方就有冯梦龙的作品"，为中外文化交流作出了重要贡献。本文深入探讨了冯梦龙如何通过其敏锐的洞察力和独特的文学才华，为民间文学作品赋予新的生命，并在明代社会中广泛传播，从而对社会文化产生深远的影响。

关键词：冯梦龙；民间文学；社会传播；文化影响

在中国古代文学史上，冯梦龙是一位不可或缺的伟大人物。他为后人留下了近3000万字的"文化富矿"，不但取得了较高的艺术成就，更创下了中国历代文人文学创作数量之最。他的作品也是最早被翻译成外文的中国文学作品，被誉为"有海水的地方就有冯梦龙的作品"。他的贡献尤其体现在对民间文学的搜集、整理与推广上。冯梦龙的文学实践和文学主张相辅相成，他不仅是民间文学的整理者，更是民间文学的传播者和创新者。他通过出版和传播这些通俗作品，使得民间文学得以跨越社会阶层，进入更多人的视野。他的作品通过士人书斋、市井茶楼、戏台剧场等多种途径广泛流传，对当时的文学风尚产生了重要影响，也对后世文学的发展起到了推动作用。

一、冯梦龙民间文学作品概述

冯梦龙以其对民间文学的热爱与贡献，成为连接雅文学与俗文学、精英文化与大众文化的桥梁。他虽科举不顺，未能在官场上大展拳脚，却在文学领域留下了大量的佳作，特别是对于民间文学的发掘与传播，使其在文学史上熠熠生辉。冯梦龙深知，文学要真正深入人心，必须与民众的生活紧密相连，因此他将目光投向了民间，深入民间，体验民众生活，采集富有民间气息的创作素材，敏锐捕捉平民阶层的情感表达和生活智慧，并将这些通俗而富有生活气息的故事带给大众。

（一）冯梦龙民间文学作品概述

冯梦龙极其博学。他曾在《麟经指月》一书的《发凡》中回忆道："不佞童年受经，逢人问道，四方之秘箧，尽得疏观；廿载之苦心，亦多研悟。"① 他的忘年交王挺说他"上下数千年，澜翻廿一史"②。冯梦龙博通古今，是通俗文学的全才，在小说、民歌、家常应用类方面都有撰作，并且取得了不俗的成绩。除了已失传的诗集《七乐斋稿》，存世的《双雄记》等戏曲，《太霞新奏》等散曲、曲谱，《王阳明出生靖难录》《中兴实录》时事类作品，方志类的《寿宁待志》，还有应试指南类的《春秋衡库》等，以及《折梅笺》《楚辞句解评林》等作品之外，他的民间文学作品主要有：

短篇白话小说类：《喻世明言》《醒世恒言》《警世通言》（合称"三言"）；

长篇历史演义：《有夏志传》《东周列国志》《两汉志传》《平妖传》《新列国志》《盘古至唐虞传》。

民歌类：《童痴一弄·挂枝儿》《童痴二弄·山歌》《夹竹桃顶真千家诗》。

笔记小品类：《智囊》《古今谭概》《情史》《笑府》《燕居笔记》。

家常应用类：《叶子新斗谱》（《牌经》《马吊脚例》）。

他的民间文学作品包括小说、民歌、笔记小品，以及牌经辅导之类的"杂书"，所涉甚广。

（二）"三言"解读

冯梦龙编选的《喻世明言》《醒世恒言》《警世通言》合称"三言"，各40篇，共120篇，不但代表了明代拟话本的最高成就，也是中国古代白话短篇小说的经典代表。

---

① 魏同贤：《冯梦龙全集》第17册《麟经指月》，凤凰出版社2007年版，发凡。
② 高洪钧：《冯梦龙集笺注》，天津古籍出版社2006年版，第11页。

这些作品题材广泛，内容复杂。有对封建官僚丑恶的谴责和对正直官吏德行的赞扬；有对友谊、爱情的歌颂和对背信弃义、负心行为的斥责，如《卖油郎独占花魁》这篇富有时代特色的爱情作品，宣扬了可贵的不是金钱、门第、等级，而是彼此知心如意，相互尊重；较多地写到市民阶层的经济活动，表现了小生产者之间的交往，反映了市民阶层的感情意识和道德观念，表现了资本主义萌芽时期的社会风貌，具有鲜明的新兴市民文学的特征。在艺术表现方面，"三言"与宋元话本一样，具有故事完整、情节曲折的特点，但篇幅更长，主题思想更集中，人情世态描绘得更丰富，内心刻画也更细腻。

值得注意的是，小商人、手工业者作为正面人物被大力肯定和歌颂，是一种新的现象，在一定程度上反映了时代的特征。例如，《施润泽滩阙遇友》写两个小手工业者之间的交往和友谊。嘉靖年间盛泽镇"开张绸机"的施复，在卖绸回来的路上拾到六两多银子，起先满心欢喜，但当想到可能给失主带来的严重后果时，毅然地把银子退回了失主。失主朱恩也是个以蚕桑为业的小手工业者，对施复感激万分。后来施复养蚕缺桑叶，去洞庭山买，无意遇上了朱恩，朱恩不但盛情款待，以桑叶接济他，还使他免于覆舟的危险。小说选择这样一个主题，歌颂这两个小手工业者之间的友谊，反映了中叶后城市工商业的繁荣，市民阶层的壮大。

（三）《智囊》解读

《智囊》《古今谭概》《情史》三部书，可谓冯梦龙在"三言"之外的又一个"三部曲"系列的小说类书。《智囊》之旨在"益智"，《古今谭概》之旨在"疗腐"，《情史》之旨在"情教"，均表达了冯梦龙对世事的关心。其中《智囊》是最具社会政治特色和实用价值的故事集，冯梦龙想由此总结"古今成败得失"的原因，其用意不可谓不深远。

《智囊》共收上起先秦下迄明代的历代智慧故事 1238 则，依内容分为十部二十八卷。《上智》《明智》《察智》所收历代政治故事，体现了冯梦龙的政治见解和明察勤政的为官态度；《胆智》《术智》《捷智》编选的是各种治理政务手段的故事；《语智》收录辩才善言的故事；《兵智》收集各种出奇制胜的军事谋略；《闺智》专辑历代女子的智慧故事；《杂智》专收各种黠狡小技以至于种种骗术。全书既有政治、军事、外交方面的大谋略，也有士卒、漂妇、仆奴、僧道、农夫、画工等小人物日常生活中的奇巧机智。书中涉及的典籍几乎涵盖了明代以前的全部正史和众多笔记、野史，这使这部关于智慧和计谋的类书还具有重要的资料和校勘价值。书中的《闺智》一部，记叙了许多有才智、有勇谋、有远见卓识的妇女，这在"女子无才便是德"的封建时代殊为难得。这也是明朝中后期才可能出现的时代现象。

（四）民歌解读

《挂枝儿》（又名《童痴一弄》）和《山歌》（又名《童痴二弄》）是冯梦龙编纂整理的两部民间时调歌曲专集。《挂枝儿》十卷，今存379首，大都是江南人依北方俗曲所作；《山歌》共十卷，380首，其中包括一些上千字的长篇，绝大部分是用吴语写成的吴地民歌。《山歌》中的长篇，大都是故事性的，说白和唱相杂，语气生动、情绪活泼的特点比那些短篇表现得更加充分，是研究吴地民间文艺的极好材料。

这两部民歌集更多地反映了晚明文学的特点及文人文学与民间文学的结合，其中有许多作品经过文人加工或改编，有些更直接出于冯梦龙本人及其友人之手；在编辑意识上，如《山歌》序所言，具有明确的反抗封建道德的目的，以前文人辑集的民歌还是以表现男女间的感情为主，在这两部集子中则有更多对于"欲"的肯定，以沈德符的话来说，就是带有"秽亵"。《挂枝儿》中的情歌常写得热烈而曲折深细，生活的真实感极强；《山歌》也以写男女私情为主，其放肆程度又较《挂枝儿》为甚，表现了当时民众大胆的抗争意识。

冯梦龙首次将民歌作为一种与正统诗文并列的文学样式，并从不同层面肯定了民歌的价值和地位。吴歌的历史源远流长。冯梦龙采录宋元到明中叶流传在民间的大量吴歌，用吴方言记录，辑录成《山歌》《挂枝儿》，以情歌为多，句式上发展为七言。吴歌是带有浓厚民族和地方特色的韵文，具有温柔敦厚、含蓄缠绵、隐喻曲折、吟诵性强的特点，在中国文学史上占有一席地位，在明代曾被称为"一绝"。2006年5月20日，吴歌被列入第一批国家级非物质文化遗产名录。

（五）文学思想分析

在文学上，冯梦龙重视通俗文学所蕴含的真挚情感与巨大教化作用，认为通俗文学为"民间性情之响"，"天地间自然之文"，是真情的流露。在《叙山歌》中，他提出"借男女之真情，发名教之伪药"①的文学主张，表现了冲破礼教束缚、追求个性解放的时代特质。对通俗文学的教化作用，他在《古今小说》序中说，"日诵《孝经》《论语》，其感人未必如是之捷且深"，通俗小说可以使"怯者勇，淫者贞，薄者敦，顽钝者汗下"②。

冯梦龙的文学主张主要有以下几点。

第一，主张"情真"。冯梦龙重感情，认为情是人与人之间最可贵的东西，甚至提出要设立一种"情教"，用它取代其他的宗教。他曾自负地说"子犹诸曲，绝无文彩，然有一字过人，曰真"③，又在《叙山歌》中说山歌"借男女之真情，发名教之伪药"。就小说而言，他认为文学应当反映真实的情感，教导人们以诚待人，追求自然和谐，要做到"事真而理不赝，即事赝而理亦真"④。

第二，强调文学作品的通俗性。冯梦龙收集整理了大量的吴地民歌、戏曲、笑话和智慧故事，它们不仅展现了吴地民间文化的独特魅力，也以其通俗易懂的语言和生动活泼的情节，赢得了广泛的读者群体。他虽然不反对文言小说，其《智囊》《情史》等作品中也收集了很多文言作品，但他更强调作品的通俗性，认为作品通俗易懂才具有强烈的艺术感染力。他在《古今小说》序中说："大抵唐人选言，入于文心。宋人通俗，谐于里耳。"⑤"文心"是指文人典雅的作品，"里耳"是闾巷平民的感受，只有通俗的作品才能得到闾里小民的欣赏。

第三，主张文学要有社会教化作用，而且要把社会教化的内容和通俗易懂的形式结合起来。他在《警世通言》序中举了里巷小儿听《三国》故事受小说人物影响的例子："里中儿代庖而创其指，不呼痛，或怪之。曰：'吾顷从玄妙观听说《三国志》来，关云长刮骨疗毒，且谈笑自若，我何痛为！'"⑥ 这个例子生动说明了通俗小说的巨大影响力，确实不是被奉为经典的《孝经》《论语》这类书所能达到的。所以，冯梦龙希望借着这些通俗作品去达到教化的目的。"三言"

---

① 魏同贤：《冯梦龙全集》第 10 册《山歌》，凤凰出版社 2007 年版，序。
② 魏同贤：《冯梦龙全集》第 1 册《古今小说》，凤凰出版社 2007 年版，第 3 页。
③ 魏同贤：《冯梦龙全集》第 10 册《太霞新奏》，凤凰出版社 2007 年版，第 166 页。
④ 魏同贤：《冯梦龙全集》第 2 册《警世通言》，凤凰出版社 2007 年版，第 663 页。
⑤ 魏同贤：《冯梦龙全集》第 1 册《古今小说》，凤凰出版社 2007 年版，第 2 页。
⑥ 魏同贤：《冯梦龙全集》第 2 册《警世通言》，凤凰出版社 2007 年版，第 663 页。

就是他"导愚""适俗"和"习之而不厌，传之而可久"的实践。"三言"形式和语言通俗，内容却涵盖了社会各个层面，既有对人性的深刻剖析，也有对社会现象的犀利批评，从"醒世""警世"的主题中，人们可以感受到冯梦龙对于道德教化的重视。

二、冯梦龙的文学创作与民间文学的关系

冯梦龙的创作，不仅丰富了明代文学的内涵，也对文学的雅俗融合产生了深远影响。他在通俗小说领域的成就，可谓达到了中国民间文学的巅峰。他的作品跨越了文学的高雅与通俗，将民间文学的精髓与文人文化的精粹完美融合，充满了民间的智慧、情感和生活气息，成为那个时代文学发展的一种独特现象。这既源于他对民间文学的深入研究，也源自他独特的文学创新。冯梦龙的代表作"三言"就是这种关系的显著体现。

（一）民间文学的收集与整理

冯梦龙在收集与整理民间文学的过程中，展现出了深厚的人文素养与敏锐的文化洞察力。他深知民间文学是社会生活的真实反映，是民众情感与智慧的结晶，因此，他的工作不仅仅是简单的记录，而是在尊重原貌的基础上进行筛选、加工和升华，使之成为能够触动人心的艺术作品。

冯梦龙认为文学作品的源头在于民间，因此他广泛地进行田野调查，深入民间，游历各地，亲自聆听和记录下那些流传在乡间巷尾的故事。他不局限于书面资料，而是亲身参与民间各种活动，甚至通过街头巷尾的闲聊等方式，获取了大量的原始素材。

对收集到的繁多且杂乱的素材，冯梦龙依据自己的文学修养和对社会现象的理解进行精挑细选。他提出了民歌编纂的总原则——"从俗谈"，并在体例的编排和评注的运用等方面创新形成了一系列有效的编纂方法。"三言"120篇，其中约三分之一是宋元话本，三分之二是明代拟话本；其中哪些是宋元旧篇，哪些是明代新作和冯梦龙拟作，已难一一辨明，但都程度不等地经过冯梦龙的增删和润饰。他注重故事的完整性、情节的趣味性以及道德教化的意义，力求在保留民间故事原汁原味的同时，赋予它们更深层次的社会意义。他对故事的改编不局限于内容的增删，还涉及人物塑造、情节布局，使其更具吸引力和教化意义。

冯梦龙在整理过程中，特别重视语言的通俗化。他力图用最贴近民众的语言讲述故事，使每一字句都能被普通百姓所理解。他在《警世通言》序中高度评价通俗小说的影响力，"而通俗演义一种，遂足以佐经书史传之穷"①；在《醒世恒言》序中更认为通俗小说可以"为六经国史之辅"②。他从与青楼妓女的交往中收集了不少故事和民歌，从民间和书肆也收集了不少故事和民歌。这些故事和民歌体现在他的"三言"等小说和《山歌》等民歌上，语言生动活泼又不失文雅，既有民间的泥土气息，又有文人的雅致韵味，这种独特的语言风格，使得他的作品能够跨越阶层，广为流传。

　　在编辑方面，冯梦龙强调故事的教化意义。他相信文学不仅用于娱乐，更是道德的镜子，是社会的教科书。因此，他常常在故事中融入对伦理道德的探讨，使读者在欣赏故事的同时也能得到道德的启示。他拒绝空洞的说教，而是巧妙地通过人物的言行，让读者在心底产生共鸣，自然而然地接受道德的熏陶。在编纂方法上，冯梦龙采用严谨的考据和精心的编排。他广泛收集历史记载、民间传说、戏曲故事等多方面的素材，从中筛选出那些合适的故事。如《智囊》以历代上千则智慧故事总结"古今成败得失"的原因，书中也有冯梦龙撰写的评语和夹批，可谓嬉笑怒骂皆成文章。

　　冯梦龙的民间文学收集与整理工作，不仅丰富了文学宝藏，也对明代的社会风气产生了深远影响。他的作品成为民间与士人阶层沟通的桥梁，使得文学在社会中的传播更为广泛，对民间文化的传承和文人文学的世俗化起到了关键作用。这种独特的文学实践，使得冯梦龙在文学史上占据了不可替代的地位，他的努力为民间文学的雅俗融合、情感表达以及教化功能的发挥树立了典范。

　　（二）借鉴和取材

　　"三言"中的故事多取材于民间传说和现实生活中的人物故事，如《杜十娘怒沉百宝箱》《卖油郎独占花魁》《金玉奴棒打薄情郎》《李秀卿义结黄贞女》《李公子救蛇获称心》《金令史美婢酬秀童》《钝秀才一朝交泰》《计押番金鳗产祸》《宋小官团圆破毡笠》《小水湾天狐诒书》《张廷秀逃生救父》《徐老仆义愤成家》等，它们以普通

---

① 魏同贤：《冯梦龙全集》第 2 册《警世通言》，凤凰出版社 2007 年版，第 663 页。
② 魏同贤：《冯梦龙全集》第 3 册《醒世恒言》，凤凰出版社 2007 年版，序。

百姓的日常生活为背景，讲述爱情、亲情、友情等情感故事，以及人生的喜怒哀乐。这些故事大都源于普通百姓，通过冯梦龙的整理和再创作，赋予了它们新的艺术生命和教化意义，使之成为流传甚广的文学佳作。冯梦龙善于提炼生活中的琐事，将其转化为富有哲理和教育意义的篇章，这正是他深刻理解民间生活，同时又以文人之笔赋予其艺术高度的体现。这些体现冯梦龙对于小人物命运的关注和人文关怀的故事，充满了民间的趣味性和真实性，展示了冯梦龙将民间素材与文人审美相结合的智慧。

冯梦龙的文学创作并非简单的复制民间故事，而是进行精心的改编和艺术加工。他注重江南风貌的呈现、情节的紧凑和人物形象的塑造，使故事在保持民间风味的同时，又增添了文人的深沉和细腻。如强化甚至添加对江南地域特色的描写，在《玉堂春落难逢夫》中，冯梦龙把王公子由河南人改为南京大族，而且故事发生地点都在"芦苇里"；而玉堂春设计脱身时，又三次提到"到船中等我""还有几船货物""船上又有货物并伙计数十人"这样的细节，都是江南司空见惯的场景。他的作品中，民间故事的朴素直接与文人文学的典雅精致交织，形成了一种独特的艺术风格，这种风格不仅丰富了文学的表现手法，也使得文学作品更能触动读者的内心。

冯梦龙的文学创作与民间文学的关系，还体现在他对民间故事的伦理教化功能的强化上。他常常在故事中融入道德训诫，引导读者反思社会现象，倡导道德规范及公正、忠信、勤劳、节俭的价值观。如《吕大郎还金完骨肉》中的吕玉，为寻子走南闯北，经历千辛万苦，在捡到陈朝奉所丢银两不为所动，归还之际，在陈家巧遇失散儿子。而在《施润泽滩阙遇友》篇中，更以大量篇幅，巧设情节，使施润泽拾金不昧终得好报，在太湖边避过灾难，强化"好心有好报"的信念。《刘小官雌雄兄弟》中的刘小官兄弟"少年志诚，物价公道，传播开去，慕名来买者，挨挤不开。一二年间，挣下一个老大家业"①，诚实经营，将生意做得红红火火。再看《徐老仆义愤成家》中的徐老仆从杭州雇船到苏州卖漆，又从枫桥买籼米到杭州出脱，精打细算，辛勤奔波，掌握了"货无大小，缺者便贵"的经商之道，通过两头带货，低卖高抛获利。《宋小官团圆破毡笠》中，已经成为南京城里赫

---

① 魏同贤：《冯梦龙全集》第3册《醒世恒言》，凤凰出版社2007年版，第207页。

赫有名富商的宋小官,从昆山去仪真寻亲时还不忘买布匹带去销售。他们都是通过勤劳节俭、经营有道而将生意发展起来的。这种寓教于乐的方式,使得文学的教化功能得以深入人心,而不再是高高在上的训诫。

冯梦龙的文学实践,无疑是对民间文学的深度挖掘和创新性发展。他不仅是一名收集者,更是一名创造者,他将民间文学的精髓与文人文化的精髓相结合,创造出既通俗易懂又具有深厚内涵的作品。这种融合使得文学作品在雅俗之间找到了平衡,得以跨越社会阶层,影响更广泛的读者。冯梦龙的文学创作,无论是在形式上还是在内容上,都与民间文学、民间文化、江南文化有着不可分割的联系,这正是其作品能够深入人心,得到广大读者喜爱的根本原因。

三、传播和影响

冯梦龙的作品,通过书坊、口头传诵、戏曲舞台以及士人之间的交流,得以广泛传播,影响了社会的各个层面。无论是士人阶层还是市井百姓,都能与冯梦龙的故事产生共鸣,体验到生活的酸甜苦辣,感受到真善美的力量。

(一) 在明代社会的传播途径

明代社会的传播途径多元而广泛,它们为冯梦龙的作品提供了广泛的受众基础,使得他的文学理念和民间故事得以迅速扩散,影响深远。

书坊出版是冯梦龙作品得以广泛传播的主要方式。明代中后期,随着印刷技术的进步,书坊如雨后春笋般涌现,它们成为文学作品流通的重要载体。冯梦龙的"三言"系列小说以及《山歌》等作品正是通过这种途径进入市场,被广大读者所熟知。书坊老板们慧眼识珠,看中了冯梦龙作品的市场潜力,纷纷将其出版成书。再加上冯梦龙自己就是出版家,对出版书籍驾轻就熟。这些书籍以亲民的价格和生动的内容吸引了各阶层的读者,尤其受到市井百姓的热烈追捧。书坊出版不仅使得作品数量大增,而且通过精心的装帧和宣传,使得冯梦龙及其作品的名声在文人和普通民众中迅速传播。

口头传诵也是冯梦龙作品传播的重要途径。在那个没有现代媒体的时代,口头传播是信息和艺术作品流传的主要方式。通过说书人、歌者和街头巷尾的闲聊,冯梦龙的故事被口口相传,从一个地方传到另一个地方，甚至跨越地域界限。故事的口头演绎往往富于变化，说书人会根据听众的反应和喜好进行即兴改编，使得故事更贴近听众的生活，更具吸引力。这种口耳相传的方式，使得冯梦龙的故事播撒在民众心中，成为他们生活中极为重要的一部分。如冯梦龙收集、整理的民歌集《挂枝儿》一经发布便产生轰动，冯梦龙同乡好友沈德符在其所著《万历野获编》中说，《挂枝儿》流传极盛，"不问南北，不问男女，不问老幼良贱，人人习之，亦人人喜听之，以至刊布成帙，举世传颂，沁人心腑"①。清初吴江人钮琇在其《觚剩·英雄举动》篇记载，"梦龙文多游戏，《挂枝儿》小曲，与《叶子新斗谱》，皆其所撰。浮薄子弟，靡然倾动，至有覆家败产者。其父兄群起讦之，事不可解"，冯梦龙前往西江求熊廷弼解救，相见之顷，熊居然问道："海内盛传冯生《挂枝儿》曲，曾携一二册以惠老夫乎？"②可以想见冯梦龙作品的受欢迎程度，以及盛名之下的各种非议和各种际遇。

戏曲改编也是冯梦龙作品在明代社会传播的重要途径。在明代，戏曲是一种深受民众喜爱的娱乐形式，而冯梦龙的故事因其强烈的戏剧性和丰富的情感，非常适合改编成戏曲剧本。许多戏班和艺人将"三言"中的故事搬上舞台，如《杜十娘怒沉百宝箱》《卖油郎独占花魁》等，通过演员的精湛表演和音乐的渲染，将冯梦龙的故事以舞台艺术的形式呈现给观众。戏曲的演出不仅限于城市，还深入乡村，让更多的人有机会接触到冯梦龙的作品，感受他笔下人物的喜怒哀乐。

冯梦龙作品的传播，还借助了士人之间的交流。许多士人在阅读了他的作品后，会通过书信、诗词等形式表达自己的欣赏和感悟，这在一定程度上也推动了作品的传播。同时，士人们在宴集、游园等社交活动中，也会诵读或讲述冯梦龙的故事，这些场合成为作品传播的另一条重要渠道。

（二）对社会文化的深远影响

冯梦龙在创作理念上强调文学作品的"情真"，反对虚饰与矫情，这一主张对后世的文学创作具有深远影响。冯梦龙的作品充满了真挚的情感和对生活的深刻洞察，这种对真实性的追求，以及他对文学通俗性的倡导，使得他的作品在情感表达上独具魅力，成为后世作家们

---

① 沈德符：《万历野获编》，黎欣点校，文化艺术出版社1998年版，第692页。
② 陆林：《清代笔记小说类编·奇异卷》，王欲祥选注，黄山书社1994年版，第69页。

追求真实情感流露的典范，也成为普罗大众的精神食粮。

冯梦龙的文学作品在明代社会中产生了深远的文化影响，这种影响既体现在文学形式的创新上，也体现在他对社会现象的深刻揭示和道德教化的强化上。他的文学实践使得文学不仅仅是精英阶层的专利，而是真正成为连接社会各个阶层的桥梁。

冯梦龙的文学作品对于明代社会的价值观有着显著的导向作用。他的作品充满了对真善美的追求，如《杜十娘怒沉百宝箱》传达了对真爱的坚守和对物欲的批判，这种观念无疑在一定程度上影响着社会对于婚姻和财富的道德评价。《卖油郎独占花魁》则通过一段普通的爱情故事，传递了通过勤劳、诚实赢得幸福的价值观。这些故事都成为当时道德教育的鲜活教材。冯梦龙的作品对于人们道德观的塑造起到了积极的推动作用。他的作品充满了对人性的剖析，尤其是对正直、孝顺、忠诚等传统美德的弘扬，有着显著的社会教化功能。

冯梦龙通过文学作品对人们的文化生活产生了重要影响。他的作品语言生动，故事引人入胜，既有民间的泥土气息，又有文人的雅致韵味，这使得他的作品在各个社会阶层中都有广泛的读者基础。他的文学实践不仅丰富了文学的表现手法，还促进了民间文学与文人文化的交融，推动了文学的雅俗共赏，使之成为社会文化生活的重要组成部分。他的作品不仅在当时受到大众的欢迎，而且为后世的学者提供了了解明代社会和文化的重要窗口。

作为明代文学的瑰宝，冯梦龙的文学作品不仅在中国文学史上占有重要地位，其影响力还跨越了国界，对国际文学产生了深远的影响。随着文化交流的深入，冯梦龙的"三言"等作品逐渐被译介到世界各地，成为东亚乃至全球读者了解中国传统文化与民间智慧的重要窗口。冯梦龙的作品，无论是在东亚的日本、韩国，还是在西方的欧美，都以其独特的艺术魅力和深刻的文化内涵，赢得了读者的热爱。

当代，随着全球化进程的加快，冯梦龙作品的传播更为广泛。网络技术的发展使得他的故事得以通过电子书、网络平台和社交媒体等新形式传播到各地，让各地读者特别是年轻读者，通过这些便捷的途径接触冯梦龙的故事，进而了解中国传统文化，进一步促进了跨文化交流。冯梦龙的文学遗产在全球范围内的传播与影响，不仅证明了中国文学作品的艺术魅力和独特价值，也体现了文学作为人类共通语言的力量。

（三）作品的现代转化

冯梦龙的文学作品是古代民间文学的瑰宝，其影响力跨越数百年，至今仍被广泛传读与研究。在现代，冯梦龙的作品在新的文化语境中焕发新生，经历了多样化的解读、改编与创新，不仅丰富了现代文学的多样性，也在一定程度上影响了现代文化的发展。

冯梦龙的"三言"等作品被现代学者和作家当作文学研究的重要素材，他们通过对这些作品的再创作和改编，赋予了故事新的内涵和解读。例如，《杜十娘怒沉百宝箱》《卖油郎独占花魁》等故事在电影、电视剧、舞台剧和网络小说中被重新演绎，这些改编作品不仅忠实于原著精神，还融入了现代视角和价值观，使故事更贴近现代观众的生活体验。这些现代改编不仅保留了冯梦龙作品的精髓，还通过新的艺术形式扩大了其影响力，使之成为跨时代的经典。

冯梦龙的故事在现代媒体中得到广泛应用，成为流行文化的重要元素。在社交媒体上，冯梦龙作品中的故事和名言警句被改编成漫画、网络短片和短视频，通过更为直观和活泼的形式吸引年轻一代的关注。这些现代诠释既保留了故事的传统文化，又为故事注入了现代元素，使得这些传统故事在快节奏的现代生活中为人们所了解、熟知。

冯梦龙的文学主张对现代文学仍有启示作用。他的"情真"理念对现代文学作品的情感表达产生了深远影响，许多现代作家在创作时，都将真情实感作为首要的追求。冯梦龙倡导的文学通俗化，使得现代文学创作更注重语言的亲民化，以易于理解的方式传达深层次的主题。同时，他的作品对于社会现象的讽刺和对道德教化的关注，也为现代作家提供了批判现实和弘扬价值观的借鉴。

冯梦龙的文学遗产在教育领域也得到了现代转化。他的作品被收入语文教材，作为学生了解传统文学和历史的窗口。教师们通过引导学生分析冯梦龙作品中的情节、人物和主题，不仅让学生接触到中国传统文化，还培养了他们的思辨能力。这种教育方式加深了学生对历史文化的认知，提升了他们的人文素养。

冯梦龙作品的现代转化，体现了文学作品跨越时空的魅力。它们不仅在形式上与现代文化相融合，更在主题和价值观上与现代社会产生了共鸣。这种转化过程，既是对冯梦龙文学成就的致敬，也是对传统文化的活化传承，证明了优秀文学作品的永恒价值。在现代社会，冯梦龙的作品将继续以其丰富的内容和深刻的主题，影响着新一代的读者,成为连接过去与现在、传统与现代的桥梁。

参考文献

[1] 申明秀:《论冯梦龙〈三言〉的雅俗整合——江南世情小说雅俗系列研究之九》,《沈阳大学学报(自然科学版)》2011 年第 4 期。

[2] 武雪菲:《中外戏剧影视文学改编的跨文化传播策略》,《戏剧之家》2024 年第 16 期。

[3] 李军锋:《文化全球化与现代中国文学的跨文化传播——评〈跨文化的对话与想象:现代中国文学海外传播与接受〉》,《传媒》2023 年第 16 期。

[4] 詹慧欣:《跨文化传播视域下中国网络文学 IP 影视改编在美传播研究》,《文存阅刊》2023 年第 11 期。

[5] 胡斌:《从欧化语言到民族诗性语言的成熟——中国现代跨文化改编剧的语言嬗变》,《学术交流》2015 年第 11 期。

[6] 何俊:《新媒体环境下视觉符号的跨文化传播探究》,《新闻研究导刊》2023 年第 9 期。

[7] 吴晗:《论冯梦龙小说中的女性形象——以〈情史〉和"三言"为中心》,《山东女子学院学报》2024 年第 1 期。

[8] 伊崇喆、杨绪容:《冯梦龙改评明传奇的理论创新与独特的教化观念》,《艺术探索》2023 年第 5 期。

[9] 刘勇强:《冯梦龙的经典意识与"三言"的艺术品格》,《人民论坛》2023 年第 16 期。

(江恬恬,博士,江苏开放大学教师)

冯梦龙笔下女性世界的形象解读与社会地位探析

刘冬梅

摘　要：冯梦龙作品中塑造了一系列形象各异、个性鲜明的女性形象。既有温婉贤良的传统女性，也有机智勇敢，虽身处困境仍能依靠自己的智慧与努力改变命运的女性；有侠女、烈女乃至妓女，还有女扮男装的角色。这些角色不仅丰富了文学作品中的人物形象，更在一定程度上反映了明代社会的女性地位，为我们理解当时社会的性别关系以及由此生发的社会关系提供了宝贵视角。本文试图通过历史比较，剖析冯梦龙作品中的女性形象，探讨她们的社会地位，探索这些女性形象的文学价值和时代意义。

关键词：冯梦龙作品；女性世界；形象解读；社会地位

冯梦龙作品中塑造了一系列形象各异、个性鲜明的女性形象。这些角色不仅丰富了文学作品中的人物形象，更在一定程度上反映了明代社会的女性地位，为我们理解当时社会的性别关系以及由此生发的社会关系提供了宝贵视角。本文将深入剖析冯梦龙作品中的女性角色，探讨她们的社会地位，探索这些作品对现代性别平等观念的启示。

一、冯梦龙与明代社会背景

冯梦龙的文学成就主要体现在"三言"及《山歌》《智囊》《情史》等作品上。这些作品不仅在当时广受欢迎，而且至今仍被后世读者所青睐，对中国通俗文学的发展产生了深远的影响。冯梦龙以其独特的文学视角和敏锐的社会洞察力，对当时的社会现象进行了深入剖析，特别是他对女性形象广泛而深刻的刻画，更是独具慧眼、别具匠心，反映出明代社会的时代性、复杂性与多样性。

明代社会背景对冯梦龙的文学创作产生了深远的影响。在经济方面，明代中后期，江南地区经济繁荣，商品经济的发展为女性提供了更多的社会角色和活动空间，女性在家庭经济中扮演了重要角色，如纺织业中的女性劳动者，以及家庭财富的管理者。文化教育方面，随着心学的兴盛，如王阳明"致良知"和"百姓日用即道"的思想，使人们对于个体生命的关注和尊重达到了新的高度。这也体现在对女性教育和自我认知的提升上。在这样的社会背景下，女性的地位和角色变得更加多元化。虽然传统的贞节牌坊观念依然存在，但女性在婚姻选择、经济活动甚至精神追求上，都有了一定程度的自主性。

冯梦龙在思想上深受李贽的影响。李贽主张男女在人格上是平等的，在《答以女人学道为见短书》中，认为"谓人有男女则可，谓见有男女岂可乎？谓见有长短则可，谓男子之见尽长，女人之见尽短，又岂可乎？"①并对历史上有作为的女性给予了极高的评价。与李贽一样，冯梦龙也肯定妇女的才智，提出"情教说"，在《智囊》中专辑《闺智部》一卷，表彰古今才女，认为"妇智胜男"，即使不胜，亦无不及。冯梦龙任寿宁知县时，为禁止当地溺杀女婴的陋俗，亲自起草发布《禁溺女告示》："一般十月怀胎，吃尽辛苦，不论男女，总是骨血，何忍淹弃。为父者你自想，若不收女，你妻从何而来？为母者你自想，若不收女，你身从何而活？况且生男未必孝顺，生女未必忤逆。"② 在"女子无才便是德"的封建时代，提倡男女平等无疑是需要极大勇气的。在这种背景下诞生的冯梦龙作品，以同情和赞美的笔触，描绘了不同类型的女性形象，打破了传统文学中对女性的刻板印象。冯梦龙的作品中充满了对女性复杂人性的理解和尊重，体现了当时社会观念的开放与包容。

在冯梦龙的作品中，女性不再是被动的接受者，而是具有独立思考和主动性的个体。他强调情感的合理性，鼓励女性追求幸福，为女性争取婚姻自由和平等权利提供了文学上的支持。他的这种文学实践，无疑是对当时社会性别角色的挑战，也是对传统道德观念的反思。然而，冯梦龙的女性观念并非一蹴而就，其作品中的女性形象体现了社会变迁的复杂性和矛盾性。他一方面同情女性在传统道德下的困境，另一方面又受到传统伦理观念的约束，甚至对某些"非主流"女性角

---

① 李贽：《焚书》，李竞艳注说，河南大学出版社2016年版，第231页。
② 魏同贤：《冯梦龙全集》第15册《寿宁待志》，凤凰出版社2007年版，第31页。

色的描绘仍然保留了某种程度的批判。比如他一方面追求真情，倡导专情，《卖油翁独占花魁》描写了见惯了风月场上虚情假意的妓女莘瑶琴出于对真爱的追求，选择了让她感受到人与人之间尊重的卖油郎秦重；《杜十娘怒沉百宝箱》中的杜十娘，在那么多风流少年中选择李甲，主要是因为他忠厚赤诚；对《蒋兴哥重会珍珠衫》中出轨的王三巧给予理解和同情。这种复杂性恰恰反映了明代社会在性别关系上的矛盾，以及社会观念转变的渐进性。

二、冯梦龙笔下的女性角色分类

在冯梦龙的笔下，女性形象丰富多样。既有温婉贤良的传统典范，如杜十娘那样美丽聪明，对爱情忠贞不渝，最终却遭遇背叛的；也有玉堂春那样机智勇敢，虽身处困境却仍能依靠自己的智慧与努力改变命运的女性。女子形象的多样反映了冯梦龙对女性命运多舛的深刻同情，对社会不公的批判，也体现了冯梦龙对女性坚韧与智慧的肯定。

（一）冯梦龙作品中的女性分类及解读

冯梦龙作品中所塑造的多种多样的女性形象，既具有鲜明的个性特征，又承载着深刻的社会寓意，在很大程度上体现了江南女性在传统与变革间的复杂处境。一方面，冯梦龙尊重和赞扬女性的美德，如贞洁、孝顺和勤劳，这些是儒家伦理对女性的基本要求；另一方面，他也揭示了女性在社会中的局限，如《金玉奴棒打薄情郎》中的金玉奴，她的命运被男性主宰，即使聪明能干，最终仍需依靠男性的拯救。这种矛盾反映出冯梦龙对女性命运的深刻同情和对社会变革的渴望。通过细致的分类和分析，我们可以更深入地理解这些女性角色在冯梦龙笔下的意义以及她们在当时社会中的地位与角色。

贤妻良母。在冯梦龙的笔下，贤妻良母这一传统形象占据重要地位。这些女性通常表现为孝顺、贤惠、持家有道，对丈夫和家庭忠诚，展示了传统伦理价值观中女性的理想形象。她们的存在，不仅维护了家庭的和谐，也体现了社会对女性在家庭角色上的期待。《沈小霞相会出师表》中的沈炼是浙江绍兴人，面对强大的恶势力，沈妻闻淑女在他被抓后及机智逃脱上都给予了至关重要的谋划和帮助。又如《钝秀才一朝交泰》中的马德称历经重重磨难，由南到北到处投靠，未婚妻黄小姐坚持辅助他读书，使之由一个"钝秀才"最终成为众人称羡的金榜骄子。

才女。冯梦龙在作品中也塑造了许多才女角色，她们不仅聪明有才智，而且在文学、艺术等领域有非凡的才能。如《苏小妹三难新郎》中的苏小妹，她以机智和才情赢得了众人的赞誉，打破了"女子无才便是德"的传统观念。才女形象的出现，展现了女性的力量，挑战了主导知识领域的男性权威，为女性争取了一定的社会地位。冯梦龙的作品中，不乏通过教育改变命运的女性形象，如《刘小官雌雄兄弟》中的刘方，聪明好学，最终依靠自己的才智和胆识赢得了幸福的生活。这种对女性教育的肯定，与江南地区相对开放的社会风气相吻合，反映了江南女性在教育和智识上的可能性。

侠女。冯梦龙笔下还有侠女形象，如《杨谦之客舫遇侠僧》写浙江永嘉人杨谦之选官贵州安庄县，此处虽然盛产金银珍宝，怎奈蛮荒之地，离家千里，因而内心孤独恐惧。只因在镇江坐船时让一僧人搭船，此僧人便安排一美貌妇人相伴。此女子先知先觉，让其避过江上风浪，躲过路途官司，击败当地妖法，三年任满，安全返回临安。《蔡瑞虹忍辱报仇》中的蔡瑞虹，为了报仇忍辱负重，等待时机将匪首陈小四一伙问罪伏法。她们通常英勇、刚烈，能够超越性别界限，展现非凡的勇气与正义感。侠女的出现，不仅反映了晚明社会对个人英雄主义的崇尚，也在一定程度上体现了女性对突破传统束缚，追求自由和平等的渴望。

烈女。明太祖即位后，把朱熹作注的"四书五经"作为科举考试的唯一标准教材，各种伦理规范被提升到空前的高度，尤其是对女性的约束到了极致。当时女性通过守贞既可获得精神性的表彰，又可获得物质性奖励。因此，明朝仅史册记载的女性就有上万人。在面对复杂多变的婚姻问题时，青年女性一般以守贞作为处理婚姻问题的主要手段。《大树坡义虎送亲》中，勤自励在外当兵，与未婚妻潮音一直没音讯。当潮音父母劝女儿改嫁时，遭到女儿的严词拒绝。《陈多寿生死夫妻》中，未婚妻多福对浑身脓疮恶臭的陈多寿矢志不渝，宁死也要嫁给他，坚决反对改嫁；当婚后丈夫喝砒霜寻死时，她也毅然喝下砒霜同死！这样的婚姻命运，现在看来令人唏嘘，可是冯梦龙却对此倍加称赞，"三冬不改孤松操，万苦难移烈女心"[1]。对《陈御史巧勘金钗钿》中的阿秀、《范鳅儿双镜重圆》中顺哥忠贞不贰的行为，

---

[1] 魏同贤：《冯梦龙全集》第3册《醒世恒言》，凤凰出版社2007年版，第180页。

冯梦龙也是大加赞赏。《王娇鸾百年长恨》中的王娇鸾，面对负约的周廷章，并不是像杜十娘那样默默受气，"怒沉百宝箱"，而是在临死之前设计惩罚负心汉，死后让周廷章在公堂上被乱棍打死，令满城人无不称快。这也是烈女的一种。

寡妇。《白娘子永镇雷峰塔》中的白娘子，第一次向许宣介绍自己时，就说自己是个寡妇，想和官人有宿世姻缘，而许宣也认为"真个好一段姻缘"。白娘子没有因为自己是个寡妇就不敢再追求自己所爱的人，许宣也没有因为爱上自己的人是个寡妇而不接受，而是自主自由地追求爱情和婚姻。在向来看不起寡妇的中国古代社会，"三言"中有这样的描绘，堪称惊世骇俗。

妓女。对于妓女，冯梦龙的描绘更为复杂和人性化。《卖油郎独占花魁》中的莘瑶琴和《杜十娘怒沉百宝箱》中的杜十娘，尽管身份低微，但她们的才情、情感与命运的悲剧，展现了她们坚韧的性格和对爱情的执着。《赵春儿重旺曹家庄》中的主角曹可成本是扬州一个"专一穿花街，串柳巷，吃风月酒，用脂粉钱"的"呆子"，出身妓女的赵春儿却为了答谢曹可成的赎身之恩，毅然在曹可成穷困之际来到他身边，助其重整家业，"若与寻常男子比，好将巾帼换衣冠"①，充分表现了冯梦龙对女子的尊重。这些角色揭示了社会对女性身份的双重标准，同时也传递出冯梦龙对女性个体情感的同情与理解。

牙婆。"三言"中对牙婆的描写也比较多而集中。牙婆亦称牙媪或牙嫂。她们除了介绍人口买卖，还充当其他买卖的中介人。她们是一个特殊群体，大多是年纪大的老妇，往往精于世故，能言快语，喜贪不义之财，常常连哄带骗地为人撮合不和谐的婚姻，不择手段地为男女私情牵线搭桥。她们具有商人的共同特点，贪婪地追求金钱，甚至不惜触犯道德底线。如《蒋兴哥重会珍珠衫》中的徽商陈商"忽然想起大市街东巷，有个卖珠子的薛婆，曾与他做过交易"②，这个薛婆就是从事牙行的老人，她的珠子都是代人出售的，她只是从中赚些小钱。王三巧和陈商这对见不得光的恋情就是薛婆串掇的，枉送了陈商性命。《陆五汉硬留合色鞋》里的陆婆就是"以卖花粉为名，专一做

---

① 魏同贤：《冯梦龙全集》第 2 册《警世通言》，凤凰出版社 2007 年版，第 472 页、第 479 页。

② 魏同贤：《冯梦龙全集》第 1 册《古今小说》，凤凰出版社 2007 年版，第 7 页。

媒作保，做马泊六，正是他的专门"①。当然，牙婆也有好人，如《杨八老越国奇逢》中漳浦的蒋妈妈就是个本分的牙人。

出轨的妇人。人世间的故事五花八门，但起因不外乎家庭、友情，抑或欲念、贪婪。中国是一个以家庭为中心、以孩子为核心的社会，家国一体，大国小家。但资本主义经济发展带来的冲击，使越来越多的人开始弃文经商、离家远行。长年经商在外，会给原来的生活模式带来不小的冲击，首当其冲的就是家庭婚姻关系。当时的商贾，很多都是长途贩运者。分别日久，在外寂寞，就容易发生情变，繁华市镇上的众多酒肆歌楼更容易催生婚变。如《蒋兴哥重会珍珠衫》中的三巧儿，《吕大郎还金完骨肉》中的吕玉，虽然夫妻情深，但单身久了还是发生了出轨的事情。这在很大程度上与明代中后期人们开始摆脱传统思想的牢笼，倡求"目极世间之色，耳极世间之声，身极世间之鲜""极声妓之乐"的感官享受的社会思潮有关，也与商业经济冲击有关。出轨的也有两种情形：一种是出轨后心怀愧疚，不去害人的，如《蒋兴哥重会珍珠衫》中的三巧儿；还有一种是出轨后想谋害亲夫的，如《玉堂春落难逢夫》中商人沈洪的妻子皮氏，有了奸情后毒杀沈洪，嫁祸给玉堂春，最后事发。

最后用《李玉英狱中讼冤》中众多的女性形象来印证冯梦龙作品中女性形象的丰富性、复杂性和冲突性。明朝正德年间，锦衣卫千户李雄的夫人何氏产后染病去世，留下三女一男无人照应。儿子名承祖，长女名玉英，次女名桃英，三女名月英。娶的后妻焦氏心肠有些狠毒，见了李雄的四个小儿女便生嫉妒之念。重病中的李承祖被遗弃，被个孤孀老妪收留救治，邻居却在一旁看笑话，作者评价道："看官，你想那老妪乃是贫穷寡妇，倒有些义气。一个从不识面的患病小厮，收留回去。看顾好了，临行又赍赠银两，依依不舍。像这班邻里，都是须眉男子，自己不肯施仁仗义，及见他人做了好事，反又啐唇簸嘴。可见人面相同，人心各别。"② 同样是寡妇，这个老婆婆和李雄死后也成为寡妇的焦氏，一个仁义宽厚，一个刻毒凶狠。再看李雄的三个女儿，小女儿月英被逼着沿街抄化，次女桃英被焦氏卖作婢女，长女玉英备受欺压凌辱。懦弱的月英，凶残的焦氏，纠结的玉英，都写得栩

---

① 魏同贤：《冯梦龙全集》第 3 册《醒世恒言》，凤凰出版社 2007 年版，第 304 页。
② 魏同贤：《冯梦龙全集》第 3 册《醒世恒言》，凤凰出版社 2007 年版，第 589 页。

栩如生。月英偷偷去见姐姐，被焦氏瞧见打个半死，犹如老鼠见猫，胆丧心惊，但月英虽答应焦氏不再来探望姐姐，终是同胞情分，割舍不下，过了两三日，每多求乞得几十文钱，就悄悄地踅到监门口来，买通狱卒进去探望，最后还能挺身帮姐姐投送申诉状。生动写出了一个胆小却善良，也能见机行事的小姑娘形象。而月英上奏的状子，在阐明事实之余，对那么恶毒的焦氏尚有"臣母之过，臣不敢言……先将臣速斩，以快母氏之心"①之类的话语，足见月英的善良、孝顺，以及传统礼教的影响。

冯梦龙作品中的女性观反映了他对江南女性的复杂理解，既揭示了女性在社会中的局限和挑战，也赞美了她们的才智和勇气。在冯梦龙的一些作品中，还出现了女扮男装的女性角色，如《刘小官雌雄兄弟》中的刘方，通过伪装男性身份，得以参与社会事务，展现了女性对社会角色和权力的渴望。这种反串角色的设定，是对性别角色刻板印象的挑战，也是女性争取平等权利的一种隐喻。冯梦龙的文学创作，通过展现江南女性的多样性和复杂性，为当代社会提供了对性别平等和女性赋权的启示，强调了在社会进步中充分尊重和发挥女性作用的重要性。

（二）女性形象与社会规范的冲突和融合

在冯梦龙的作品中，女性角色经常在传统社会规范与个人情感追求之间挣扎，这种冲突与融合的复杂性正是冯梦龙笔下女性形象的魅力所在。他笔下的女性，既受制于当时的社会伦理，又努力寻求突破，展现出独特的独立意识与自主精神，这在很大程度上反映和推动了晚明时期性别观念的转变。例如，《蔡瑞虹忍辱报仇》中的蔡瑞虹，为了报仇忍辱负重，等待时机将匪首陈小四一伙问罪伏法，展现出非凡的勇气与智慧。这一故事揭示了在男权社会中，女性如何在有限的条件下巧妙地运用自己的能力，以实现个人的幸福和解放，这是对传统性别角色的有力挑战。

与此同时，冯梦龙的女性角色并非完全脱离社会规范，她们在遵从伦理道德的同时，也在寻求个人情感的表达。在冯梦龙的笔下，女性角色的冲突与融合，既体现在她们的情感选择上，也体现在她们的社会角色上。她们在孝顺与爱情之间寻求平衡，在家庭与社会之间寻

---

① 魏同贤：《冯梦龙全集》第 3 册《醒世恒言》，凤凰出版社 2007 年版，第 605 页。

找自我，这种挣扎与妥协的过程，是对女性在传统与现代、理想与现实之间抉择的生动描绘。冯梦龙的女性形象，既代表了当时社会的性别规范，又预示着女性解放的可能，这种冲突与融合凸显了冯梦龙作品在性别议题上的深刻洞察和创新价值。

最值得探讨的是《蒋兴哥重会珍珠衫》，中国文学研究家夏志清盛赞其为"明代最伟大的作品"，具备"豁达的理解力"，达到了道德上和心理上相协调的程度。当我们从现代的视角出发，不仅能在《喻世明言》中看到那个时代的温情、选择、婚丧嫁娶礼仪、节日传统等，还能通过那些痴男怨女的爱恨纠葛，看到一场新思想解放与传统礼教的对抗。在《蒋兴哥重会珍珠衫》一文中，冯梦龙细腻地描写了迫于生计，离家辛苦经商的蒋兴哥，面对妻子的背叛，他没有怪罪女方，反而冷静反省自己的过错。最后蒋兴哥包容了妻子的背叛行为，夫妻二人依旧保持深厚的感情。很显然，冯梦龙作为明朝晚期新思潮的代表人物，其文学观具有鲜明的时代特点，深刻反映出作者本人具有的反传统礼学的思想与当时的社会形态。

冯梦龙在追求真情的基础上，又鲜明地反对纵欲。《小夫人金钱赠年少》《蒋淑真刎颈鸳鸯会》《明悟禅师赶五戒》《庄子休鼓盆成大道》《赫大卿遗恨鸳鸯绦》《乔彦杰一妾破家》等小说都表明，冯梦龙认可的是在爱基础上升华出来的情，而不是由情滑向欲。正如他在《情史·情痴类》中所指出的："夫情近于淫，而淫实非情。今纵欲之夫，获新而置旧，妒色之妇，因婢而虐夫，情安在乎！"[①]

通过深入探讨冯梦龙作品中女性角色的冲突与融合，我们不仅可以更好地理解晚明时期社会的复杂性，也能从她们的身上看到现代女性追求独立与平等的先声。冯梦龙笔下女性形象的矛盾、挣扎与成就，为我们提供了思考性别角色和女性地位的宝贵视角，也为现代社会的性别平等观念提供了深刻的启示。

（三）冯梦龙作品中的男女平等观念

冯梦龙在明代文学作品中，以其独特的文学视角和深刻的社会洞察，挑战了传统的性别角色刻板印象，为性别平等观念的诉求贡献了重要力量。他的作品中，女性不再是男性的陪衬，而是拥有独立思考和主动性的个体，她们在情感、知识和权力方面展现出了与男性相抗

---

① 魏同贤：《冯梦龙全集》第7册《情史》，凤凰出版社2007年版，第224页。

衡的平等地位。

冯梦龙的"情教说"是对传统贞节观念的革新，他强调情感的合理性，鼓励女性追求幸福，包括婚姻自由。在《杜十娘怒沉百宝箱》中，杜十娘对爱情的执着和对自由婚姻的向往，直接挑战了传统的伦理束缚，她拒绝被社会阶级和身份所限制，为爱情和自由生活而奋斗。

冯梦龙作品中的女性角色，无论是才女如苏小妹，还是妓女如莘瑶琴，都展现了其智慧和知识的力量，打破了"女子无才便是德"的传统观念。这些女性通过教育和才智，不仅在文学和艺术上取得了成就，也在商业和生活中发挥了重要作用，从而在社会中获得了平等的地位和尊重。这无疑是对性别平等价值观的有力支持。

冯梦龙笔下的女性在面对婚姻、情感与社会规范的冲突时，展现出了自主决策的能力。《卖油郎独占花魁》中的莘瑶琴拒绝了富商的求婚，选择了卖油郎，这不仅是个人情感的自由选择，也是对传统婚姻制度的挑战，体现了男女平等观念的内涵。

冯梦龙还通过对妓女、牙婆等边缘女性群体的深入描绘，展现了她们在社会中的复杂境遇和人性的复杂性。他赋予这些角色主体意识，如杜十娘的悲剧，既是对社会不公的控诉，也表达了对女性个体情感的同情和理解。这种对女性复杂人性的刻画，反映了冯梦龙对性别平等的深刻理解和尊重，同时也为后世提供了重新审视女性社会地位的视角。

冯梦龙作品中的性别平等观念，对后世产生了深远影响。一方面，他的作品在文学上为女性提供了更多的形象和角色，这些角色的多样性鼓励着更多女性在文学创作中表达自我，提升了女性在艺术领域的话语权。另一方面，冯梦龙对女性复杂人性的揭示，为后世性别研究提供了丰富素材，推动了性别平等理论的发展。冯梦龙的作品在明代文学中开辟了新的女性形象空间，通过对女性复杂人性的刻画和对传统性别观念的挑战，传达了深刻的性别平等思想。

三、冯梦龙作品女性形象的现代解读与文化价值

（一）女性智慧与权力的展现

在冯梦龙的作品中，女性角色的智慧不仅体现在她们的才情和知识上，更表现在她们运用智慧在家庭和社会中行使权力，挑战传统的男性权威上。这些女性角色以各自的聪明才智，突破了社会对她们的

预期，展现了她们在复杂的社会环境中生存和斗争的能力。

在《卖油郎独占花魁》中，莘瑶琴作为一名歌妓，以自己的聪明才智和敏锐的洞察力，不仅在青楼生涯中游刃有余，而且在情感关系中也占得先机。她既能够巧妙地利用男性对她的爱慕，又能在关键时刻作出明智的决定，如拒绝嫁给富商而选择与卖油郎相守。这种选择体现了她在情感与利益之间的权衡能力，以及对个人幸福的追求。这个故事不仅是对传统妓女形象的颠覆，更是对女性也能在权力结构中自我抉择的有力证明。

冯梦龙笔下的女性角色，还通过教育和知识的力量，实现了对理想的追求。在冯梦龙的作品中，女性教育与知识的力量被视为女性独立自主与社会地位提升的关键。冯梦龙敏锐地捕捉到了知识对于女性个体发展的重要性，通过塑造众多才女和女性知识分子的形象，展示她们在文学、艺术领域的才华，揭示了教育对女性社会角色转变的深远影响。在《苏小妹三难新郎》中，苏小妹不仅聪明过人，而且在诗词歌赋上的造诣令人称道，与苏轼、苏辙两位哥哥相比毫不逊色。她的才识不仅赢得了士子们的尊敬，也使得她在家庭中得到了平等的对待，能够以知识为武器，对抗封建礼教对女性的束缚。这种教育背景赋予了苏小妹超越传统女性角色的能力，她不再局限于处理家庭的琐事，而是能够在更广阔的领域中发挥影响力。教育不仅能提升女性的知识水平，更能提升她们的情感智慧，使她们在人际关系中更加得心应手。在《刘小官雌雄兄弟》中，女扮男装的刘小官也通过读书识字得到了自己的幸福。通过教育这一途径，女性得以挑战传统的性别角色，进入男性主导的知识领域，从而在一定程度上实现了对男性权威的挑战。冯梦龙对女性教育的描写，反映了当时社会对女性知识的渴望，以及女性通过教育实现自我价值的可能性。通过这些角色，冯梦龙传达了一个信息：女性的教育和知识，不仅是个人能力的提升，更是社会地位和自主权的保障。这些女性形象向读者展示了知识的力量，鼓励更多女性接受教育。

（二）爱情与婚姻中争取自主的女性

在冯梦龙的作品中，爱情与婚姻是女性自主性的重要展现舞台，他笔下的女性角色在面对婚姻选择时，往往展现出超越传统束缚的勇敢与决断。通过这些角色，冯梦龙不仅揭示了晚明时期女性在婚姻关系中的复杂情感，还对传统的贞节观和婚姻制度进行了深层次的反思与批判。

以《杜十娘怒沉百宝箱》为例。杜十娘是一名妓女，但她对爱情有着执着的追求，与李甲的相遇让她对世俗生活产生了美好的向往。然而，当她期望从风尘中脱身，与李甲共结连理时，却遭到了世俗的重重阻挠。杜十娘的悲剧，一方面是对社会对妓女身份歧视的控诉，另一方面更是对女性在婚姻抉择中自主权缺失的深刻揭示。她最终选择沉箱自尽，不仅是对不公命运的反抗，也是对传统婚姻制度的否定。

又如《卖油郎独占花魁》中的花魁莘瑶琴虽然身陷风尘，却对真爱有着坚定的信念。她与卖油郎秦重的爱情，展现了女性在婚姻选择中的自主性，以及对真爱的坚守。两人凭借真爱的力量，最终突破了身份的束缚，实现了婚姻自主。这种对爱情的追求，对传统社会对女性婚姻选择的限制构成了有力的挑战。

在冯梦龙的其他作品中，如《闹樊楼多情周胜仙》和《刘小官雌雄兄弟》中，女性角色同样展现了在爱情和婚姻中的自主性。冯梦龙对女性在爱情和婚姻中的自主性的描绘，实际上是对当时社会婚姻制度的深刻反思。他笔下的女性，无论是妓女、才女还是普通女子，都在以不同的方式反抗着束缚她们的传统观念，主张情感的自由，尊重个体的感情选择。

冯梦龙的作品中，女性对爱情和婚姻的自主性选择，不仅是文学上的创新，更是对当时社会性别关系的深刻洞察。他的作品中所体现的女性自主意识，对于揭示晚明社会的性别平等观念具有重要意义。同时，这些故事也为后世读者提供了对现代社会性别平等的启示，强调女性在婚姻和爱情中应有自主选择的权利，这是对传统婚姻观的现代解读，也是对性别平等理念的有力提倡。

在冯梦龙的笔下，爱情与婚姻成为女性展现自主性的重要领域，这些女性角色不仅反映了晚明社会的矛盾与变迁，更为现代性别平等观念的形成提供了历史参照。

（三）冯梦龙作品女性形象的现代文化价值

冯梦龙作品中对女性的描写在明代文学中的革命性，不仅体现为其生动的情节和深刻的社会洞察，更在于其对女性角色的塑造和性别观念的挑战。在现代性别理论的视角下，冯梦龙作品中的女性形象不仅丰富了我们对古代女性生活和思想的理解，而且为当代男女性别研究提供了宝贵的资源，启示我们重新审视性别角色、权力关系以及情感表达的多样性。

在冯梦龙的作品中，女性角色不再仅仅是男性的附属品，而是具有独立思考和情感表达的个体。如《杜十娘怒沉百宝箱》中的杜十娘，她的悲剧不仅揭示了社会对女性身份的不公，更传递了对女性情感自由的深刻关注。在《卖油郎独占花魁》中，莘瑶琴选择与卖油郎相守的选择，体现了她对个人幸福的追求，作者也肯定了这种追求幸福的权利。这个故事不仅是对传统妓女形象的颠覆，更是对女性在权力结构中自我抉择的这种对女性情感自主性的强调，对现代性别平等观念的形成具有深远的影响。在当代，我们提倡尊重个体情感选择，鼓励女性追求自我实现，这与冯梦龙作品中的精神不谋而合。

冯梦龙的"情教说"对贞节观念的挑战，也对现代性别平等理论有着启示作用。他主张情感的合理性，强调个体情感的满足与婚姻自由。这种观念在现代社会得到了广泛的认同，人们逐渐认识到，女性的幸福不应被传统道德束缚，女性应有追求爱情和自主选择婚姻的权利。

冯梦龙对妓女、牙婆等边缘女性的描绘，不仅打破了传统道德对女性的限制，还展现了她们在社会中的复杂境遇和人性的多元，以及对传统性别角色塑造的超越。这些角色的塑造，鼓励我们在现代性别研究中更多地关注社会弱势群体、边缘群体，不论其社会地位如何。

冯梦龙对女性教育与知识的重视，为如何实现现代性别平等提供了另一个关键的视角。他的作品中，女性通过教育和知识的力量，实现了社会地位的提升和情感自主。这启示我们在现代社会中，教育公平和女性知识素养的提升是实现性别平等的重要途径。

冯梦龙作品中的女性形象，既是历史的见证，又有对现代的启示；不仅在当时社会引发了观念的革新，其文化价值与国际影响至今仍不可小觑。冯梦龙作品中的女性角色突破了传统文学中的刻板印象，展现出独立思考和主动性的特质，体现了女性的复杂性。这种对女性的同情与赞美的笔触，不仅在文学上丰富了女性形象，也对社会观念的开放与包容产生了积极影响。他的"情教说"强调了情感的合理性，鼓励女性追求幸福，包括婚姻自由，这在当时实属大胆，即使在几百年后的今天也颇为"出格"，为后世男女观念的探讨提供了文学上和理念上的借鉴与支持。

冯梦龙以其独特的文学视角和深刻的社会洞察，丰富了文学作品中的女性形象，促进了性别平等、人性自由的讨论与实践。他的故事和人物在全球范围内广为传播，不仅扩大了中国传统文化的影响力，也促进了不同文化背景下性别观念的交流与反思，对促进文化多元与国际交流具有重要价值。冯梦龙作品的文学创作手法和对女性人物的刻画，对全球范围内的文学创作产生了深远影响。许多现代作品都深受冯梦龙作品中女性角色的启发，这些作品通过塑造具有复杂性格和独立精神的女性角色，来探讨性别平等和女性权利问题，这在日本的文学创作中尤其明显。

参考文献

[1] 王引萍：《略论明代文学中的女性审美形象》，《西北第二民族学院学报（哲学社会科学版）》1995 年第 3 期。

[2] 申明秀：《论冯梦龙"三言"的雅俗整合——江南世情小说雅俗系列研究之九》，《沈阳大学学报（自然科学版）》2011 年第 4 期。

[3] 张玲：《"三言"中的苏州城市文化》，《今古文创》2021 年第 45 期。

[4] 吴晗：《论冯梦龙小说中的女性形象——以〈情史〉和"三言"为中心》，《山东女子学院学报》2024 年第 1 期。

[5] 伊崇喆、杨绪容：《冯梦龙改评明传奇的理论创新与独特的教化观念》，《艺术探索》2023 年第 5 期。

[6] 刘勇强：《冯梦龙的经典意识与"三言"的艺术品格》，《人民论坛》2023 年第 16 期。

[7] 范伯群、刘小源：《冯梦龙们—鸳鸯蝴蝶派—网络类型小说——中国古今"市民大众文学链"》，《中山大学学报（社会科学版）》2013 年第 6 期。

[8] 肖虹：《冯梦龙小说中的商人形象》，《文化学刊》2019 年第 12 期。

[9] 李军锋：《文化全球化与现代中国文学的跨文化传播——评〈跨文化的对话与想象：现代中国文学海外传播与接受〉》，《传媒》2023 年第 16 期。

[10] 何俊：《新媒体环境下视觉符号的跨文化传播探究》，《新闻研究导刊》2023 年第 9 期。

（刘冬梅，吉林省白山市农村成人中等专业学校教师）

冯梦龙与春申君黄歇

历史人物与文学形象的对话
——冯梦龙与春申君

王少辉

摘　要：春申君黄歇作为战国时期的杰出政治家与军事家，其生平事迹与治吴成就古今相传。冯梦龙作为明代杰出的文学家与思想家，其作品深受历史影响，《东周列国志》中的春申君形象更是成为历史与文学交融的典范。本文通过剖析春申君的事迹，特别是其在吴地引入先进技术、发展水利及推动社会经济文化方面的举措，揭示其对后世的深远影响。冯梦龙在历史素材基础上的创新与再创作，重新构建了春申君这位历史人物的文学形象，体现了他对于历史人物复杂性的深刻理解。由于春申君在吴地的治理理念与成就至今仍被广泛传承与纪念，本文还为我们理解历史文化的传承提供了新的素材和视角。

关键词：春申君黄歇；冯梦龙；地域文化；历史传承

在中国古代众多历史人物中，春申君黄歇以其卓越的才能和智慧，在楚国和吴地留下了浓墨重彩的一笔。他不仅在政治和军事上建树颇丰，更在推动吴地社会经济文化发展方面功勋卓著。他在吴地施行的善政和引进的先进技术，使得吴地成为一方繁荣的乐土。这样一位历史人物，不但极大地推动了吴地的社会进步和生产力提升，对冯梦龙的创作也产生了深远的影响。作为历史上的杰出人物，春申君的智慧、善政以及他对吴地的贡献，在冯梦龙的笔下得以体现和传承。历史人物与文学形象的对话，既是《史记》和《东周列国志》中古今春申君的对话，也是冯梦龙与春申君的对话，从中我们能够得到诸多的启示。

一、春申君黄歇的生平与评价

（一）春申君的生平

春申君黄歇作为战国时期楚国杰出的政治家与军事家，以非凡的才能和深邃的智慧，在楚国及吴地历史文化中刻下了不可磨灭的印记。

关于春申君的出身，《史记·春申君列传》只简单地说"春申君者，楚人也，名歇，姓黄氏"①，没有交代具体籍贯和家庭背景。关于春申君的封号，"春申"可能是地名，可能来自封地黄，甚至可能与寿春城（今安徽寿县境内）有关，但并无确证；也可能"春申"只是一种文辞华美的封号，而非直接指地名。有人认为他是楚顷襄王的弟弟，但这一点并没有足够史料作依据。更多的人认为他出身黄国，该国源于黄帝轩辕氏，崛起于南方，曾是古代淮河流域重要诸侯国之一，春秋时楚国称霸，黄国借地域优势与周边若干小国结盟，一度与楚国抗衡，公元前648年被楚国所灭。唐代《元和姓纂》记载："黄，陆终之后，受封于黄，为楚所灭，以国为氏。"② 元代黄溍在《族谱图序》中认为："黄诸国为楚所灭，子孙之仕楚者有黄歇。"③

《史记·春申君列传》中的春申君黄歇，"游学博闻"，广有才干，以礼贤下士招致宾客辅佐治国而闻名于世。楚顷襄王时，秦昭王派大将白起带兵打败韩国和魏国后，联合韩、魏两国共同讨伐楚国，形势危急，顷襄王派能言善辩的春申君出使秦国，说服秦昭王退兵。秦昭王提出楚国须派太子来秦国充当人质，春申君作为秦楚联盟的倡议者，也随太子熊完留居于秦国。数年后，楚顷襄王病重，黄歇不惜冒死，设计让熊完潜逃回楚国继位为楚考烈王。为回报黄歇之功，楚考烈王以黄歇为相，封其为春申君，赐淮北十二县。公元前248年，黄歇以"淮北地边齐，其事急，请以为郡便"④，自愿献出淮北12个县的封地，请求改封吴地。他一生出将入相，曾带兵救赵、灭鲁，组织关东诸侯合纵攻秦，可谓波澜壮阔，但最后却被李园算计，只留下太史公一句"当断不断，反受其乱"的评价，令人感叹。

---

① 司马迁：《史记》，中华书局1982年版，第2387页。
② 林宝：《元和姓纂》，岑仲勉校，中华书局1994年版，第606页。
③ 黄清：《族谱图序》，见《金华黄先生文集》卷十九，四部丛刊本。
④ 司马迁：《史记》，中华书局1982年版，第2394页。

《战国策·楚策四》收录了一则"李园嫁妹"的故事,说楚考烈王无子,赵国人李园先献妹给春申君,待其妹有孕,又劝春申君献之于楚考烈王。不久,李园之妹生下一子,被立为太子,楚考烈王去世后,太子继位,是为楚幽王。太史公将这则故事收录进了《史记·春申君列传》。但有人对这则故事存疑:一是楚考烈王子嗣众多,二是王室选妃必然有严格的审验制度,三是此事一旦败露便是灭族之罪。因而认为这则故事是后人虚构的,编造者可能是楚王负刍。因为楚王负刍是通过政变篡位的,为了给自己寻求合法性,就需要否定李园之妹所生的楚幽王、楚哀王,于是编造李园之妹与春申君有染,且楚幽王非考烈王之子,以此证明自己才是王室的合法继承人。

历史上,楚考烈王确实娶了李园之妹,李园也因为这层关系受到楚考烈王的信任。李园在楚国朝野的势力随着时间推移不断壮大,自然难免会与春申君一派发生冲突。但李园一直向春申君示弱,隐忍不发,却在暗中蓄养死士。公元前 238 年,楚考烈王病重。春申君的门客朱英给春申君分析了两条出路:一是效仿伊尹、周公,"代立当国",主持朝政,待少主成年再返还大权;二是废掉太子自立为王。朱英还提醒春申君要杀掉李园,因为一旦"楚王卒,李园必先入据权而杀君以灭口"。然而春申君不听,待楚考烈王病卒,"李园果先入,伏死士于棘门之内",春申君入棘门即被刺杀,而后李园"使吏尽灭春申君之家"。①

春申君尽管"智勇忠信有足称者",作为楚国政坛上举足轻重的人物,在硝烟弥漫的战国时代,凭借个人高超的政治谋略和过人的胆识气魄,为晚楚政权的延续作出了卓越的贡献,他也因此而名扬天下,但相对于安然去世的平原君和孟尝君,以及以醇酒妇人自娱而死的信陵君,春申君的下场最惨,是善始而未能慎终的典型。

(二) 历代对春申君的评价

春申君是战国四公子之一,他尊贤重士,门客三千,任楚国令尹(宰相)二十余年,匡扶社稷,中兴楚国,"虽名楚相,实楚王也"。后人对黄歇大多评价甚高,认为他的作为和成就在"战国四公子"中应排第一。宋朝王安石评价说,相比其他三位君子,楚国春申君多次救楚国于水火之中,对外率军御敌,对内处理国政,真的是无愧于国,

---

① 司马迁:《史记》,中华书局 1982 年版,第 2397—2398 页。

无愧于王。所以南北朝刘宋时，追尊黄歇为忠安王，至宋代累封为忠安顺应威显英济王。以下是历代对春申君的评价。

汉朝。贾谊："当此之时，齐有孟尝，赵有平原，楚有春申，魏有信陵。此四君者，皆明智而忠信，宽厚而爱人，尊贤而重士。"①《史记·春申君列传》结尾，太史公马迁感慨道："吾适楚，观春申君故城，宫室盛矣哉！初，春申君之说秦昭王，及出身遣楚太子归，何其智之明也！后制于李园，旄矣。语曰：'当断不断，反受其乱。'春申君失朱英之谓邪？""索引述赞"对春申君的评价甚高："黄歇辩智，权略秦、楚。太子获归，身作宰辅。珠炫赵客，邑开吴土。烈王寡胤，李园献女。无妄成灾，朱英徒语。"②

唐朝。张继："春申祠宇空山里，古柏阴阴石泉水。日暮江南无主人，弥令过客思公子。萧条寒景傍山村，寂寞谁知楚相尊。当时珠履三千客，赵使怀惭不敢言。"③ 张祜："薄俗何心议感恩，谄容卑迹赖君门。春申还道三千客，寂寞无人杀李园。"④ 杜牧："烈士思酬国士恩，春申谁与快冤魂。三千宾客总珠履，欲使何人杀李园。"⑤ 皮日休："士以知己，委用于人，报其用者，术苟不王，要在强其国尊其君也。上可以霸略，次可以忠烈。无王术而有霸略者，可以胜人国；无霸略而有忠烈者，亦足以胜人国。春申之道，复何如哉？忧荆不胜，以身市奇计，不曰忠乎？荆太子既去，歇孤在秦，其俟刑待祸，若自屠以当馁虎，不曰烈乎？然徙都于寿春，失邓塞之固，去方城之险，舍江汉之利，其为谋已下矣。犹死以吴为宫室，以鲁为封疆，春申之力哉？当斯时也，苟任荀卿之儒术，广圣深道，用之期月，荆可王矣！然卒以猜去士，以谗免贤。於戏！儒术之道，其奥藏天地，其明烛鬼神，春申且不悟，况李园之阴谋，岂易悟哉？岂易悟哉？⑥"周昙："春申随质若王图，为主轻生大丈夫。女子异心安足听，功成何更用

---

① 吴楚材、吴调侯：《古文观止》，余红芬编译，苗怀明修订，万卷出版有限责任公司2023年版，第131页。
② 司马迁：《史记》，中华书局1982年版，第2399页。
③ 张继：《春申君祠》，见《御定全唐诗》卷二四二，四库全书本。
④ 张祜：《感春申君》，见《御定全唐诗》卷五一一，四库全书本。
⑤ 杜牧：《春申君》，见《御定全唐诗》卷五二一，四库全书本。
⑥ 皮日休：《春申君碑记》，见《杜审言集　张继集　戎昱集　皮日休集》，长江文艺出版社2018年版，第300页。

阴谋。"①

宋朝。徐钧："输忠世子得逃秦，二十余年相国荣。固位但知迷孕女，防身惜不用朱英。"② 葛立方："朱英在楚强黄歇，黄歇如何弱李园。一旦棘门奇祸作，自诒伊戚向谁论。""先秦岂谓嬴为吕，东晋那知马作牛。不悟春申亦如许，敢凭宫掖起邪谋。"③

元朝。许衡："战国之四君，其可称者，惟一春申耳。至如孟尝、平原、信陵三子，乃尸位素餐者也。"④

明朝。高启以"封君开巨壤，相楚服强邻"⑤概括黄歇的一生。

春申君的一生，是智慧与悲剧的传奇一生。首先，春申君的一生展现了他作为一位卓越的政治家和外交家的杰出智慧。在楚国君主面临严重问题的时刻，他能够以出色的辩才和外交智慧，成功说服秦国君主，缔结了联盟，为楚国争取了和平。其次，春申君的忠诚和勇气极为难得，他不仅为了国家的和平冒着生命危险前往秦国，后来还冒死协助太子逃脱，正如司马迁所赞誉的，"以身徇君，遂脱强秦，使驰说之士南乡走楚者，黄歇之义"⑥。当然，春申君的故事也包含着悲剧元素。尽管他有着出色的智慧和勇气，最终却落入了小人李园的陷阱，警醒我们要提防身边可能存在的欺诈和权谋。

二、春申君对吴地的贡献和影响

春申君作为一位具有远见卓识的政治家和军事家，他的政治智慧、军事才能以及推动社会经济文化发展的举措都为楚国及吴地带来了翻天覆地的变化。他在楚国推行一系列强国富民政策，使得楚国国力大增；封吴后，他为推动吴地社会经济文化发展作出了卓越的贡献。这里主要讨论春申君对吴地社会经济文化发展的卓越贡献。

（一）春申君对吴地的贡献

1. 引入楚地先进技术

春申君在吴地任职期间，致力于将楚地的先进技术引入吴地，这

---

① 周昙：《黄歇》，见《御定全唐诗》卷七二八，四库全书本。
② 徐钧：《春申君》，见《史咏诗集》上卷，清嘉庆宛委别藏本。
③ 葛立方：《韵语阳秋》卷六，宋刻本。
④ 转引自张玉春、刘春梅主编《史记人物新传》，华文出版社2007年版，第129页。
⑤ 高启：《春申君庙》，见《吴都文粹续集》卷十四，四库全书本。
⑥ 司马迁：《史记》，中华书局1982年版，第3314页。

些技术涵盖了农耕、手工艺制作以及城市规划等多个领域，极大地推动了吴地的技术进步和生产力发展。

在农耕技术方面，春申君引进了楚地先进的耕作方法和农具，投入大量的人力、物力进行水利工程建设，改善了吴地的农业生产条件。例如，他推广了牛耕技术，使得耕地效率大大提高，同时还引进了楚地的高产农作物种子，增加了吴地的粮食产量。这些改进，不仅提高了农民的生活水平，也为吴地的社会稳定和经济发展奠定了物质基础。

在手工艺制作方面，春申君积极引进楚地的精湛工艺，如丝织、漆器制作等，促进了吴地手工艺水平的提升。他鼓励楚地工匠来吴地传授技艺，同时设立工艺学校，培养本地的手工艺人才。这些举措不仅丰富了吴地的物质生活，也推动了文化的交流与融合。

在城市规划方面，春申君借鉴了楚地的城市建设经验，对吴地的城市布局进行了合理的规划与改造。他注重城市的防御功能，加强了城墙的修筑和城防设施的建设。同时，他还注重城市的排水系统和道路的规划，使得城市更加整洁、有序。这些改进不仅提高了吴地居民的生活质量，也彰显了黄歇对于城市发展的远见卓识。

春申君引进楚地先进技术的举措，对吴地的社会经济发展产生了深远的影响。这些技术的引入，不仅提高了吴地的生产效率和生活水平，还促进了文化的交流与融合。春申君的这一贡献，不仅体现了他的卓越才能和智慧，也彰显了他对于吴地发展的深切关怀和无私奉献。

春申君的事迹和精神对冯梦龙产生了重要影响，激发了其对于社会进步和文化传承的深刻思考。作为文学家，冯梦龙在其作品中多次提及春申君的事迹和精神，表达对这位历史人物的敬仰和赞美。作为政治家，春申君精心治理、引进先进技术的故事，不仅为冯梦龙提供了丰富的创作素材，还启发了冯梦龙担任寿宁知县时如何做好社会治理、农事耕作、水利灌溉、文化教育、关心民生等工作。春申君在吴地任职时致力于将楚地的先进理念和技术引入吴地，与冯梦龙在寿宁任职期间一心将吴地的先进思想和技术引入闽地，何其相似！

2. 发展水利技术

对居住在太湖流域的人们来说，治水是与生产生活乃至生存息息相关的事情。兴修水利、疏通河道、抑制水患、发展农业生产等，可以说是春申君对当地作出的最大贡献之一。春申君深知水利对于农业生产和国家经济的重要性，因此亲自考察地形地貌，注重因地制宜，结合吴地的实际情况进行规划与设计，并组织民众兴修一系列的堤坝、水渠等水利设施，尤其是借鉴楚地水利技术推出太湖流域的"塘浦圩田"，在吴地从水乡沼泽建成鱼米之乡的过程中发挥了巨大作用，有效改善了吴地灌溉条件，提高了农业生产力。这些在《越绝书》《吴越春秋》《史记》等史籍中都有记载。

水利建设还推动了吴地内部的交通与贸易往来。随着水利设施的不断完善，"塘浦圩田"的"圩堤"多而密，"塘浦"深而广，吴地的陆上和水上交通变得更加便利，各地的商品得以顺畅流通。这不仅促进了当地经济的繁荣发展，还加强了吴地与其他地区的联系和交流。在春申君的推动下，吴地的社会经济得到了全面发展，为后世留下了宝贵的历史遗产。

春申君推行水利建设对吴地的生态环境产生了积极影响。水利设施的完善使得水资源得到合理利用，减少了洪涝灾害的发生，保护了当地的生态环境。同时，水利建设还促进了农业的生态化发展，提高了农产品的质量与产量，为吴地的可持续发展奠定了坚实基础。春申君在吴地发展水利技术的贡献是全方位的，不仅促进了当地社会经济的全面发展，还推动了文化的交流与传播，保护了生态环境。

（三）春申君对吴地文化的影响

春申君封吴后，在吴地疏通河道、抑制水患，开设市场、管理粮食，建监狱、盖城门，建学校、兴教育，政绩显赫，深得民心，对吴地的政治、经济和文化都作出了巨大的贡献。包括今苏州、上海、无锡、湖州等地的早期开发多与春申君带来的楚文化东渐有关。

1. 对地域文化的贡献

春申君对苏州、上海等地区的地域文化贡献深远且多维度。一方面，他的治理理念与卓越成就为这些地区留下了难以估量的精神财富，不仅在当时推动了吴地的全面进步，更为后世树立了典范。另一方面，春申君的形象已然成为地域文化的一个重要标志。他是一种精神象征，承载着人们对于历史与文化的记忆和认同。在苏州、上海等地区，人们通过纪念春申君，表达了对历史的尊重和对文化的传承。他的形象被广泛应用于各种文化产品和场合中，如雕塑、绘画、文艺作品等，成为宣传和推广地域文化的重要载体。

春申君对苏州、上海等地区的地域文化产生了深刻而持久的影响。许多山、水、地方以其姓或号命名，如浙江吴兴的黄浦，江苏苏州的黄埭、春申湖，江苏江阴的申港、黄田港、又名黄山的君山，上海的黄浦江、申江、春申江、黄浦区、黄申路、春申涧、春申里、春申村等，均有纪念春申君的意思在。现上海松江区新桥镇有春申村和春申祠，因春申君治理松江（吴淞江）的指挥部在此而得名，当地儿歌"嘟嘟嘟，嘟嘟嘟，爷娘去开黄浦江，尔后再开春申塘，领头的大爷叫春申君，住在伲村黄泥浜"，说的就是春申君开凿治理黄浦江之事。

2. 纪念活动与故事流传

后世对春申君的尊崇与纪念，体现在各种形式的活动中。在吴地，民众为他修建了祠堂，以此表达对这位伟大政治家的敬仰之情。这些祠堂不仅是物理空间的纪念，更是精神的寄托，代表着人们对春申君智慧和贡献的肯定。在特定的节日或纪念日，人们会聚集在祠堂或相关场所，通过祭祀活动来表达对春申君的怀念与尊敬。

春申君的故事与传说在民间广为流传，他的事迹被编织成各种故事和戏曲，在民间和文人士大夫之间广为流传。这些故事以丰富的情节和生动的人物形象，展现了春申君的智慧、勇气和担当。2009年，王诗槐主演的《春申君》电影上映。春申君的纪念活动与故事流传，不仅彰显了他的历史地位与影响力，更在无形中促进了地域文化的传承与发展，为地域文化增添了厚重的历史底蕴。

除了大禹，春申君的治水传说也在太湖流域流传广泛，具有更大的影响力。苏州人颇敬重春申君，不少民众奉之为城隍，为之立神主，定期祭祀。在苏州、上海等江南地区，春申君的形象与城隍神紧密相连，成为民间信仰的重要组成部分。城隍神，作为中国传统文化中的守护神，负责保护城市安宁与秩序，其地位在民间信仰中举足轻重。而春申君被尊为城隍神，无疑是对其生前卓越贡献的一种精神延续和象征。对吴地人来说，春申君大力兴修江南水利的功绩不会被人遗忘，如今苏州相城的黄埭、东桥、湘城等地都有春申君祠。2002年9月，上海申博成功的欢庆晚会上高唱的第一首歌就是《告慰春申君》。

三、历史人物与文学形象在冯梦龙作品中的对话

春申君作为战国时期楚国的杰出政治家和军事家，其传奇般的人生经历和卓越的治吴成就，无疑为冯梦龙提供了宝贵的创作素材。在冯梦龙的作品中，我们可以清晰地看到春申君的影子，他的故事被巧妙地融入其中，成为作品情节的重要组成部分。

（一）提供创作素材

司马迁《史记》记载了春申君黄歇陪同楚太子熊完在秦国做人质的故事，这一经历充满了危机与挑战。黄歇巧妙地利用时势，策划了一场让熊完逃离秦国的行动，最终协助他回国成功继位为楚考烈王。这一事件体现了春申君的胆识和智谋，也展示了他在极度困境中为国家利益挺身而出的忠诚。然而，春申君的悲剧性结局也引起了后世的广泛关注。他最终被李园所杀，这一事件揭示了权力斗争的残酷和朝堂之上的尔虞我诈。

《史记·春申君列传》《史记·楚世家》《战国策·楚策四》都记载了"李园嫁妹"这段故事。冯梦龙创作的小说《东周列国志》中出场的人物李嫣，历史原型就是李园的妹妹、楚考烈王的王后，《史记》《战国策》都没有记载这位楚王后的名字，仅记载她是李园的女弟（妹妹）。而在杂史《越绝书》中则记作"女环"。

冯梦龙的《东周列国志》中，在《战国策》《史记》所记载的春申君故事的基础上，撰写了"李园舅争权除黄歇"的故事。冯梦龙将春申君的悲剧性结局与楚国的没落联系在一起。这基本上沿袭了司马迁以来对春申君的评价。无论是在正史还是在野史中，春申君黄歇都不能算是个完人，认为春申君前期为"智"而后期为"诡"，惋惜其善始而未能慎终的悲剧下场，可以说是自古以来许多学者的普遍认识。《郁离子》里有"春申君不悟"的故事，该故事由《战国策》《史记》中"春申君不纳朱英之言""李园谋杀春申君"等故事情节综合编撰而成。

冯梦龙在创作中，对春申君的故事进行了深入的挖掘和整理，通过细腻的笔触，将这些故事生动地呈现在读者面前。他不仅引用了春申君的生平事迹，还对其进行了艺术加工和改编，使其更加符合作品的整体风格和氛围。这种对春申君故事的引用和改编，不仅丰富了冯梦龙作品的情节内容，同时也使得作品更加引人入胜。

春申君的治吴成就也为冯梦龙提供了独特的创作视角。黄歇在吴地的贡献，如引入楚地先进技术、发展水利技术等举措，都成为冯梦龙作品中的宝贵素材。他通过描绘春申君在吴地的作为和成就，向读者展示了一个勤政爱民、励精图治的良吏形象，同时也反映了当时社会的风貌及其变迁。

(二) 塑造人物形象

冯梦龙《东周列国志》中的春申君，不仅智慧过人，能够巧妙地解决各种棘手问题，更在关键时刻展现出无畏的勇气和坚定的决心。这位主角的仁爱之心也贯穿始终，对待身边的人都充满了关爱与包容。通过这些细节的刻画，冯梦龙成功地塑造了一个既具有春申君特质，又独具个性魅力的角色。

冯梦龙《东周列国志》第一百三回"李国舅争权除黄歇 樊於期传檄讨秦王"，写李园为人多诈术，外奉春申君益谨，而中实忌之。及考烈王二十五年，病久不愈，李园想起其妹怀娠之事，惟春申君知之，他日太子为王，不便相处，不如杀之以灭其口，乃使人各处访求勇力之士，收置门下，厚其衣食，以结其心。朱英闻而疑之："李园多蓄死士，必为春申君故也。"乃入见春申君告知自己的判断，并提出"臣为君杀之"。但黄歇掀髯大笑曰："李园弱人耳，又事我素谨，安有此事？足下得无过虑乎？"① 可见黄歇虽智勇双全，但也一时大意，"掀髯大笑"将其为人真诚率性的一面形象地再现了出来。

冯梦龙笔下的春申君，不再是历史书上的冰冷名字，而是通过文学形象的方式，与读者进行交流。很多对话富含哲理，反映出春申君对人性的深刻洞察以及对治国之道的理解。冯梦龙在历史巨著《史记》和《战国策》的基础上，对春申君进行再创作，塑造出一个既忠于史实又富有文学魅力的形象，不仅展示了冯梦龙的艺术处理能力和历史解读手法，也揭示了他对于历史人物复杂性的深刻理解和文学表达的独到之处。作为楚国令尹，春申君在政治舞台上扮演了重要角色，而他的悲剧性结局则引人深思。在文学作品中，他的形象被不断重塑，从《史记》《战国策》到冯梦龙的《东周列国志》，春申君的故事在不同的文学载体中呈现出不同的面貌，体现了历史人物在文学中多元化的解读和传承。

尽管《史记》中的春申君形象已深入人心，但冯梦龙在《东周列国志》中通过文学手段对这一形象进行了再创造。他不仅保留了历史上春申君的智勇特征，还以独特的艺术手法，增加了人性的复杂性和故事的戏剧性。这种对历史人物的创新性解读，不仅深入挖掘了历史

---

① 魏同贤：《冯梦龙全集》第4册《新列国志》，凤凰出版社2007年版，第1094–1095页。

的多元性，也反映了冯梦龙对于人性、社会以及历史叙事的深刻理解。

在《东周列国志》中，春申君不仅是智慧与勇气的象征，还是一个充满情感和矛盾的复杂个体。冯梦龙通过春申君在秦楚两国间的斗争与抉择，展现了他作为政治家的权谋与无奈。春申君的内心世界被赋予了更多的人性化色彩，他不仅在国家利益和生存之间徘徊，还面临个人情感与责任的冲突。这些元素使得春申君的形象超越了《史记》中单薄的历史记述，成为一个具有深度和维度的文学人物。

冯梦龙在《东周列国志》中对春申君的文学重塑，也反映了他对历史人物复杂性的深刻理解和对人性的洞察。他摒弃了对历史人物的简单道德判断，而是在情节中注入了人性的多面性。春申君忠诚与智谋的形象并未被理想化，而是伴随着矛盾和挑战，最后因大意而被曾经的门客李园所杀，这使得他的形象更加真实和动人。

冯梦龙在重塑春申君形象时，还融入了对社会现象的批判与讽刺。他利用春申君的故事，对当时社会的权力运作、人性的弱点以及道德的困境进行了微妙的揭示。在《东周列国志》中，春申君不仅是智勇双全的外交家，也是一个有着人性弱点、情感纠葛的复杂个体。冯梦龙在描绘春申君与楚太子熊完的互动时，加入了更多的情感元素，如友情、亲情和牺牲，使得人物关系更为微妙，故事情节更加引人入胜。在面对李园的狡猾、李嫣的魅惑时，春申君的智谋和勇气出现偏差，最终导致悲剧的发生，体现了冯梦龙对历史人物复杂性的深刻理解。冯梦龙通过春申君与李园的矛盾，展示了人性在权力面前的扭曲，以及忠诚与背叛的边缘地带。这种写作手法不仅赋予了春申君更加真实的人性，春申君的形象被塑造得更加丰富和栩栩如生，也使得故事本身具有更高的文学价值和现实意义。

（三）传承精神价值

春申君的精神价值，他的仁爱和善政，无疑对冯梦龙的作品及其为人，都有着深刻的影响。春申君深知民众的力量与智慧，始终坚持以民为本的治理理念。这种思想深深地影响了冯梦龙，使他在创作中始终关注普通人的生活与命运。他的作品中，民众的形象不再是单一的、刻板的，而是生动的、鲜活的，充满了力量与智慧。这种对民众的深刻理解和关注，使得冯梦龙的作品具有了深厚的社会基础和广泛的共鸣，而且在冯梦龙出任寿宁知县时，更表现在以民为本、德政廉政的具体行政实践之中。在冯梦龙的《寿宁待志》中，时时可见这种

"真心为民，施政及民"，秉持"以勤补缺，以慈辅严，以廉代匮，做一分亦是一分功业，宽一分亦是一分恩惠"的理念。

春申君对于国家与民族的忠诚和担当精神，更是深深地烙印在冯梦龙的心中。在冯梦龙的作品中，这种精神被转化为对家国天下的深沉情怀和对民族命运的深切关注。他笔下的人物，往往在家国危难之际挺身而出，以天下为己任，展现出强烈的责任感和担当精神。这种精神的传承，使得冯梦龙的作品充满了豪情与壮志。即使是冯梦龙自己，在清军入关后，也不顾年老体弱，振臂奔走于抗清前线，并写下《甲申纪事》《中兴伟略》两部关心国家大事的著作。

历史人物与文学创作之间的关系，既是文学创作的源泉，也是文化传承的重要途径。冯梦龙在作品中对春申君的塑造，正是历史与文学对话的一个生动例证。历史人物是文学创作的重要素材。春申君作为战国时期的名臣，其生平事迹本身就富有戏剧性和智谋性，为冯梦龙提供了丰富的人物画像和历史背景。冯梦龙在作品中通过春申君的故事，不仅再现了他的历史功绩，还以文学的手法对其进行艺术加工，使之成为富有智慧和道德教诲的鲜活角色，通过文学创作赋予这位历史人物新的生命和意义。这种历史与文学的交融，使得原本属于过去的智慧，在新的时代中得到传承和发展。

冯梦龙对春申君的塑造，是历史人物与文学创作结合的典范，它不仅丰富了文学作品的内涵，也使得历史人物的故事在新的文化语境中得以再生，展示了文学作品在历史传承和文化创新中的重要作用。这种对话，使得历史与文学相得益彰，既保持了历史的深度，又赋予了文学作品广泛的社会影响力。

未来还可以将春申君与冯梦龙的影响研究置于更为宏大的历史文化背景下进行考察。例如，可以探讨春申君在战国时期的政治、军事和文化地位如何影响了后世对于楚文化和吴文化的认知与传承，为深入理解中国历史文化的丰富内涵和独特魅力提供新的视角与思路。

（四）创新文学形象

冯梦龙在《东周列国志》中对春申君形象的文学解读，不是简单地满足于再现史书中的记载，而是通过细致的心理描绘和精心设计的情节，将春申君塑造成一个既具有历史厚重感又有着人性温度的复杂个体。

冯梦龙对春申君的文学诠释，不仅保留了历史人物的基本特质，如智谋和政治影响力，还通过文学的手段，赋予其更为复杂的人性色彩。他在描写春申君与李园的矛盾冲突中，不仅再现了历史上的权力斗争，更深入挖掘了人性在权力诱惑下的挣扎和转变，这种深入人性的挖掘，使得春申君的形象超越了历史的表面，成为一个活生生的文学角色。然而，冯梦龙并未回避春申君的复杂性，他深入挖掘了人性的矛盾与冲突，让春申君在权力与道德的冲突中显得更为真实。春申君与李园的纠葛，既是权力斗争的再现，也是对人性在权力面前扭曲的深刻揭示。

因此，冯梦龙对春申君形象的文学解读，不仅是对历史的重新解读，更是对人性、社会和道德的深度探索。他以春申君为媒介，探讨了历史人物的多面性，以及历史与文学如何在作品中交织，共同构建出一个既忠实于历史又充满文学魅力的世界。在《东周列国志》中，春申君的形象超越了《史记》的记载，显得更加丰满，他不仅是历史事件的参与者，更是人性的载体和道德寓言的象征。春申君的形象，就像一面镜子，映照出人们对于权力、忠诚、道德与人性的不同态度和反思。

（五）提供历史启示

冯梦龙通过历史与文学的对话，使得春申君的故事在跨越时空后，仍然具有鲜活的生命力和深远的教育启示意义。

1. 对历史人物的辩证理解

冯梦龙通过春申君的形象，向读者展示了历史人物的智谋如何影响和塑造历史的进程。春申君在故事中的决策往往以智慧和深思熟虑著称，体现了历史人物的领导力。冯梦龙的这种处理方式，实际上是在文学中重塑历史，让春申君的故事不仅符合历史的真实，也满足了文学对英雄智者形象的追求。冯梦龙通过春申君的故事，表明智谋与道德并重是领导者的必备素养，告诫我们历史不仅是过去事实的陈列，更是对当下和未来的警示。

2. 对智勇之士的学习借鉴

冯梦龙在作品中对春申君的历史地位给予了高度评价，将其视作古代中国智谋与领导力的代表，彰显了春申君在历史上的地位。春申君的故事在《东周列国志》中的呈现，不仅再现了他的政治成就，更突出了他的决策能力和对复杂局面的处理技巧。

在商业领域，春申君的智谋故事可以作为策略规划的启示。他的故事展示了如何通过巧妙的谈判和策略调整，实现商业目标，如作品中的"春申君借兵退敌"就揭示了在资源有限的情况下，如何通过联盟和巧妙的军事部署来达到战略目的。这种策略思维在现代企业竞争中同样适用，帮助企业领导者在面对市场挑战时，能够灵活应对，制定出有效的竞争策略。

在公共政策制定中，春申君的故事提供了道德与智谋相结合的典范。例如，在处理国际关系时，如何在坚持道义的同时兼顾国家利益。这为现代外交政策制定者提供了如何在国际舞台中平衡各方需求，兼顾道德与利益的智慧。春申君的故事提醒决策者，智慧的运用不仅是为了解决技术问题，更需要在道德和利益之间寻求平衡。

在个人成长和人际关系处理中，春申君的故事教导人们如何理解和应对人性的复杂性，如何识人用人。在现代社会，这种对人性的理解和把握对于团队建设、领导力提升以及个人职业发展都至关重要。

冯梦龙通过春申君的故事提醒人们，领导力不仅是技能和才能的体现，更是道德品质的体现，领导者应当具备智慧与德行并重的素养。

参考文献

[1] 司马迁：《史记》，中华书局 1982 年版。

[2] 刘向：《战国策》，上海古籍出版社 2015 年版。

[3] 魏同贤：《冯梦龙全集》第 4 册《新列国志》，凤凰出版社 2007 年版。

[4] 王敏杰：《解读冯梦龙〈挂枝儿〉和〈山歌〉的艺术特色》，《名作欣赏》2020 年第 11 期。

[5] 黄南珊：《论冯梦龙的情感美学观》，《江汉论坛》1999 年第 10 期。

[6] 伊崇喆、杨绪容：《冯梦龙改评明传奇的理论创新与独特的教化观念》，《艺术探索》2023 年第 5 期。

[7] 刘勇强：《冯梦龙的经典意识与"三言"的艺术品格》，《人民论坛》2023 年第 16 期。

[8] 冯保善：《冯梦龙寿宁知县任期辨正》，《江苏第二师范学院学报》2023 年第 3 期。

（王少辉，苏州市阳澄湖文化研究会会长）

我心目中的冯梦龙

胸有星辰大海，方成博学杂家
——冯梦龙的"杂学杂书"研究

陈来生

摘　要：冯梦龙的"杂学杂书"展现了其跨领域、多元化的创作特色，反映了其广博的知识视野，为研究明代社会文化提供了多元视角，也对明代乃至后世的文化生态产生了深远影响。本文深入剖析了冯梦龙"杂学杂书"的丰富内容与鲜明特色，通过市场需求、作品魅力与社会文化背景的综合分析，揭示了冯梦龙"杂学杂书"得以问世以及风靡市场的内外动因。研究表明，冯梦龙不仅以其多样化的创作满足了当时社会各阶层的需求，还通过作品传递了自己的价值观与道德观，对社会风气产生了多样的引导作用。此外，冯梦龙的"杂学杂书"现象打破了传统文学的边界，促进了文学创作的多样化和自由化，对后世文化传承产生了重要影响。

关键词：冯梦龙；杂学杂书；市场需求；社会风尚；辩证解读

一、冯梦龙奇人奇事

冯梦龙创作之广泛、学识之渊博，早已为世人所传颂。作为中国通俗文学之父，他一生著述三千万言，备受欢迎。虽说江山代有才人出，但古往今来，能在小说、戏曲、民歌、游戏、汇智等各方面都能专研精通并取得卓越成就的，唯冯梦龙一人而已。为纪念这位伟大的才子，2015年4月4日我国发行的第四组《中国古代文学家》邮票收录了冯梦龙。从1983年到2023年，中国共发行《中国古代文学家》邮票5组计23人，代表了中国古代文学的最高成就，其中收录的明代文学家只有冯梦龙和汤显祖，可见冯梦龙的文学地位之高。从邮票上看，冯梦龙有书有酒有琵琶，手持折扇乐逍遥，正犹如其丰富多彩的人生。

（一）博闻强记聪慧，多才多艺高产

冯梦龙的家乡苏州，崇文重教蔚然成风。从记事起，冯梦龙就被灌输了"学而优则仕"的理念。相比严苛的父亲，出身大户人家的母亲，教育方式就温柔了许多。她先为冯梦龙讲述那些苦读成才的励志故事，然后归纳出读书秘诀"苦吟神鬼愁"，写成条幅挂在冯梦龙的书桌上。冯梦龙日夜苦读，他曾在《麟经指月·发凡》中回忆道："不佞童年受经，逢人问道，四方之秘箧，尽得疏观；廿载之苦心，亦多研悟。"对冯梦龙的好学，他的忘年交王挺一言以蔽之："上下数千年，澜翻廿一史。"他家富藏书，又广征博收，为他的著述奠定了资料基础；他天资聪颖，好学多思，为他的创作提供了生花妙笔；他个性洒脱、狂放不羁，且多才多艺、笔耕不辍，酒令、牌戏无所不通，科举教辅书能为广大考生指点迷津，俚俗小曲《挂枝儿》盛传市井，似乎无所不能。

受李贽"童心说"的影响，冯梦龙也认为文学是作家真情的表露，因而对通俗文学高度推崇。他编纂的数十种著作为中国文化宝库留下了一批不朽的珍宝。令人惊艳的是，冯梦龙不但多才多艺，而且悟性极高，研究什么都能达到极致。当时新出现一种马吊牌戏，据说就是后来的麻将，冯梦龙一如对待科举那样认真对之分析研究，撰写出一部《叶子新斗谱》（现《牌经十三篇》《马吊脚例》）介绍打牌技巧，居然也风靡一时，年轻人趋之若鹜，有些人甚至沉溺其中以致债台高筑，引发家长愤怒声讨冯梦龙，甚至告到官府。

冯梦龙的童年和青年时代与封建社会的许多读书人一样，把主要精力放在诵读经史以应科举上。他蔑视和否定孔子及"六经"，却又孜孜于科举考试和儒学教化，然而他的科举之路却十分坎坷，屡试不中，直到崇祯三年（1630），他56周岁时，才补为贡生，次年破例授丹徒训导。冯梦龙虽然屡试不中，却编了很多应试指南类的书籍，如《春秋衡库》《麟经指月》《春秋别本大全》《四书指月》《春秋定旨参新》等，这些书大受欢迎，冯梦龙也被请去湖北麻城等地辅导学生。

冯梦龙身怀大志，不鸣则已，一鸣惊人。崇祯七年（1634），在今人都已退休的六十高龄，冯梦龙出任福建寿宁知县。任职四年间，冯梦龙劝耕、弥讼、戒溺女，即鼓励百姓耕作，劝诫他们不要轻易打官司，不要溺杀女婴；他还消除匪祸虎患，抵御倭寇，崇文兴教，充分展现了他爱民、务实、清廉的形象；对官府的赋税恩典、银粮往来、

操办收支，冯梦龙敢于亮家底、晒清单。作为一个极有眼光的人，他在人口问题上也颇有自己的见解，认为"若二男二女，每生加一倍，日增不减，何以食之"，"不若人生一男一女，永无增减，可以长久"①。这也可算是古代最早突破"多子多孙为福"传统观念，倡导最为科学的"计划生育"的文人。

（二）作品极具才情，却又饱受争议

冯梦龙身处的明朝中后期，正是社会变革与文化繁荣的交汇点，这样的时代背景无疑为他的创作提供了得天独厚的条件。商品经济的蓬勃发展，市民阶层的兴起，社会需求的不断萌生，使得各种杂学杂术得以在这一广阔的土壤中生根发芽，呈现出前所未有的多样化面貌。冯梦龙正是敏锐地顺应这一时代脉搏，调动其才智，他的笔下才涌现出大量题材广泛、风格各异的作品，由此形成了引人注目、褒贬不一的"杂学杂书"创作。

冯梦龙的很多作品极具才情，世人争相传阅，又因语涉情爱而屡遭攻讦。冯梦龙虽有经世之志、满腹诗文，编"三言"以教化、《智囊》以"益智"、《古今谭概》以"疗腐"、《情史》以倡"情教"，不少作品却被视为行涉狎邪、语多佻薄，连《智囊》这部以先秦迄明代上千则智慧故事总结"古今成败得失"原因的作品，都被《四库全书总目提要》批为"间系以评语，佻薄殊甚"。《挂枝儿》《叶子新斗谱》等虽然受到民众追捧，却是备受传统士大夫攻讦。"挂枝儿"是明万历后逐渐流行的一种民间时调小曲名。冯梦龙的同乡好友沈德符在其所著《万历野获编》中说，冯梦龙搜集、整理的民歌集《挂枝儿》一经发布便流传极盛，"不问南北，不问男女，不问老幼良贱，人人习之，亦人人喜听之，以至刊布成帙，举世传颂，沁人心腑"。而冯梦龙的纸牌游戏指南《叶子新斗谱》刊行后，竟然被告到衙门，以致冯梦龙只能远赴湖北麻城"避祸"，向恩师熊廷弼求救。万历四十八年（1620），46岁的冯梦龙被人告到县衙，说自己的子弟受到冯梦龙写的游戏小书《叶子新斗谱》教唆，以致沉迷赌博，严重的已经输得家徒四壁了。明代中后期流行的叶子戏，因其牌面只有树叶大小，故而又得名"叶子牌"。叶子牌共有四十张，按"十万贯""万贯"

---

① 魏同贤：《冯梦龙全集》第 8 册《太平广记钞（上）》，凤凰出版社 2007 年版，第 143 页。

"索子""文钱"四种等级被标注上不同花色。"叶子牌"从唐朝甚至汉朝兴起后,到冯梦龙的时代,虽然历经千年,玩法却没变出什么花样。悟性极高的冯梦龙在总结了叶子牌获胜的技巧后,编著了一套游戏指南《叶子新斗谱》,问世后迅速风靡天下,不仅贩夫走卒玩得不亦乐乎,连达官显贵也玩得废寝忘食。甚至很多人参与赌博输了不少钱,于是有人认为冯梦龙的书有伤风化,群起告官;朝中不少官员也站出来呼吁全民戒赌。曾担任过户部郎中的叶春及就要求戒赌博,诸如铺牌、弈棋、双陆等无益之事,即使不赌财物,也要"一并罪之"。

清初吴江人钮琇在其《觚賸·英雄举动》篇记载:"梦龙文多游戏,《挂枝儿》小曲,与《叶子新斗谱》,皆其所撰。浮薄子弟,靡然倾动,至有覆家败产者。其父兄群起攻讦之……"冯梦龙后来又选编民歌集《山歌》,风靡一时的同时,不出所料地又受到正统道学家的攻讦。无怪乎北京师范大学教授潜明兹感叹"薄伽丘开辟了一个新时代,而冯梦龙却没有迎来一个新世界"!

(三) 本乃重情之人,不屑礼教束缚

自称"东吴畸人"的冯梦龙,一生为人行事狂放不羁。那些传统士大夫瞧不上冯梦龙,冯梦龙更瞧不上那些人,认为那些死守礼法、内心不敢有半点"波动"的士大夫生活其实"很苦"。这从冯梦龙《古今谭概》中与理学创始人程颐有关的一个故事可见:某日,皇帝一时兴起,便倚着栏杆去折下垂挂的柳枝。刚讲学完毕的程颐看到后,连忙上前说:"春天刚刚来临,不可以无缘无故去摧残柳枝。"皇帝听了这话,一下兴致全无,气得把柳枝扔到地上。对此,冯梦龙认为"遇了孟夫子,好货好色都自不妨。遇了程夫子,柳条也动一些不得。苦哉,苦哉"①。冯梦龙骨子里对扼杀人性和生命力的宋明理学、三纲五常厌弃至深。

比起"理",他更重"情",认为情是万物的根本,"天地若无情,不生一切物。一切物无情,不能环相生。生生而不灭,由情不灭故。四大皆幻设,惟情不虚假"②,甚至创立了"情教"。冯梦龙年轻时是个浪子,好友王挺曾说他"逍遥艳冶场,游戏烟花里"③。明朝中晚

---

① 魏同贤:《冯梦龙全集》第 6 册《古今谭概》,凤凰出版社 2007 年版,第 5 页。
② 魏同贤:《冯梦龙全集》第 7 册《情史》,凤凰出版社 2007 年版,龙子犹。
③ 高洪钧:《冯梦龙集笺注》,天津古籍出版社 2006 年版,第 11 页。

期，朝中政治腐败，文人报国无门，狎妓之风盛行。这一时期，江南一带商品经济发展，民风逐渐开放，人的重利思想和感官欲望都在滋长，享乐之风十分盛行。生于苏州的冯梦龙，虽然也加入了这场市井体验，实则他用情极深。侯慧卿是冯梦龙一生挚爱，二人情断后其好友董斯张说："自失慧卿，遂绝青楼之好。"① 如此至情之人，也难怪不论是为人还是创作，总是把"情"放在第一位。

除了情歌和牌经，当时社会上对冯梦龙议论最多的，还有他的考经——《麟经指月》《春秋衡库》《四书指月》等，相当于明朝版高考指南、模拟试卷之类的东西。冯梦龙自小跟随王仁孝学《春秋》，但上天并没有眷顾他的勤奋，他的考学之路不顺，屡屡落第。不是他学识不够，凡是与冯梦龙有交往或是听过他讲学的人，无不称赞其才华出众。时人文从简《赞冯犹龙》高度评价道："早岁才华众所惊，名场若个不称兄。一时文士推盟主，千古风流引后生。"② 所以有人推测，冯梦龙一直落榜，除了命运对他的垂青不够，也许还跟他流连烟花地，又吃花酒、行酒令、谱淫曲、会赌博、编小黄文，不像个正统文人，风评不佳有关。

冯梦龙本人屡试不中，想要通过科举去改变社会的路被堵住了。于是，对改造社会、启发民智仍有执念的他，便只能靠手中的笔，写出了喻世、警世、醒世的"三言"，写出因而大放异彩、大获成功的"杂学杂书"。深谙在故事中讲道理技巧的冯梦龙，讲故事时金句频出，如"毁誉从来不可听，是非终久自分明""世人眼孔浅的多，只有皮相，没有骨相""要人知重勤学，怕人知事莫做"。

冯梦龙的"杂学杂书"，不仅是其个人创作风格的体现，更是明朝中后期复杂多样的社会文化背景的缩影。在这一时期，随着商品经济的发展和市民阶层的壮大，人们对于文艺生活的需求也日益多样化。冯梦龙正是顺应了这一时代潮流，以其敏锐的洞察力和卓越的文学才华，创作出了大量题材广泛、风格多样的作品，从而形成了这一独特的现象。

---

① 高洪钧：《冯梦龙集笺注》，天津古籍出版社 2006 年版，第 299 页。
② 高洪钧：《冯梦龙集笺注》，天津古籍出版社 2006 年版，第 9 页。

二、冯梦龙的"杂学杂书"

（一）冯梦龙的"杂学杂书"概念及分类

冯梦龙的"杂学杂书"，展现了作品种类的丰富性与广泛性。冯梦龙以丰富的想象力和深厚的人文关怀，将各种知识、典故和故事编织成一部部跨越时代的文化精品。小说、山歌、科考辅导以及纸牌指南等作品，涉及多个领域，既广博又精深；而且每一种作品问世后，都引发轰动效应。

"杂学杂书"这一概念，是对冯梦龙文学创作的一种概括，它体现了冯梦龙作品的多元性、广泛性和包容性。这个词并非冯梦龙自创，而是后世用来形容他作品的丰富内容和广泛取材的特性。它包含了冯梦龙对于各种知识、艺术形式以及社会生活的融合，是冯梦龙在创作中体现的一种开放态度和兼容并蓄的独特风格；当然，这个词也体现了传统文人虽然惊叹于冯作的丰厚，却又觉得不登大雅的一些不屑。

我们觉得，在冯梦龙的"杂学杂书"中，"杂"字是指其内容涵盖面广泛，从日常生活琐事到历史典故，从社会风俗到伦理道德，从爱情婚姻到科举仕途，无所不包。他不仅在"三言"中描绘了形形色色的人物和千奇百怪的故事，还以戏曲形式将民间传说和历史故事进行再创作，使其成为普通百姓都能欣赏的艺术形式。他不仅关注士大夫的精英文化，而且以更广泛的视角关注社会各个阶层，尤其关注普通民众的生活，他的山歌，他的牌经，都能风靡一时。"杂学杂书"中的"学"并不局限于传统的学术知识，而是包括了冯梦龙对社会生活的深刻理解和对人性的洞察，能让读者在阅读的同时领悟到人生的道理。否则，他的作品不可能那么畅销，那么受追捧。他采用口语化、生活化的语言，让内容更加贴近民众，更易于被吸收，因而更容易引起共鸣。

我们试对冯梦龙的"杂学杂书"分类如下：

一是非杂学类。这是指在正统道学家眼里，合乎大道雅言的著述，如诗集类的《七乐斋稿》，戏曲类的《双雄记》《万事足》等，方志类的《寿宁待志》，时事类的《王阳明出生靖难录》《甲申纪事》《中兴实录》《中兴伟略》等，考证类的《折梅笺》《楚辞句解评林》等。在诗歌、戏曲和历史创作方面，冯梦龙以其独特的艺术风格和深刻的思想内涵赢得了广泛的赞誉，这部分内容不在我们的主要研究范围内。

二是近杂学类。包括拟话本类的小说集"三言",长篇历史演义类的《有夏志传》《东周列国志》《平妖传》等,民歌类的《童痴一弄·挂枝儿》《童痴二弄·山歌》《夹竹桃顶真千家诗》,笔记小品类的《智囊》《古今谭概》《情史》《笑府》《燕居笔记》,应试指南类的《春秋衡库》《麟经指月》《春秋别本大全》《四书指月》《春秋定旨参新》。冯梦龙的小说,虽然今日已登大雅之堂,但在当时,尚未拥有主流的地位和评价;《山歌》《挂枝儿》等民歌,更是备受指责,但好歹不算完全的"杂学"。至于应试指南类的著述,应试科考本是封建社会的正途,但冯梦龙作为一个士子却去编写应试指南,终归有些耽误正业,所以归之于近杂学类。《智囊》因其特殊性,也归于此类。

三是纯杂学类。终日忙碌的冯梦龙居然还能写出家常应用类的《叶子新斗谱》(现《牌经》《马吊脚例》),似乎真的是有点"不务正业"了。

他编写的科考辅导书籍为当时的学子提供了实用的学习指南,而纸牌指南则反映了当时社会的娱乐生活面貌。这些作品虽然与文学创作的性质有所不同,但同样体现了冯梦龙对知识的广泛涉猎和对社会的深入观察。明朝中后期,随着社会经济的发展和市民阶层的崛起,文化需求日趋多样化。冯梦龙的作品,正是这一时代背景下文化繁荣的缩影。

(二) 冯梦龙的"杂学杂书"概述

本文主要论述的是冯梦龙的近杂学类和纯杂学类作品。

1. 小说和山歌的"杂学"性

冯梦龙在小说和山歌领域的创作展现出非凡的艺术才华。

在小说领域,冯梦龙成就斐然。他创作的小说情节曲折、人物形象鲜明,深受读者喜爱。他还对前人的作品进行了整理与改编,使之更加符合当时社会的审美需求。他笔下的故事,既有深沉的历史厚重感,又不失市井小民的生活气息。他的著作以"三言"的影响最大最广。空观主人凌濛初在《拍案惊奇》序中评价道:"独龙子犹氏所辑《喻世》等诸言,颇存雅道,时著良规,一破今时陋习;而宋、元旧种,亦被搜括殆尽。"① 笑花主人在《今古奇观》序中说:"《喻世》《警世》《醒世》三言,极摹人情世态之歧,备写悲欢离合之致,可谓

---

① 凌濛初:《拍案惊奇》,陈迩冬、郭隽杰校注,人民文学出版社2007年版,序。

钦异拔新，洞心骇目。"① 这种独特的文学风格，使得他的作品既能够引起文人墨客的共鸣，又能够深受普通市民的喜爱。这也正是冯梦龙作品能够跨越时空，至今仍被广泛传颂的重要原因之一。

在冯梦龙的众多作品中，《山歌》无疑占据着特殊的地位。冯梦龙深知山歌是民间文化的一种重要表现形式，具有浓郁的地方特色和生活气息。为了保存和传承这一独特的文化形式，他亲自到各地采集山歌，整理成集，不仅收录了农村的歌谣，还囊括了城市的歌曲，甚至文人的模仿之作。在《山歌》序中，冯梦龙强调了通俗文学的意义，认为山歌是民间文化的重要组成部分，通过山歌可以反映社会现实，表达人民的心声。因此，他遍访各地，收集了大量的山歌资料，经过精心整理，最终汇编成册，不仅题材广泛，而且形式多样。他的贡献不仅在于保存了大量的珍贵资料，更在于他通过这些工作，让更多的人了解和认识到民间文化的价值，极大地促进了民俗文化的传承和发展。

2. 《智囊》类的益智性

冯梦龙的各种笔记小品在学术研究方面也具有显著的价值，为历史学家、社会学家和文学研究者提供了丰富的案例分析。

冯梦龙编纂《智囊》等笔记小品的初衷，源于他对古代智谋故事的热爱，以及对智谋在现实生活中应用的深刻认识，总结"古今成败得失"。作为一位博学多才的文学家，冯梦龙深知智慧在治国、管理、人际交往中的重要性，他希望通过汇集和整理这些智谋故事，为读者提供一种智慧的源泉，帮助人们在面对复杂问题时，能找到解决问题的策略与启示。

冯梦龙赴寿宁上任前，增删订正了八年前辑行的《智囊》，其中很多执政智慧在他的任上都得到了实践；正如其朋友艾容《寄冯梦龙京口》诗所说："《智囊》自属救时宰，经筵原为天下师。"② 《智囊》之旨在"益智"，是最具社会政治特色和实用价值的故事集。全书共收上起先秦下迄明代的历代智慧故事1238则，依内容分为十部二十八卷。其中《闺智》一部，记叙了许多有才智、有勇谋、有远见卓识的妇女，这在"女子无才便是德"的封建时代，殊为难得。冯梦龙并不

---

① 朱一玄：《明清小说资料选编》（下册），南开大学出版社2006年版，第911页。
② 高洪钧：《冯梦龙集笺注》，天津古籍出版社2006年版，第9页。

满足于简单地记载这些故事，而是对它们进行了精心加工和创新性讲述，以增加故事的吸引力和思想深度。他在选择和讲述智谋故事时，尽量贴近普通人的生活实际，使读者在阅读中能感受到智谋就在身边，可以学以致用。同时，他也强调了道德与智谋的结合，反对纯粹为了个人私利的智术，引导读者在追求成功的同时，不忘道德的约束，做到智勇双全、德才兼备。

冯梦龙的《古今谭概》《笑府》《燕居笔记》等笔记小品，通过古往今来的故事、笑话、寓言，讲述如何在面对生活挑战时运用智慧，强调道德品质的重要性，揭露封建卫道士的虚伪，抨击人世间的不公。他的《情史》，更是宣扬了他的"情教论"。冯梦龙对社会的广泛关注，对人性的深刻洞察，使他写出了这些饱含人生感悟的作品。

3. 科考辅导书籍的实用性

冯梦龙在文学创作领域之外，还积极涉足科考辅导书籍的编纂。应试指南类的《春秋衡库》《麟经指月》《春秋别本大全》《四书指月》《春秋定旨参新》等书籍"指点迷津"的效果非凡，一经问世就受到了广大士子的热烈追捧。

冯梦龙的这些科考辅导书籍在当时具有广泛的市场影响力，不仅因为其内容详实、实用，更因为他的书籍紧密贴合了当时士子们的实际需求，不仅深入解析了科举考试的内容，还精心总结了应试的策略与技巧，为广大考生提供了极为实用的参考指南。在明朝中后期，科举考试是选拔人才的主要途径，也是士子们实现政治抱负和社会地位提升的重要渠道。因此，冯梦龙的辅导书籍无疑成为他们备考过程中的重要参考资料。

在科举考试内容解析方面，冯梦龙的辅导书籍堪称详尽而精准。他凭借多次参加科考的经验和自己的聪明才智，对科举考试的各个环节进行了细致入微的分析，并给出独到而实用的见解。除了对考试内容的深入解析，冯梦龙还特别注重应试策略的传授。他强调考生在备考过程中应注重知识的积累和思维的训练，同时掌握一定的答题技巧，比如要注重文章的结构和逻辑，力求言简意赅、条理清晰，结合实际、避免空谈。

冯梦龙的科考辅导书籍为后世的科举制度研究提供了丰富的史料和重要的参考。

4. 纸牌指南的娱世性

在冯梦龙创作的众多作品中，纸牌指南《叶子新斗谱》以其独特的创新性和娱乐性脱颖而出，成为当时社会的一大亮点。他不仅详细介绍了纸牌的玩法、规则，更在其中融入了诸多文化元素与哲学思考。这使得原本仅为娱乐工具的纸牌，摇身一变成为文化交流的载体，其内涵与意义得到了极大的提升。这部作品的问世，不仅丰富了人们的娱乐生活，更在某种程度上推动了文化的多样性与包容性，在当时的社会中引起了轰动，其影响力可见一斑。

冯梦龙的《叶子新斗谱》，以深厚的文字功底和丰富的社会经验，将纸牌游戏与传统文化相结合，赋予其新的生命与活力。他通过精湛的笔触，描绘了纸牌背后的文化意蕴，让读者在娱乐之余也能领略到传统文化的魅力。这部作品不仅丰富了人们的文化生活，也在文化传承与交流方面发挥了不可或缺的作用。通过研究这部作品，我们可以更加深入地了解明代社会的文化生态以及冯梦龙本人的创作理念。同时，冯梦龙的创新精神也对我们当代的文化产业发展具有重要的启示意义，值得我们深入学习与借鉴。

三、"杂学杂书"风靡市场的背景

（一）时代背景和创作背景

冯梦龙"杂学杂书"的大量问世并风靡市场，与当时的社会文化背景息息相关。明代中后期，随着商品经济的蓬勃发展和市民阶层的日益壮大，社会文化呈现出前所未有的繁荣景象。这一时期，人们的思想观念逐渐开放，对传统文化的反思与批判精神日益增强，同时对新思想、新文化的渴求也愈发强烈。

冯梦龙生活的明朝后期，是一个文化繁荣但也面临动荡的时期。这一时期随着商品经济的发展和市民阶层的崛起，社会风气发生了显著变化，求新求变，追求世俗，这为文学的世俗化和大众化提供了土壤，也为冯梦龙的"杂学杂书"提供了应运而生的文化背景。明代文化的一大特色便是儒学的世俗化。明代社会的民间文化蓬勃发展，特别是小说、戏曲、民歌等形式，为冯梦龙的创作提供了丰富的素材。

明代城市化进程的推进也促使文学创作更加关注城市生活和市民阶层。冯梦龙的作品描绘了大量市井生活场景，通过小市民的喜怒哀乐，展现了城市社会的世俗风情。民间故事、传说、歌谣等民间文学形式在冯梦龙手笔下得到加工和升华，他的作品充满了生活气息和人民性。他以通俗易懂的语言讲述世间百态，小说故事虽然多含道德教涵，但反映了明代城市文化的特点，也体现了冯梦龙敏锐的社会洞察力。

再从作者个人的创作生涯来看，冯梦龙自幼受到良好的儒家教育，但科举之路并不顺利，屡试不第。科举的挫折促使他将更多的精力投入到文学创作和杂书编撰中，他以敏锐的洞察力和卓越的文学才华，顺应时代的脉搏，创作出了大量题材广泛、形式多样的作品。冯梦龙的作品既顺应了当时市民阶层的审美需求，又引领了社会需求的潮流，在市场上备受追捧，从而造就了冯梦龙"杂学杂书"的创作格局。

（二）市场需求与读者心理

明代中后期的社会文化繁荣为冯梦龙作品的出版和传播提供了广阔的平台。当时，出版、戏曲演出等文化事业均得到了空前的发展，这些传播途径的拓展，不但为冯梦龙的作品提供了丰富的素材，而且为其作品走向更广泛的读者市场提供了便利。他及时根据市场需求和读者心理的变化，并通过丰富的内容和多样的形式满足了不同读者的需求。

这一时期，读者对文学作品的需求不再仅仅局限于传统的诗词歌赋，而是向着更加多元化、世俗化的方向发展。冯梦龙敏锐地捕捉到了这一市场变化，通过创作"杂学杂书"来满足不同读者的阅读需求。冯梦龙的小说和山歌以其精彩的故事情节和深刻的情感表达吸引了大量读者，迎合了市民阶层对民俗文化的热爱。冯梦龙的纸牌指南更是让读者感受到民俗文化的独特魅力，以其娱乐性和实用性赢得了市场的青睐。这种寓教于乐的创作理念无疑为冯梦龙赢得了更多的读者和市场份额。他的科考辅导书籍也深受士子们的喜爱。在科举制度盛行的明代，士子们对科考辅导书籍的需求旺盛。冯梦龙的这些书籍不仅提供了详尽的考试内容解析，还传授了实用的应试技巧，这无疑为士子们提供了极大的帮助。同时，冯梦龙本人还积极参与各种文化活动，与社会各界交往密切，这使得他的作品在知识分子和市民阶层中都产生了深远的影响。因此，他的作品在士子群体中有着广泛的影响力和良好的口碑。

冯梦龙的作品所蕴含的独特魅力，源于他对社会现实的深刻洞察和对人性细微变化的捕捉。他所写的内容和提出的许多问题，如道德伦理、民歌传唱、民俗娱乐等，都是当时社会普遍关注的话题。这种与读者的互动和共鸣，使得他的作品不仅具有娱乐性，更具有深刻的思想性和社会性。他笔下的人物形象栩栩如生，故事情节扣人心弦，不仅让读者在阅读过程中沉浸其中，更引导读者对人性、社会进行深刻的反思；他写的东西贴近生活，很接地气，所以备受民众欢迎。这种源于生活而高于生活的艺术创作，使得他的作品具有了跨越时空的普遍意义和永恒价值，不仅在当时社会引起了轰动，而且对后世也产生了深远的影响。

四、"杂学杂书"的社会影响及现代解读

冯梦龙的"杂学杂书"，涵盖了小说、民歌、科考、娱乐等多个领域，不仅种类多样，更是质量上乘、受众广泛，体现了他对人性、社会以及文化的深刻洞察和独到见解，在当时社会各阶层中广为流传。如何看待冯梦龙的"杂学杂书"，这不仅涉及对个人创作的理解，更关乎对一个时代文化精神的解读。

（一）对当时的影响

1. 对当时文学界的影响

冯梦龙以其独特的"杂学杂书"，在明代文学界掀起了一股革新的浪潮。他的作品种类繁多，这种跨界的创作实践，极大地拓展了文学的边界，使得文学不再是高高在上、脱离群众的阳春白雪，而是更加贴近民众生活、反映社会现实的百科全书。

在冯梦龙的影响下，当时的文学界开始逐渐摆脱传统观念的束缚，积极探索新的创作题材和形式，力图以生动的情节、鲜明的人物形象和深刻的社会洞察力，吸引众多读者的关注和喜爱。这不仅促进了文学作品的传播和普及，还提高了民众对文学艺术的鉴赏能力和审美水平。

冯梦龙跨界创作"杂学杂书"还对当时的文人产生了示范效应。许多文人开始效仿他的创作风格，尝试跨界创作，从而使得文学界、出版界呈现出更加多元化和繁荣的局面，为明代文化的发展注入了新的活力和动力。

2. 对当时社会风气的影响

冯梦龙的作品不仅为民众提供了丰富的精神食粮，更在无形之中影响了社会风气。他的作品，既映照出社会的光明面，也写出了阴暗角落；既展示了人性中纯真、善良和美好的一面，也对假恶丑进行了深刻的揭露和批判；既有风花雪月，也有对社会现实和民生问题的深

刻反映，传递出对他们的深切同情和关怀；同时还敏锐地捕捉到了社会变革中的种种矛盾和冲突，以作品的形式将这些问题呈现在人们面前，以期推进社会风气的改善和进步。

他的纸牌指南之类的"杂学杂书"体现了明代文化的多样性和包容性，满足了市民阶层的娱乐消遣之需，虽然受到传统势力的打压，却也真实反映甚至引领了明代文化的一种风气。

（二）历来的争议

冯梦龙"杂学杂书"的创作生涯并非一帆风顺。他的作品在当时就引起了广泛的争论，既有赞誉，也有批评。冯梦龙的作品不仅在题材上涵盖了社会生活的各个方面，而且他既不回避社会的阴暗面，也不过分美化现实。这种多维度的展现，为读者提供了一个全方位了解当时社会的窗口。他的作品因为对人性的深刻揭示和对社会现实的直接描绘，被赞为具有人民性和现实主义色彩。他的"杂学杂书"犹如一面多棱镜，折射出那个时代人们的喜怒哀乐，以及社会的方方面面。

因为冯梦龙的有些作品涉及情爱，纸牌指南有时被应用于赌博，所以在备受追捧的同时，也有人批评他的作品"诲淫诲盗"。《挂枝儿》刊行后，遭到许多攻讦，以致冯梦龙只能远赴湖北向赏识他的恩师熊廷弼求救。没想到在梦龙求见熊公时，熊公竟然问道："曾携一二册以惠老夫乎？"可见这本书的受欢迎程度，同时也折射了这些作品所面临的不同价值判断。这种批评与争议使冯梦龙的作品价值更加丰富多元，为后世研究提供了多角度的解读空间。

历史上的冯梦龙作品因语涉俚俗，或是涉及礼教而被封禁，对他的评价和研究也一直没能得到应有的重视。直到习近平总书记数次点赞冯梦龙的廉政德政、引用其名言警句，引起社会各界的广泛重视并推动了冯梦龙研究的深化，冯梦龙廉政文化、德政文化和文学地位才回归应有的价值和地位。

（三）对当代文化发展的启示

冯梦龙的"杂学杂书"是他深厚学术功底和广泛创作兴趣的集中体现，是我们全面理解明代社会文化生态，洞察当时市民阶层的审美趣味、文化追求和价值取向不可多得的瑰宝。同时，他这种跨界的创作理念和艺术实践也为当代文化产业的发展提供了有益的借鉴。

冯梦龙"杂学杂书"不仅彰显了个人的卓越才华和深厚底蕴，更以其广博的学识和跨界的创作实践，提醒我们当代文化人应具备全面的素养和多元的视角。在专业化日益精细的今天，在当下这个信息爆炸、文化多元的时代，我们不应局限于某一领域，而应积极拓展知识面，跨界融合，以创新的思维去发掘和呈现文化的多样性。

冯梦龙关注市场需求，以读者为中心，创作了大量深受欢迎的作品。这启示我们，当代文化发展应紧密结合市场需求，了解并尊重受众的喜好与期待，以更加接地气的方式去传播和推广文化产品，实现文化的社会价值和经济效益的双赢。冯梦龙的"杂学杂书"在现代可以被视为一种跨学科的创作实践。在现代教育观念中，跨学科的教育方式越来越受到重视，冯梦龙的"杂学杂书"恰好展示了跨学科的潜在价值，能够启发读者从多角度思考问题，培养批判性思维。

冯梦龙还以其作品的社会责任感和教化功能，影响了当时的社会风气。冯梦龙的"杂学杂书"对人性的洞察和揭示，尤其是对普通人的生活和情感的关注，对于现代社会依旧具有借鉴意义。在快节奏的现代生活中，人们依然需要文学作品来展现平凡人生的喜怒哀乐，需要必要的娱乐来体验人生的精彩和多样性。冯梦龙作品中的人物、故事和知识，为我们提供了理解和接纳不同生活方式和价值观的窗口，有助于构建更包容、更和谐的社会文化环境。

冯梦龙注重文化的传承与创新，他的作品既保留了传统文化的精华，又融入了时代元素和民俗文化。这启示我们，在推动当代文化发展的过程中，既要继承和弘扬优秀传统文化，又要勇于创新，为传统文化注入新的活力，使其与时俱进，焕发新的光彩。我们不仅可以在学术研究中深入探讨，还可通过改编、翻译、舞台演绎等多种形式，使其在现代社会中得以延续和发扬；借助现代科技手段，如数字化技术，使其得到更广泛的传播，让更多人接触到、感受到这些文化遗产。

总的来说，冯梦龙的"杂学杂书"是跨越时代的文化瑰宝，它们既是冯梦龙个人智慧的结晶，也是明代社会生活和思想观念的生动写照。我们应以敬畏之心去欣赏，以鉴赏之眼去解读，以此为契机，深化对传统文化的认识，传承和发扬中华民族的优秀文化精神。

参考文献

[1] 冯梦龙：《喻世明言》，人民文学出版社1987年版。

［2］冯梦龙：《警世通言》，人民文学出版社 1987 年版。

［3］冯梦龙：《醒世恒言》，人民文学出版社 1987 年版。

［4］冯骥才：《关于〈俗世奇人〉》，《文学自由谈》2000 年第 5 期。

［5］周才方：《六朝文化世族的形成及其对江南文化的影响》，《金陵科技学院学报（社会科学版）》2005 年第 3 期。

［6］肖虹：《冯梦龙小说中的商人形象》，《文化学刊》2019 年第 12 期。

［7］邢文：《论明代商业文化对小说的影响》，西北大学硕士学位论文，2010 年。

［8］吕靖波：《明代游幕文人的生存状态与文学成就》，《南通大学学报（社会科学版）》2018 年第 3 期。

［9］谷奕瞳：《空间叙事学视域下"三言"里的明代运河空间》，《汉江师范学院学报》2023 年第 4 期。

［10］申明秀：《论冯梦龙〈三言〉的雅俗整合——江南世情小说雅俗系列研究之九》，《沈阳大学学报（自然科学版）》2011 年第 4 期。

［11］王引萍：《略论明代文学中的女性审美形象》，《西北第二民族学院学报（哲学社会科学版）》1995 年第 3 期。

［12］张玲：《"三言"中的苏州城市文化》，《今古文创》2021 年第 45 期。

［13］刘勇强：《冯梦龙的经典意识与"三言"的艺术品格》，《人民论坛》2023 年第 16 期。

（陈来生，苏州市冯梦龙研究会副会长）

文学星河中的璀璨明珠

沈建山

在历史的浩瀚长河中,诸多名字恰似璀璨的星辰,穿透岁月的重重帷幕,闪耀着不灭的光芒。冯梦龙,这位屹立于明末清初文学领域的巨匠,无疑是其中最为耀眼的存在。当清晨的第一缕阳光轻柔地洒向大地,我仿若能跨越时空的屏障,瞧见他风度翩翩,手持如椽大笔,凭借一颗敏锐且深沉的文心,细致地感知着时代的每一丝脉动,精心描绘着那个时代的多彩画卷,将市井的烟火气息与百姓的喜怒哀乐,编织成一部部扣人心弦的文学杰作,璀璨绚烂,经久不衰。

一、时代的画笔,勾勒市井繁华景象

明代,宛如一幅绚丽缤纷、波澜壮阔的历史巨卷,展现出手工业与商业的昌盛繁荣,恰似文化的春天,百花争艳,各展风姿。在这股时代洪流之中,冯梦龙凭借其独特的视角与笔触,赫然成为"市民文学"的耀眼明星,奠定了无可撼动的地位。他犹如一位技艺超凡的画师,以灵动的文字为颜料,精心绘制出一幅幅市井生活的鲜活画面,让后人得以领略那个时代的独特韵味与浓厚氛围。

在冯梦龙的描绘下,热闹非凡的集市仿佛是一个充满生机与活力的奇妙天地。熙攘的人群穿梭其间,嘈杂的吆喝声此起彼伏。货摊上摆满了琳琅满目的物品,丝绸的光泽在阳光下熠熠生辉,瓷器的精美令人赞不绝口。精明的商人们能言善辩,与顾客们你来我往地讨价还价,他们的目光中流露出对商机的敏锐捕捉和对财富的热切追求。而在那幽静狭窄的小巷里,隐藏着另一种别有风情的生活。勤劳朴实的手工艺人在狭小的作坊中埋头苦干,木匠精心雕琢手中的木材,铁匠的铁锤在火炉旁敲打出富有韵律的声响。他们的汗水与专注,铸就了一件件巧夺天工的作品,也承载着对生活的坚定执着与深沉热爱。

冯梦龙深入市井,贴近民众,用心倾听他们的故事,真切感受他们的酸甜苦辣。他以细腻的文笔，勾勒出普通人的梦想与追求、爱情与离别、成功与失败。在他的作品里，我们仿佛穿越时空，亲眼见到了明代百姓的真实生活，深切体悟到了他们的淳朴情感与对美好生活的憧憬。他的文字，让历史的尘埃不再遮蔽那些被遗忘的角落，让平凡的人们在文学的殿堂中绽放光芒。

《蒋兴哥重会珍珠衫》正是冯梦龙笔下的一篇佳作。蒋兴哥外出经商，妻子王三巧因寂寞而出错，蒋兴哥归来后虽怒而休妻，但最终因三巧的深情相助而与之重归于好。这个故事生动地展现了人性的复杂多样，也深刻地反映了当时社会的婚姻观念和道德标准。冯梦龙将这篇作品置于《喻世明言》第一卷的位置，足见其用心良苦。

同样，《醒世恒言》中的《卖油郎独占花魁》《陈多寿生死夫妻》等篇章，以及《喻世明言》中的《羊角哀舍命全交》等故事，都生动地呈现了当时社会的种种现象与情感纠葛。冯梦龙以其独特的艺术手法和深刻的社会洞察力，为我们留下了一笔珍贵的精神财富。

二、文学的多彩镜，人性的深度洞察者

冯梦龙的文学天地好似一面绚烂夺目、五彩缤纷的多棱镜，精妙地折射出人性的多面姿态。它既有光明璀璨、令人尊崇的一面，也存在幽暗隐晦、引人深思的角落；情感在其中细腻流淌，跌宕起伏的情节扣人心弦，引领读者穿梭于一个既真实又动人的精神世界。

他的每一部著述都是对人性深入探索的勇敢尝试，是对人类灵魂的无尽追寻。在《喻世明言》的传奇天地中，读者仿若踏入一个悲欢离合交织的戏剧舞台，目睹了角色们为爱奋争、为利堕落的种种遭遇，呈现出人性中既勇敢又脆弱的双重特质。而《警世通言》则通过一桩桩令人深省的事例，如同警钟敲响，揭示了冲动与理智、善良与贪婪之间的激烈碰撞，使人不禁对人性展开深刻的反思。《醒世恒言》所收录的大多是成熟的话本小说，以更为贴近生活的独特视角，展现了普通人在平常日子里所面临的各种艰难抉择和严峻考验。在这些故事里，我们看到了人性的复杂多变，既有善良与丑恶的激烈对抗，也有欲望与理智的艰难博弈。

比如在《卖油郎独占花魁》中，卖油郎秦重身份卑微，却心地善良，对花魁娘子莘瑶琴一往情深。莘瑶琴历经繁华与沧桑，最终被秦重的真情所打动。这个故事备受赞誉，主要是它区别于古代"才子佳人"的爱情模式,传递出厚道、真诚、善良是爱情稳固、家庭昌盛、社会和谐的根基的观念,同时尊重人性,给予情欲合理的位置。冯梦龙的这些作品,对人性的刻画细致入微,让我们在阅读中持续反思自身,具有深刻的教育意义和丰富的思想内涵。

戏剧作品《双雄记》《万事足》是迄今能确定为冯梦龙创作的两种传奇。就作品而言,这两种传奇虽称不上佳作,但也绝非作者的随意之作。强烈的社会责任感,对家庭、人生的深入思考,促使冯梦龙创作出这两种传奇。在他的戏剧中,我们看到了爱情的坚贞不渝、海枯石烂,友情的珍贵无价、情比金坚,也看到了权力的腐蚀侵蚀和欲望的膨胀泛滥。

而他所收集整理的民歌,如《挂枝儿》《山歌》,更是充满了生活的浓郁气息和情感的真挚热烈。这些民歌以质朴无华、简洁明快的语言表达了人们内心深处的情感,无论是对爱情的热切渴望,还是对生活的深沉感慨,都显得那么真实动人、纯粹质朴。冯梦龙通过这些民歌,让我们听到了来自民间最质朴纯真的声音,感受到了人性中最本真原始的情感。

冯梦龙的作品,是对人性探索的珍贵财富。他以独特的视角和敏锐的洞察力,揭示了人性的复杂多样,让读者在共鸣中领悟人生的真谛。他告诉我们,人性并非单一色调,而是由无数细微的情感与抉择共同构成。在纷繁复杂的世界中,唯有保持清醒与坚定,才能守护内心的善良与美好。

三、时代桥梁的搭建者,文化血脉的捍卫者

冯梦龙,这位文学巨擘,不仅凭借其出众的才华在文学殿堂中大放异彩,更以其非凡的使命感成为文化传承的杰出使者。他的创作,犹如一座横跨古今、连通四方的桥梁,不但连接了古代与现代的智慧之光,还巧妙融合了多元地域与阶层的文化精粹,为中华文化的延续与繁荣奠定了坚实的基础。

在广袤的文学领域,冯梦龙以其渊博的知识和卓越的才情,在多个方面留下了深刻的痕迹。在长篇历史演义的浩瀚篇章里,《东周列国志》以其宏大的历史视野和细腻的情节描绘,将春秋战国那段风云变幻的历史画卷缓缓展开。他以历史事件为经线,以人物形象为纬线,编织出一幅幅波澜壮阔的政治斗争、军事较量与文化交融的宏伟图景,

让读者仿佛穿越时空隧道，亲身体验那段英雄辈出的辉煌岁月，感受历史的深沉与厚重。

而在民间文学的沃土里，冯梦龙更是以一位辛勤耕耘者的姿态，深入民间，广泛搜集整理民歌民谣，为民间文化的传承与保护倾注了满腔热忱。这些民歌，不只是艺术的珍宝，更是历史的见证，它们以质朴的语言、真挚的情感，生动地反映了当时社会的风土人情与民众的生活状态，为后世研究古代社会提供了宝贵的资料。

冯梦龙的作品，不仅在当时获得了广泛的赞誉与影响，更在历史的长河中经久不衰，不断被后人传颂与弘扬。他的文学精神，如同一盏明灯，照亮了无数文人的心灵之路；他的作品，则如同璀璨星辰，镶嵌在中华文化宝库的天幕之上，闪耀光芒。他以文字为桥梁，搭建起了一座连接古今、沟通四方的文化桥梁，让不同地域、不同阶层的文化得以自由交流与深度融合。在冯梦龙的笔下，我们既能领略到古代文化的深邃与广博，又能感受到现代思想的灵动与跃动。这种跨越时代的对话与传承，正是冯梦龙文学价值的体现，也是他对中华文化乃至世界文化所作出的重大贡献。

四、永恒的灯塔，心灵的指引

在历史的长河中，冯梦龙如同一座永恒的灯塔，散发着璀璨的光芒，照亮我们的心灵之路。时光匆匆，岁月流转，然而冯梦龙之名却从未黯淡。他的作品恰似永不熄灭的明灯，为我们带来无尽的温暖与深刻的启迪。

冯梦龙以其敏锐而细腻的笔触，引领我们以温柔且深邃之心去感知这个世界，去体验丰富多彩的生活。在他的笔下，哪怕是最微不足道的细节，都能被赋予非凡的意义，绽放出夺目的光彩。那些最微妙的情感波动，也如同丝丝涟漪，轻轻触动着我们的心灵，引发强烈的共鸣。他让我们明白，生活中的每一个瞬间都是珍贵的宝藏，值得我们用心去品味，深深珍藏。每一个人物的背后，都隐藏着独特的故事和不可忽视的价值。

他教导我们在复杂的人性中探寻真、善、美。在他的作品里，我们既能看到人性的弱点与缺陷，也能看到在黑暗中坚守光明、在困境中保持善良的人们。他使我们坚信，无论世界多么纷繁复杂，真、善、美始终如星星般存在，只要我们用心去寻觅，就一定能在生活的角落中发现它们的踪迹。

冯梦龙带领我们畅游在文学的海洋，探索那些能够触动心灵、启迪智慧的美丽篇章。他的作品宛如一座座精神的宝库，蕴藏着丰富的知识和深刻的哲理。每一次阅读，都是一次心灵的旅行与成长，让我们在文字的世界里找到共鸣，汲取力量。

2016年10月14日《人民日报》发表的《习近平总书记的文学情缘》一文中写道："'文革'时，我们家搬到中央党校住。按当时的要求，中央党校需要把书全集中在科学会堂里，负责装车的师傅都认识我，他们请我一起搬书。搬书的过程中，我就挑一部分留下来看。那段时间，我天天在那儿翻看'三言'，其中很多警句我都能背下来。"巧合的是，儿时的我在生产队的晒谷场上没少听说书先生给我们带来的"白娘子永镇雷峰塔""杜十娘怒沉百宝箱"等故事。"不受苦中苦，难为人上人""画龙画虎难画骨，知人知面不知心"等深刻影响中国人价值观的名言警句就是那时学到的，成为我们成长道路上的宝贵财富。

2024年，正值冯梦龙450周年诞辰，在这个特殊的日子里，我们重读他的作品，重走他的文学之旅。在未来的日子里，让我们传承他的文学精神，发扬他的高尚品质，用我们的文字书写属于这个时代的辉煌篇章。

（沈建山，阳澄湖畔退伍老兵，业余喜欢看书、交友的"蟹农"）

附录：传承老山歌，唱响新山歌

2023年4月中旬，苏州市音乐家协会组织苏州市二十余位词曲作者赴苏州市相城区黄埭镇冯梦龙村开展乡村振兴主题的采风创作活动，讴歌新农村，展现时代风采。

幸福新三言
——致全国文明村冯梦龙村

许铭华

悠悠水上游，两岸花开艳，
梦龙山歌起，沉醉乡野间。
缓缓田埂行，粉黛入眼帘，
纪念馆中过，一眼四百年。
德本堂内，乡里乡贤，
吟唱着治村名言新旋律；
农家乐里，蓝莓园前，
翻开了富村通言新画卷；
百里花海，清澈湖荡，
勾勒出美村恒言新空间。
幸福新三言，
迎来了和谐喜悦丰收年；
幸福新三言，
挥洒出乡村振兴新诗篇。

（苏州市相城区黄埭镇）

农家喜洋洋

华 也

春季里，播种忙，
燕子飞来剪春光，
桃红柳绿绕村庄，
家家户户喜洋洋。
田野好风光，
喜鹊枝头唱。
谁家的姑娘要出嫁，
呀啊呀嗬嗨——
满满的一车哟好嫁妆。
秋季里，稻谷香，
一片丰收好景象，
累累硕果满枝头，
金风送爽百业旺。
老人笑弯了腰，
孩子心花儿放。
谁家又要搬新房，
呀啊呀嗬嗨——
村里的乡亲哟来帮忙。
农家喜洋洋，处处新风尚，
辛勤汗水浇出福满堂。
农家喜洋洋，迎来新希望。
乡村振兴道路宽又广。

（苏州市吴江区文体广电和旅游局）

父亲走过的稻田

吴晓风

秧苗翻涌着碧浪,
阡陌通向那远方。
父亲走过的稻田,
生长着希望。
祖祖辈辈的期盼,
种在那土壤。
栉风沐雨的日子,
孕育着芬芳。
父亲额头的汗滴啊,
在风中闪着银光。
辛勤耕耘的家园啊,
春风回荡,春风回荡!
稻谷捧出了金黄,
笑声飞出那晒场。
父亲走过的稻田,
收获着欢畅。
生生不息的岁月,
护佑着村庄。
追赶幸福的脚步,
踏过那风霜。
父亲脸上的皱纹啊,
如稻花一般绽放。
深情依恋的家园啊,
地久天长,地久天长!

(苏州信息职业技术学院)

花开一路

严惠萍

阳光洒满你的田间小路,
一路花香绊住我的脚步。
梨花似雪,桃花如霞,
漫天樱花让我醉在彩云深处。
还有那一望无际的油菜花呀,
金灿灿的笑容点亮春色几度。
春风拂过你的田园花树,
一路花开把我目光留住。
茶花正浓,月季含笑,
紫藤花下藏着多少爱的私语。
还有那"好一朵美丽的茉莉花",
好婆的歌声让无数人打卡驻足。
阳光一路,花开一路,
美丽新农村收获着文明富裕。
汗水一路,花开一路,
田野里的笑声点赞幸福指数。
春风一路,花开一路,
乡村振兴的家园走上阳光坦途。
拼搏一路,花开一路,
明天的梦想又是一幅新画图。

(苏州工业园区)

乡 妹 子

许明生

总在眼前溜，
总在脑海走，
妹子忙碌的身影，
大方又温柔。
踩泥土穿梭田沟，
摘甜果卷起花袖，
你的秀发牵引着幼芽探头，
你的笑脸陪伴着收获金秋。
总在耳边游，
总在心中留，
妹子阳光的歌谣，
清醒又憨厚。
看长空碧蓝剔透，
沐晨曦心宽无忧，
你的汗滴掩不住喜悦流露，
你的眼神闪烁着新的追求。
乡妹子，乡妹子，
舞起金扁担，
爱家爱村，舒展双手！
乡妹子，乡妹子，
唤来时代风，
放飞美梦，初心依旧！

（昆山市景阳新村）

我在江南细耕半亩田

于晓明

买只牛儿学种田,
结间茅屋向林泉。
脚下青青草,
头上蓝蓝天。
粉墙黛瓦,花红柳绿,
悠哉悠哉山野间。
农家的炊烟,
飘来鱼米鲜。
陌上老街,梦龙寻梦,
弹指沧海已桑田。
我在江南细耕半亩田,
一粒种,种下美好的祈愿。
夜听蛙声一片,坐看萤火几点,
不问熙攘的人间。
我在江南细耕半亩田,
一滴汗,浇出一茬丰收年。
泡壶浮沉岁月,品品弹词开篇,
醉在幸福的乡野。

(苏州市吴中区)

美在乡村

白 尼

花开烂漫,绿树成片,
云白风清天空湛蓝,
风景如画,生动眼前。
看不厌的乡村美,
道不尽深情眷念,
民风淳朴,拥抱大自然。
一方热土一方天,
生命带光舞流年,
乡村振兴,岁月也惊艳。
一个个梦想实现,
一声声佳音频传,
乡村蝶变人间桃源,
让人神魂相牵。
稻米蔬菜,河鲜果园,
琴棋书画,竹菊梅兰,
诗和远方,柴米油盐。
恋不够的乡村美,
说不完日子香甜,
宜人宜居,欢喜在心间。
一方热土一方天,
生命带光舞流年,
乡村振兴,岁月也惊艳。
一张张幸福笑脸,
一幅幅多彩画面,
乡村蝶变人间桃源,
让人流连忘返。

(苏州市姑苏区)

梦在这里盛开

——为冯梦龙村创作

黄楚林

桃花来,柳絮来,
处处报春来。
村舍在,绿水在,
五彩田园在。
天也裁,地也裁,
诗意剪裁,
一帘烟雨笼楼台。
梦在这里盛开,
描绘着新的时代。
一幅画卷精彩,
引来多少青睐。
清风来,明月来,
书香扑鼻来。
三言在,乡贤在,
黄埭力量在。
男有才,女有才,
个个俊才,
妙笔生花情似海。
梦在这里盛开,
人人都捧出真爱。
一张蓝图气派,
美丽家园安排。

(昆山市锦溪镇人民政府)

梦在心间

汪振华

绿水映笑颜，
繁花点头舞翩跹。
明风藏清韵，
流光飞逝已经年。
评弹之乡，古韵永流传，
梦龙故里，三言传世间。
梦在心间，
温暖了山河岁月甜。
梦在心间，
陶醉了人间四月天。
杨柳浅水边，
荻芦摇曳暮云烟。
轻舟荡碧波，
两岸美景徐徐现。
乡村振兴，你我莫等闲。
迎着朝阳，携手勇向前。
梦在心间，
绽放了青春新诗篇，
梦在心间，
成就了幸福丰收年。

（苏州市相城实验中学）

请来相城乡村游

姚水生

远望乡野绿油油,
近看小河荡轻舟,
阳澄湖晨曦亮眼眸,
北太湖晚风拂心头。
百里水乡宛若百条绸,
流经转纬织不休。
梦龙村庄访古贤,
南湖仁巷觅乡愁,
牧谷农场大手牵小手,
消泾荻溪最宜红色游。
千年故地好似一幅绣,
这针那线皆风流。
请来相城乡村游,
民富物丰秀苏州。
请来相城乡村游,
春天来了刚开头。
请来相城乡村游,
美景美食不胜收。
请来相城乡村游,
期待再来赏金秋。

(苏州市阳澄湖大闸蟹行业协会)

乡村美丽

兰　心

走进你，我满心欢喜，
就像走进了诗画天地。
田野飘香，绿树依依，
铺满鲜花的小路弯进农家院里。
拥抱你，我满腔爱意，
深深沉醉在你的怀里。
丝竹悠扬，歌声亮丽，
美观雅致的小楼装满幸福甜蜜。
乡村美丽，美了四季，
每一处景致都让人心旷神怡。
乡村美丽，美在百姓心里，
文明和谐笑声多么惬意！
乡村美丽，情里梦里，
每一缕气息都让我迷恋不已。
乡村美丽，美遍中华大地，
小康之路风光更加旖旎！

（苏州市吴江区青云实验中学）

开满鲜花的小路

马 良

童年的小路蜿蜒去了远方，
故乡在我心里日思夜想。
那浅浅的脚印，
那妩媚的野花，
让故乡的记忆铺满花香，
一路追随流浪。
花香的小路温馨而又芬芳，
春光在我梦乡鲜花盛放。
那俏皮的太阳帽，
那绚丽的花折伞，
让春天的温柔长满枝头，
一路轻轻荡漾。
乡村的小路啊，开满鲜花，
一年四季美如画。
春秋冬夏，网红打卡，
谁不想把这美景留下？
乡村的小路啊，开满幸福花，
村村寨寨美如画。
走进繁华，感受文化，
谁将这变化书写成神话？
一条路一片景串起千万家，
乡村美百姓笑盛开邻里花。
美丽长卷谁人画？
甜蜜汗水由我来挥洒。

（昆山市巴城镇财政和经济发展局）

美丽乡村

马玉章

油菜花飘香,
麦苗掀波浪。
雕塑造型真别致,
观光栈道连四方。
田边新铺健身道,
早晚锻炼真舒畅。
家家小楼房,
车辆满院放。
精品菜园如盆景,
整洁村道路灯亮。
如今乡村像花园,
美不胜收赛天堂。
游船摇起桨,
歌声在荡漾。
河边垂柳随风摆,
岸上水杉排成行。
养殖耕田科技化,
大棚果园飘馨香。
哎嗨——
诗画田园美不美?
美丽乡村强不强?
阳光沐浴新农村,
家家户户庆小康。

(中国铁路上海局集团有限公司苏州站)

为官一任
——致冯梦龙

王金元

吴地风，运河浪，
小舟一叶，载君去远方。
雄关险，山路长，
"花甲"县令，晚霞满庭芳。
一念为民宽赋役，
与梅同清花自香。
明察秋毫巧断案，
经世济国好文章。
戴清亭，四知堂，
洁似溪水，廉映日月光。
修学宫，亲授课，
尊师尚文，为国育栋梁。
修路筑坝除虎患，
演武练兵胆气壮。
梦中游龙耀天地，
为官一任福一方。

（常熟市莫城街道）

勤廉好官冯梦龙

支坤兴

一根芹菜两头青白,
勤字当道百姓喜爱。
一身正气铲除三害,
公正断案彰显德才。
一粒莲子芯苦甜外,
廉字为本公仆情怀。
一腔热忱县令四载,
兴利除弊千秋功盖。
勤廉好官冯梦龙,
初心不忘践行其中。
你立德、立言、立功,
毕生追寻天地感动。
勤廉好官冯梦龙,
历经挫折自励自重。
你勤政、廉洁、仁慈,
穿越时空世代传颂。

(张家港市文体广电和旅游局)

挂 枝 儿

房晟昊

青丝沾了雪知是杨柳，
谁用银针水岸边刺绣，
绣出一对鸳鸯丝丝入扣。
河水清澈数鱼儿欢游，
绿枝垂钓这春色如钩，
一村人一生生世外厮守。
我说情是乡愁，是炊烟悠悠，
也说一抹牵挂，记在了心头。
何叹雨疏风骤，绿肥红瘦。
看乡村新颜，看花与蝶正闹枝头。
他说缘是聚首，是万家灯火，
又说走过岁月，换来这红火。
来日三杯淡酒，共话丰收，
我倚小舟听那《挂枝儿》，忆梦龙。

（苏州市吴江区公安局）

编 后 记

2024年是冯梦龙（1574—1646年）诞生450周年和入闽任寿宁知县390周年。呈现在大家面前的这本《冯梦龙研究2024》，就是向冯梦龙的一份献礼。

冯梦龙是明代杰出的文学家、思想家、戏曲家。冯梦龙充满传奇的人生和精彩多姿的作品，是极富魅力、极具特色的文化富矿。习近平总书记多年来曾在不同场合点赞冯梦龙的作品和德政。苏州作为冯梦龙故乡及其文化遗产的孕育地和发祥地，相城区黄埭镇和苏州市冯梦龙研究会紧紧围绕"以江南文化润扬两个文明，以传统经典助力乡村振兴"这条主线，通过冯梦龙的经历和作品以及社会背景所涉及的相关内容，提炼出能够古为今用的一些现象和规律，用作现代社会经济发展的指导和参照，汇聚成了这本《冯梦龙研究2024》。在大力弘扬传统文化、助推社会经济发展的当下，这是非常有价值和意义的。

本书分别从"冯梦龙与江南文化""冯梦龙文化的现代应用""冯梦龙作品解读""冯梦龙与春申君黄歇""我心目中的冯梦龙"等不同角度，以全新的视角解读冯梦龙作品，全面探讨了冯梦龙与江南的关系、冯梦龙文化的现代应用，如《历史人物与文学形象的对话》一文首次探讨了冯梦龙与春申君黄歇的渊源，《胸有星辰大海，方成博学杂家》一文全新诠释了多才多艺的冯梦龙。众多高质量的论文，再次印证了《冯梦龙研究》系列图书是研究冯梦龙的当之无愧的学术高地！而最后附录的"传承老山歌，唱响新山歌"，则以今日采风所得"新山歌"，呼应、致敬冯梦龙采集的"老山歌"，又是一番新的尝试。

我们努力通过对冯梦龙文化资源的挖掘、传承和开发利用，实现其创造性转化、创新性发展，角度各异，精彩纷呈，用或严谨或诗意的笔触，向450年前的梦龙先生致敬！

编　者

2024 年 10 月